राष्ट्रपति द्रौपदी मुर्मू

रायरंगपुर से रायसीना हिल्स तक

लेखक
गोपाल शर्मा

डायमंड बुक्स
www.diamondbook.in

प्रकाशक : डायमंड पॉकेट बुक्स (प्रा.) लि.

X-30, ओखला इंडस्ट्रियल एरिया, फेज-II

नई दिल्ली-110020

फोन : 011-40712200

ई-मेल : sales@dpb.in

वेबसाइट : www.diamondbook.in

संस्करण : 2022

Rastrapati Droupadi Murmu Rairangpur Se Raisina Hills Tak

By : *Gopal Sharma*

प्रकाशकीय

महामहिम **राष्ट्रपति द्रौपदी मुर्मू जी**, आपको देश की राष्ट्रपति बनने की हार्दिक बधाई। डायमंड बुक्स परिवार के लिए गर्व की बात है कि हमने आपके जीवन पर आधारित सर्वप्रथम पुस्तक द्रौपदी मुर्मू : **"रायरंगपुर से रायसीना हिल्स तक"** (Droupadi Murmu President Rairangpur to Raisina Hills) प्रकाशित की है। इस पुस्तक को छापने का निर्णय हमने तभी ले लिया था जिस दिन आपका प्रत्याशी के रूप में नाम घोषित हुआ था। आप एक असाधारण व्यक्तित्व की धनी हैं। मैंने आपके जीवन के बारे में समाचार पत्रों और दूरदर्शन पर सुना और आपके अदम्य साहस, सहनशीलता और द्वन्द्व से बहुत प्रभावित हुआ। एक आदिवासी महिला रायरंगपुर ग्राम से चलकर शिक्षा ग्रहण करने भुवनेश्वर आयीं। यह सम्पूर्ण महिलावर्ग के लिए एक मिसाल है। जब आपने राजनीति में कदम रखा तो जल्दी ही नीलकंठ पुरूस्कार प्राप्त किया, यह राजनीति में कदम रखने वालों के लिए सीखने योग्य है और जब राज्यपाल बनी तो आपके लोक कल्याणकारी फैसलों ने जनमानस में विश्वास पैदा किया आपकी एक बड़ी उपलब्धि रही। आप हर अवसाद से बाहर निकलकर सामाजिक संघर्षों में लगी रहीं। आपका व्यक्तित्व हार न मानने वाला और अडिग आत्मविश्वास के साथ आगे बढ़ना सिखाता है। और आपका राष्ट्रपति पद पर आसीन होना हर भारतीय के लिए गर्व की बात है। हमें विश्वास है कि आपका जीवन हमें संघर्ष करते हुए जीने का साहस प्रदान करेगा। आपने अपने प्रथम उद्‌बोधन में एक महत्त्वपूर्ण बात कही कि भारत ही ऐसा देश है जहाँ गांव की एक लड़की अगर ठान ले तो वह गांव से शहर, शहर से पढ़-लिखकर आने वाली हर विपदा का सामना करते हुए विधायक, मंत्री, राज्यपाल और भारत का उच्चतम पद राष्ट्रपति पद प्राप्त करना भी कोई कठिन काम नहीं है। इस पुस्तक के लेखक श्री गोपाल शर्मा जी के अथक प्रयासों के कारण यह ग्रंथ संभव हो पाया इसके लिए हम उनके आभारी रहेगें। इस पुस्तक को हम शीघ्र ही विभिन्न भारतीय भाषाओं में प्रकाशित कर रहे हैं ताकि अधिक से अधिक लोगों तक आपका विचार फैलाया जा सके।

नरेन्द्र कुमार वर्मा

nk@dpb.in

लेखक की ओर से दो शब्द

भारत के राष्ट्रपति पर पुस्तक लिखकर मैंने अपनी ओर से भारत के प्रथम नागरिक को बधाई दी है। जब रायरंगपुर में फोन की घंटी बजी और देश ने जाना कि द्रौपदी मुर्मू को भारतीय जनता पार्टी ने राष्ट्रपति पद का उम्मीदवार बनाया है तो मैंने अपने प्रकाशक श्री नरेंद्र कुमार वर्मा जी को ईमेल लिखकर पुस्तक लिखने की मंशा जाहिर की। मिनटों में उनका उत्तर आया। मैने अपना लेखन कार्य शुरू किया और दो पुस्तकों की योजना बनाई। एक अंग्रेजी में और दूसरी हिंदी में। दोनों पुस्तकें एक दूसरे का अनुवाद न हों, यह भी निर्णय लिया।

दोनों का कार्य अबाध गति से चला। उधर मुर्मू जी पसीना बहा रही थीं, इधर मैं दिन-रात एक किये था। वे चुनाव प्रचार करने के लिए देश के बड़े शहरों में जा रही थीं, मैं देश विदेश के बड़े-बड़े लेखकों-पत्रकारों-संपादकों के लेखन को छान रहा था। उन्हें अपनी जीत पर विश्वास था तो मुझे अपनी कलम पर। वे दिल्ली में आज जब राष्ट्रपति पद की शपथ ग्रहण कर रही हैं, मैं अपने छोटे बेटे अंशुल शर्मा के जन्मदिन पर उसे यह पुस्तक भेंट कर रहा हूँ। पुस्तक उस एक वर्ष से कम उम्र के बालक आर्यव को भी समर्पित है जो सुदूर नीदरलैंड्स का नागरिक होकर जन्मा है और मेरा पौत्र है। वह यदि हिंदी पढ़ेगा तो ठीक, अंग्रेजी में भी तो एक पुस्तक है ही। श्रीमती द्रौपदी मुर्मू की दो धेवतियों और श्रीमती इतिश्री की दो नन्ही पुत्रियों के लिए भी ये पुस्तक है। वे जब बड़ी होंगी तो पढेंगी।

आप कौन हैं, मैं नहीं जानता। आप मेरा परिचय पढ़कर मेरे बारे में थोड़ा बहुत जान सके हैं। इस पुस्तक की रचना करने के लिए मेरा कोरोना काल में यत्र-तत्र जाना मेरी पकी उम्र में तलवार की धार पर दौड़ना था और मैं दौड़ा। दौड़ा इसलिए नहीं कि कुछ धन या यश की प्राप्ति होगी, मैं इसलिए

गत मास से भागा-भागा फिर रहा था क्योंकि एक जुनून था जो दौड़ा रहा था। दिन रात एक करके अठारह से बीस घंटे काम करके इस पुस्तक का प्रणयन मैंने आपके लिए किया। अपने लिए भी किया क्योंकि मैं भी आपकी तरह इस पुस्तक का पाठक बनूँगा।

आजादी के अमृत महोत्सव पर देश के पहले राष्ट्रपति डॉ राजेंद्र प्रसाद की आत्मकथा का जिक्र करके बात समाप्त करना चाहूंगा। राजेंद्र बाबू ने देश की आजादी के दो चार महीने पहले अपनी आत्मकथा को प्रकाशित कराया। इसकी भूमिका लौह पुरुष सरदार पटेल ने लिखी थी। सरदार पटेल ने प्राक्कथन में लिखा था "श्री राजेंद्र बाबू को देखते ही उनकी सरलता और नम्रता की जो छाप हमारे दिल पर पड़ती है, उसका प्रतिबिम्ब इस आत्मकथा के पन्ने-पन्ने में पाया जाता है।" और विनीत राजेंद्र बाबू के प्रस्तावना स्वरुप 8 जनवरी 1947 को लिखे गए चंद वाक्यों में अंतिम वाक्य है -पाठक इसे पसंद करेंगे या नहीं, ये वही जानें ।

इस पुस्तक के लिए मेरा भी यही कहना है।

राष्ट्र की प्रथम नागरिक को देश के इस आम नागरिक की ओर से यह पुष्प-गुच्छ है। आप इस पुस्तक का पारायण करें। मैं भी अब अपना व्रत तोड़ता हूँ। इसमें जो कुछ गलतियां हैं वे मेरी हैं और जो कुछ ठीक ठाक है वह उनका है जिनका संकेत संदर्भ में साभार दिया गया है।

-गोपाल शर्मा
25 जुलाई, 2022
हैदराबाद

विषय सूची

अध्याय एक

अध्याय दो

अध्याय पाँच

अध्याय छह

अध्याय सात

अध्याय एक

आरंभ है प्रचंड!

आजादी का अमृत महोत्सव

यह भारत की आजादी का पचहत्तरवां वर्ष है। 'आजादी का अमृत महोत्सव' प्रगतिशील भारत की आजादी के 75 साल और इसके लोगों, संस्कृति और उपलब्धियों के गौरवशाली इतिहास को मनाने और मनाने के लिए भारत सरकार की एक पहल है। यह समय ऐसा है जो हम सब भारतीयों को ऊर्जा देता है। सरकार भी नित नवीन योजनाएं ला रही है। वो लोग जो वंचित रहते चले आ रहे थे, जो लोग हाशिये पर थे उनको उनका प्राप्य देने का काम सरकारें करती रही हैं। देश में पद्म श्री पुरस्कारों में तथाकथित अभिजात वर्ग गायब सा हो गया है और आम आदमी का खास योगदान स्वीकृति पा गया है। ऐसा वातावरण बन गया है कि हर प्रकार की प्रतिभा को आगे लाया जा रहा है। हर जाति, धर्म, नस्ल, और भाषा को अधिमानता दी जा रही है। 2014 के बाद नरेंद्र मोदी ने उस परिपाटी को ध्यान में रखा जिसे अटल बिहारी वाजपेयी ने शुरू किया था। जब वाजपेयी जी की सरकार को यह अवसर मिला कि देश के नए राष्ट्रपति पद के लिए चुनाव होना चाहिए तो उन्होंने डॉ अब्दुल कलाम का नाम आगे बढ़ाया। बी. जे.पी. के आलोचकों के लिए यह अचरजभरी बात थी। प्रधानमंत्री मोदी ने 'सबका साथ और सबका विकास' को अपनी नीति का मूल घोषित करते हुए जब 2017 में राष्ट्रपति के चुनाव की ओर कदम बढ़ाया तो एक दलित को मौका दिया। रामनाथ कोविंद के बाद अब फिर से जब चुनाव का अवसर आया तो मोदी सरकार ने आदिवासी समाज की एक सुयोग्य महिला के सामने राष्ट्रपति पद के प्रत्याशी के रूप में चुनाव लड़ने का प्रस्ताव किया। आजादी के अमृत महोत्सव की सफलता के लिए यह बड़ी सोच का जादू

था। द्रौपदी मुर्मू का राष्ट्रपति के लिए चयन भारत के ऐतिहासिक रूप से गौरवशाली किन्तु वंचित आदिवासी समुदायों के लिए एक महत्वपूर्ण संकेत है। पीएम मोदी स्थानीय राजनीति और वैश्विक परिप्रेक्ष्य में प्रतीकवाद की शक्ति को अच्छी तरह से समझते हैं। राष्ट्रपति के रूप में उनका चुनाव अनेक लोगों के लिए प्रेरक रहेगा। चुनाव यह भी समस्त संसार को बताता है कि भारत का लोकतंत्र कोई नाम मात्र का लोकतंत्र नहीं है। यह जीवंत है और मुर्मू का देश के सर्वोच्च पद पर पहुँच जाना इसका प्रत्यक्ष प्रमाण है। यहाँ से द्रौपदी मुर्मू की गाथा का आगाज होता है। "इस सर्वोच्च पद पर उनका आसीन होना यह संदेश देता है कि भारत सचमुच अपार संभावनाओं वाला देश है, जहाँ अपनी योग्यता, प्रतिभा और जन सेवा के बल पर एक 'आदिवासी' 'महिला' को राष्ट्र के प्रथम नागरिक का गौरव प्राप्त हो सकता है। इस सामर्थ्य के लिए भारत के लोकतंत्र की रुपरेखा बनाने वाले हमारे संविधान को बार-बार नमन किया जाना चाहिए।"[1]

शुभारंभ

26 जनवरी, 2023 को माननीया राष्ट्रपति महोदया राष्ट्राध्यक्ष के रूप में राष्ट्र को संबोधित करेंगी। वे भारत के इस विशाल गणराज्य की पंद्रहवीं राष्ट्रपति हैं। उनसे पहले भारत में चौदह राष्ट्रपति रह चुके हैं। सभी स्वनाम-धन्य पुरुष थे केवल एक को छोड़ कर। भारत के प्रायः सभी पूर्व राष्ट्रपति सामाजिक और राजनीतिक जीवन के विभिन्न क्षेत्रों से चुने गए थे। शिक्षाविदों, राजनयिकों, वैज्ञानिकों, अनुभवी सांसदों और स्वतंत्रता सेनानियों सहित कई प्रतिष्ठित व्यक्तित्वों और दूरदर्शी लोगों ने राष्ट्रपति के पद और प्रासाद को सुसज्जित और अलंकृत किया। स्वतंत्रता सेनानी, तुलनात्मक धर्म के एक वरिष्ठ विद्वान, एक ट्रेड यूनियनिस्ट, एक मिसाइल वैज्ञानिक, एक सेवानिवृत्त नौकरशाह और कुशल राजनयिक, एक शिक्षाविद, और भारतीय गणराज्य के राष्ट्रपतियों की दीप्तिमान आकाशगंगा में कई सुशोभित महामहिम हैं। भारत के पंद्रह राष्ट्रपतियों की शैक्षणिक योग्यता, सामाजिक या राजनीतिक पृष्ठभूमि किसी भी पैटर्न का पालन नहीं करता। एक ओर तो डॉ सर्वपल्ली राधाकृष्णन जैसे बौद्धिक दिग्गज हमारे राष्ट्रपति रहे, और दूसरी ओर बहुत कम पढ़े लिखे लगभग कबीर से ज्ञानी जैल सिंह थे।

आदिवासी समुदाय या अन्य पिछड़े वर्गों (ओबीसी) को छोड़कर अन्य सभी प्रमुख समूहों जैसे मुस्लिम, दलित, सिख और महिलाओं का प्रतिनिधित्व किया गया है। 1950 में पहले राष्ट्रपति डॉ राजेंद्र प्रसाद के चुनाव से लेकर 2022 तक 16 बार राष्ट्रपति के चुनाव हो चुके हैं। इनमें 15 प्रमुख हस्तियों ने प्रथम नागरिक का पद संभाला। 2022 के चुनाव में राष्ट्रपति पद की उम्मीदवार द्रौपदी मुर्मू के आने से एक नई बात पैदा हुई। जातिगत समीकरण का एक पन्ना और पलटा गया। अब तक राष्ट्रपति पद पर 6 ब्राह्मण, 3 मुस्लिम, 2 दलित, और एक-एक सिक्ख, कायस्थ और महिला आसीन हो चुके हैं

आदरणीय द्रौपदी मुर्मू पहली आदिवासी महिला हैं। एक अत्यंत सामान्य पृष्ठभूमि की आदिवासी महिला द्रौपदी मुर्मू को देश की राष्ट्रपति बनने का अवसर देने का निर्णय लेने में भारतीय गणतंत्र को सात दशक से अधिक का समय लगा है। कुछ समुदायों और समाजों के क्षेत्रों से उम्मीदवारों को चुनना और उन्हें राष्ट्रपति के रूप में प्रतिष्ठित करके सम्मानित करना अक्सर उस समुदायों के विकास, उन्नति और सशक्तीकरण के रूप में देखा जाता है। समाज के कई तबकों को इस प्रकार प्रतिनिधित्व मिल जाता है और वे अपने प्रेरणा पुंजों को अपने समक्ष देखकर उनसे प्रभावित, प्रेरित और आनंदित होते हैं। भारत का राष्ट्रपति होना कोई छोटी सी बात नहीं है।

गौरवान्वित और बड़भागी

आज जब भारत के राष्ट्रपति के रूप में आदिवासी समुदाय का प्रतिनिधित्व करने वाली एक महिला हैं तो हमारा मस्तक गर्व से ऊंचा हो जाता है। अब हमारे पास एक आदिवासी समुदाय का प्रतिनिधि नेता है जो एक महिला हैं। वे शिक्षा और राजनीति के क्षेत्र में व्यापक पृष्ठभूमि रखने वाली ओडिशा की एक अनुभवी राजनीतिज्ञ हैं। उम्मीद है कि वे देश के आदिवासी वर्गों का और अधिक उत्थान करेंगी। 64 वर्षीय पूर्व स्कूल शिक्षिका से राजनेता बनी वे ओडिशा के एक दूरदराज आदिवासी गांव से आती हैं। झारखंड राज्य के राज्यपाल के रूप में उनका कार्यकाल उल्लेखनीय रहा है। देश के पीएम से लेकर कई राज्यों के सीएम तक अनेक वरिष्ठ नेताओं का कहना है कि वे 'महान राष्ट्रपति' बनेंगी। आप और मैं उनकी महान सफलता की कामना करते हैं!

आप और हम भी उनके बारे में और जानने के लिए जिज्ञासु और उत्सुक हैं। उनका नाम भी हमारे लिए किंचित अपरिचित सा ही है। वे हैं द्रौपदी मुर्मू। उनके नाम से पूर्व अब 'महामहिम' जोड़ा जाएगा और 'महोदया' भी कह कर संबोधित करना होगा।

राष्ट्रपति द्रौपदी मुर्मू झारखंड के राज्यपाल के रूप में देश की पहली आदिवासी महिला राज्यपाल थीं और अब देश के राष्ट्रपति के रूप में वे पहली आदिवासी महिला राष्ट्रपति हैं। इस रिकॉर्ड के अलावा द्रौपदी मुर्मू के नाम देश की दूसरी महिला राष्ट्रपति बनने का भी रिकॉर्ड हो जाएगा। द्रौपदी मुर्मू का चयन आदिवासी समाज, महिला शक्ति और हाशिए पर जीवन जी रहे देश के बहुत बड़े तबके को संबल देगा और राष्ट्र निर्माण में उनकी भागीदारी अप्रत्याशित रूप से बढ़ेगी।

संविधान का संरक्षण, परिरक्षण, और प्रतिरक्षण सामाजिक, आर्थिक और राजनैतिक न्याय तथा प्रतिष्ठा और अवसर की समता हमारे लोकतंत्र के आधारभूत मूल्य हैं। आपने अपने जीवन में अपने गाँव रायरंगपुर के कच्चे पक्के घर से राष्ट्रपति भवन तक की यात्रा में इन आधारभूत मूल्यों से प्रेरणा प्राप्त की है। इस यात्रा में आप कभी अपनी जड़ों को नहीं भूली हैं।

राष्ट्रगान, राष्ट्र ध्वज और राष्ट्रपति ये सब हमारे देश के सर्वमान्य प्रतीक हैं। निकट भविष्य में राष्ट्रपति द्रौपदी मुर्मू के नाम के साथ और भी अनेक विशेषण जुडते चले जाएंगे। इनकी कीर्ति पताका दूर-दूर तक फैलेगी। इनका यशोगान कवि गण करेंगे। इनकी प्रेरणास्पद जीवनी स्कूलों में बच्चों को पढ़ाई जाएगी। इनके बोले वचनों को प्रमाण माना जाएगा और इनके भाषणों के संकलन सरकार संग्रह करके प्रकाशित कराएगी। इनके चित्र देश विदेशों में भारतीय राजदूतावासों, सरकारी संस्थाओं और आम घरों की शोभा बढ़ाएँगे। उनके चाहने वालों का हुजूम पहले से भी तेज गति से बढ़ने वाला है। वे कौन हैं? इसका खुलासा यह किताब करेगी। बदस्तूर करेगी। बस, थोड़ा सब्र करें। किताब सब कुछ आपको सिलसिलेवार बताएगी।

शुरुआत सफरनामा की

इस शुरुआत में, यह जानना सार्थक होगा कि 18 जुलाई को हुए राष्ट्रपति पद के चुनाव में उनका सामना विपक्षी उम्मीदवार यशवंत सिन्हा से हुआ था। श्री सिन्हा जी पूर्व पी.एम. वाजपेयी जी के मंत्री मण्डल के विश्वासपात्र

सदस्य थे। किन्तु एक बेकल आलोचक कैसे जीत सकता था? यह एक हारी हुई लड़ाई थी और विपक्ष वहां सिर्फ एक राजनीतिक दांव चल रहा था। कुछ जमीन तलाशने की कोशिश कर रहा था। राष्ट्रपति चुनाव एक विशिष्ट प्रक्रिया से होता है। आपको यहाँ उस प्रक्रिया के बारे में भी बताया जाना आवश्यक होगा। बताया जाएगा।

आप जिन पन्नों को पलटने जा रहे हैं, वे महामहिम राष्ट्रपति महोदया श्रीमती द्रौपदी मुर्मू के आत्म–साक्षात्कार की लंबी यात्रा की कहानी से भरे हुए हैं। मयूरभंज जिले के रायरंगपुर से नई दिल्ली के रायसीना हिल्स तक की उनकी यह मनमोहक, कठिन और उतार चढ़ाव भरी रोमांचक यात्रा लोमहर्षक भी है और सुहानी भी। यह किसी फिल्म की कहानी सी अजीबोगरीब भी है और जिंदगी की तरह लुभावनी भी। इसमें दुख और सुख दोनों हैं। किसी कवि ने कहा था–अबला जीवन हाय तुम्हारी यही कहानी, आंचल में है दूध और आँखों में पानी।

कवि मैथिली शरण गुप्त को क्या पता था कि अबला के जीवन में कहानी कभी–कभी इतनी सी ही नहीं होकर रह जाती। अबला संसार सागर में अपनी नैया को डगमगाते देखकर कभी भय से काँप जाती है और कभी भगवान का आसरा पाकर हिम्मत बुलंद भी करती है। चलती चली जाती है, पहले सबला बनती है और फिर चलते–चलते एक दिन राष्ट्रपति के प्रासाद तक जा पहुँचती है।

जैसे कोई सपना साकार होता है, तुलसीदास जी ने कहा था–सपनें होइ भिखारि नृपु रंकु नाकपति होइ। सपने में कोई राजा भिखारी हो जाता है और भिखारी राजा। पर यहाँ तो बालिका द्रौपदी ने कोई ऐसा ख्वाब भी न सँजोया था। उन्हें बिना मांगे ही अपार सुख मिले और अयाचित –अनाहूत अनेक दुख भी।

इस तरह की यात्रा में समय लगता है लेकिन उनकी यात्रा में सबसे कम समय लगा है। मैं आपको यह बताना चाहता हूँ कि इनसे पहले किसी भी भारतीय राष्ट्रपति को इतने कम वर्षों की सेवा के फलस्वरूप इतनी जल्दी यहाँ तक आने का मौका नहीं मिला। प्राय: राजनीति में लंबा सफर तय करके सभी नेता यहाँ तक आए। पर मुर्मू का नगर पंचायत में पार्षद बनने से लेकर भारतीय गणराज्य के राष्ट्रपति बनने तक का सफर 1997 से 2022 तक 25 साल के अंतराल में पूरा हुआ। यह आपको भी हैरान कर सकता है। उनकी यात्रा एक विनम्र राजनेता के रूप में उनके उद्देश्यपूर्ण जीवन के

बारे में बताती है। उन्हे सिर्फ 25 साल लगे, मैं दोहराता हूँ। आप पूछ सकते हैं, क्या ऐसा इसलिए है क्योंकि अन्य सभी राष्ट्रपति उनसे उम्र में बड़े थे? हाँ, वे उन से उम्र में सबसे छोटी हैं। अन्य सभी राष्ट्रपतियों का जन्म तब हुआ जब भारत स्वतंत्र नहीं था। इनका जन्म आजाद भारत में हुआ था। संक्षेप में, हम कह सकते हैं, वे अलग हैं। उनके इस अलग होने में ही तो उनका प्रबल आकर्षण है।

द्रौपदी मुर्मू के जीवन में एक तो वह पल था जब उन्हें एक आदिवासी राज्य झारखंड का राज्यपाल नियुक्त करके प्रधानमंत्री ने उनके प्रति देश का विश्वास व्यक्त किया था। मुर्मू को तब कहा गया था कि वे वहाँ के गाँव गाँव जाएँ। लोगों से मिलें और उनकी समस्याएँ सुनें। उन्होंने किया भी ऐसा ही। बतौर राज्यपाल उनका काम बेहतरीन रहा। यही एक खास वजह रही जिसके कारण उन्हें दूसरे प्रत्याशियों से अधिक योग्य मानकर राष्ट्रपति पद का उम्मीदवार बनाया गया।

ओडिशा के मुख्यमंत्री नवीन पटनायक की जीवनी के लेखक रूबेन बनर्जी के अनुसार द्रौपदी मुर्मू में संभवतः प्रधान मंत्री नरेंद्र मोदी ने अपना प्रतिबिंब देखा – वे एक राजनीतिक पृष्ठभूमि से नहीं आती हैं, उनका कोई आभिजात्य और कुलीन वंश नहीं है, और उनका व्यक्तिगत जीवन संघर्ष और बलिदान की दास्तान है। भारतीय जनता पार्टी के वर्तमान अध्यक्ष श्री जगत प्रकाश नड्डा कविता के शिल्प में प्रशंसा करते हुए लिखते हैं, “एक राजनीतिक व्यवस्था में जहां वंशवाद की राजनीति और व्यक्तिगत संपत्ति दशकों से हावी है, मुर्मू ताजी हवा का झोंका हैं।”

जब मुर्मू राष्ट्रपति पद के लिए अपने नामांकन की खबर सुनकर देश के प्रधान मंत्री से मिलीं तो उनके मन में कई प्रश्न थे। उनमें से उन्होंने जो प्रश्न पहले पूछा, वह प्रश्न कुछ यूं था- “मैं एक छोटे से गाँव से आती हूँ। पहले शिक्षक, फिर विधायक और मंत्री और उसके बाद राज्यपाल बनीं। किन्तु क्या इतनी योग्यता राष्ट्रपति पद के लिए काफी होगी? क्या मैं इस पद के लायक हूँ?’

“हाँ, देश ने आपको अपना प्रथम नागरिक बनाने का फैसला किया है। आपके साथ सारा देश है। संविधान व संविधान के द्वारा दी गई ताकत है। संविधान ही आपकी सहायता और मार्गदर्शन करेगा।”

"आपने मुझे झारखंड का राज्यपाल बनाया। और मैं अपने कर्तव्यों को ठीक से निर्वहन कर पा रही हूँ लेकिन क्या मैं यह काम ठीक से कर पाऊंगी?"

"हम सब आपके साथ हैं और आपको यह करना होगा।"

अपने समुदाय के लोगों और देश को गौरवान्वित करने के लिए द्रौपदी मुर्मू ने चुनाव लड़ने का यह प्रस्ताव स्वीकार किया। आजादी के 75 साल बाद जिन लोगों को यह मौका कभी नहीं मिला, जिन्होंने कभी नहीं सोचा था कि वे इस मुकाम पर पहुंचेगे। वे बहुत खुश हैं और उन्हें बहुत सारी उम्मीदें हैं। वे बहुत उत्साहित हैं।

"जैसा कि प्रधानमंत्री दलितों और आदिवासियों को मुख्यधारा में लाने की सोच रहे हैं और उन्हें जीवन में छोटा महसूस नहीं करना चाहिए। इसलिए मैंने प्रस्ताव के लिए हाँ कर दिया। मेरे पास अपने जीवन में यह देश, यह पार्टी और भगवान हैं। इसलिए मैंने देश के लोगों को गर्व महसूस कराने के लिए सोचा। मैं देश के लिए अपना जीवन समर्पित कर रही हूँ। मैंने अपने लिए नहीं बल्कि देश के लिए प्रस्ताव स्वीकार किया है।"

इससे पहले भी अनेक मैडम प्राइम मिनिस्टर और मैडम प्रेसिडेंट हो चुके हैं। शुरुआत भारत ने 1966 में की थी। श्रीमती इंदिरा गांधी 1966 में भारत की प्रधान मंत्री बनीं। सबसे कम उम्र की महिला शासनाध्यक्ष भी रही हैं (फिनिश प्रधान मंत्री सना मारिन: 2019 में फिनिश प्रधान मंत्री। वह फिनलैंड का नेतृत्व करने वाली तीसरी महिला हैं।) और राष्ट्राध्यक्ष या राष्ट्रपति महिला प्रमुख भी (राष्ट्रपति कोराजोन एक्विनो: 1986 में फिलीपींस की राष्ट्राध्यक्ष)। संयुक्त राज्य अमेरिका ऐसा नहीं कर सका क्योंकि वे उस खतरनाक दोहरे मानदंड का सामना कर रहे हैं जो पूर्णतावाद के विचार से सहायता प्राप्त और प्रेरित है। लेकिन श्रीमती द्रौपदी मुर्मू की बराबरी कोई नहीं कर सकता। उन्हें सदा विशिष्ट रूप से रखकर देखा जायेगा क्योंकि वे मानव इतिहास में जो भव्य है उसका प्रतिनिधित्व करती हैं। यह विश्व के इतिहास में एक महत्वपूर्ण क्षण है। भारत ने एक और कदम विश्व-गुरु बनने की ओर उठाया है।

महामहिम द्रौपदी मुर्मू को इस बात का एहसास अवश्य ही हो गया होगा कि वे डॉक्टर राजेंद्र प्रसाद, डॉक्टर सर्वपल्ली राधाकृष्णन, डॉ. ए.पी. जे. अब्दुल कलाम और अपने पूर्ववर्ती श्री रामनाथ कोविन्द जैसे कर्मठ और शलाका पुरुषों के पद चिन्हों पर चलने जा रही हैं।

25 जुलाई, 2017 को भारत के राष्ट्रपति पद का कार्यभार संभालने के अवसर पर संसद भवन के सेंट्रल हाल में भाषण करते समय तत्कालीन राष्ट्रपति श्री राम नाथ कोविन्द ने भविष्यदृष्टा की तरह जो कहा था वह अब महामहिम द्रौपदी मुर्मू के कार्यभार संभालने के इस पुनीत अवसर पर स्मरण आ रहा है-

एक राष्ट्र के तौर पर हमने बहुत कुछ हासिल किया है, लेकिन इससे भी और अधिक करने का प्रयास, और बेहतर करने का प्रयास, और तेजी से करने का प्रयास, निरंतर होते रहना चाहिए। ये इसलिए भी महत्वपूर्ण है क्योंकि वर्ष 2022 में देश अपनी स्वतन्त्रता के 75वें साल का पर्व मना रहा होगा। हमें इस बात का लगातार ध्यान रखना होगा कि हमारे प्रयास से समाज की आखिरी पंक्ति में खड़े उस व्यक्ति के लिए और गरीब परिवार की उस आखिरी बेटी के लिए भी नई संभावनाओं और नए अवसरों के द्वार खुलें।[2]

सपने भी सच होते हैं और भविष्यवाणी भी। निवर्तमान राष्ट्रपति राम नाथ कोविंद के बाद द्रौपदी मुर्मू का पदासीन होना भारत के दो सबसे कमजोर सामाजिक समूहों-अनुसूचित जाति और अनुसूचित जनजाति-को अत्यधिक भावनात्मक संतुष्टि और स्वामित्व की एक संवर्धित भावना प्रदान करेगा। कैसी अद्‌भुत लीला है, गरीब-परिवार की! आदिवासी गरीब परिवार की एक होनहार बेटी को भारत का राष्ट्रपति बना दिया!

रायरंगपुर से रायसीना हिल्स की ओर

इस भरी-भरी भारी सी प्रस्तावना के बाद आओ अब चलें। पहले हम ओडिशा (उड़ीसा) के आदिवासी गांव चलेंगे और वहाँ से होते होते दिल्ली तक जा पहुंचेंगे। वहाँ वह जो रायसीना हिल्स पर 300 से अधिक कमरों का राजप्रसाद है वही हमारी मंजिल-ए-मक्सूद है। रायरंगपुर की ओर जाना आज भी कोई आसान नहीं है। 1958 में तो बिलकुल भी आसान नहीं रहा होगा। फिर भी वहाँ एक नन्ही लाल चुन्नी सी लड़की रहती थी जिसकी दादी हिंदी ही नहीं अंग्रेजी भी थोड़ी बहुत जानती हैं। दादी और पुत्ती (पोती) का एक ही नाम है- द्रौपदी।

अध्याय दो

द्रौपदी मुर्मू : रायरंगपुर से रायसीना हिल्स तक

श्रीमती द्रौपदी मुर्मू भारत की प्रथम नागरिक हैं। मैं सिर्फ एक सामान्य नागरिक हूँ। मैं उनके सम्मान में ये पंक्तियाँ लिख रहा हूँ क्योंकि मैं भी आपकी तरह भारतीय लोकतंत्र की शक्ति से चकित और आनंदित हूँ। मैं उन दिग्गजों की याद में श्रद्धा से अपना सिर झुकाता हूँ, जिन्होंने एक मूल्यवान दस्तावेज के रूप में भारत का संविधान बनाने में महत्वपूर्ण भूमिका निभाई थी।

मैं आपको रायरंगपुर से रायसीना हिल्स तक की उनकी यात्रा की अविश्वसनीय कहानी सुनाता हूँ। आप और मैं जानते हैं कि रायसीना हिल्स क्या और कहाँ है लेकिन हम नहीं जानते कि यह रायरंगपुर कहाँ स्थित है। यह एक ऐसे सफर की कहानी है जिसे इतने शानदार तरीके से पहले कभी नहीं किया गया। कह सकते हैं कि सुश्री मुर्मू द्वारा रायरंगपुर से रायसीना हिल्स तक की दूरी, भारत में आदिवासी समुदायों द्वारा पूरी की गई अकेली और कठिन यात्रा है। यह जद्दोजहद ब्रिटिश औपनिवेशिक शासन के खिलाफ भारत के स्वतन्त्रता संघर्षों में सबसे आगे होने के बावजूद पीछे चली गई या धकेल दी गई। गणतंत्र की 75वीं वर्षगांठ तक शीर्ष पद पर पहुँच कर श्रीमती द्रौपदी मुर्मु के माध्यम से मानो अगली पिछली सारी कसर पूरी कर ली गई।

हम इस नश्वर जीवन में यह महसूस किए बिना चलते चले जाते हैं कि हमारे लिए करने को यहाँ धरा ही क्या है। यहाँ एक दूर-दराज के आदिवासी गाँव में पैदा हुई एक लड़की है और उसकी लगातार कड़ी मेहनत और बालहठ के कारण दुर्भाग्य और त्रासदियों के मुकाबलों के बावजूद सबसे प्रतिष्ठित पुरस्कार जीत जाती है। यह है स्कूल में प्रार्थना गाती एक लड़की की कहानी:

हम होंगे कामयाब एक दिन
मन में है विश्वास एक दिन
हम होंगे कामयाब एक दिन

आइए जानते हैं वर्तमान राष्ट्रपति के बारे में, भारत के 15वें राष्ट्रपति के बारे में। इंसान का जीवन चलता रहता है लेकिन शुरुआत हमेशा एक 'नन्हें कदम' से होती है। आप भी यूट्यूब के सौजन्य से उनके आध्यात्मिक प्रवचनों को सुन सकते हैं और उन्हें अपने जीवन-संघर्षों को बहुत ही शांत और व्यवस्थित तरीके से सुनाते हुए पा सकते हैं। वे अक्सर अपनी जीवन-यात्रा के बारे में खुलकर बताती हैं। "मैं सबसे गरीब परिवारों से आती हूँ और मैंने कभी उम्मीद नहीं की थी कि मैं राजनीति में आऊँगी। मेरे पास अपने परिवार को आर्थिक रूप से समर्थन देने के लिए अध्ययन करने और नियमित नौकरी पाने की योजना भर थी।"[3]

मैं उन घटनाओं को फिर से बताता हूँ और जैसा मुझे पता चला, मैं बस वही बताता हूँ जो जान सका हूँ, कुछ ज्यादा नहीं और कुछ कम नहीं। मेरी जितनी पहुँच और सीमा है उसमें रहते हुए मैं जो कुछ कहूँगा, वही कहूँगा जो मुझे विभिन्न तरीकों से पता चला। इसमें कुछ गलती हो सकती है, पर मेरी श्रद्धा और नीयत पवित्र और पाक है। और आप सब जानते ही हैं।

जन्म और लालन पालन

द्रौपदी मुर्मू का जन्म 20 जून, 1958 को ओडिशा के बैदापोसी गांव में एक संताली आदिवासी परिवार में हुआ था। उनके पिता का नाम बिरंची नारायण टुडू था। उनके पिता और दादा दोनों ही गाँव के मुखिया थे। टुडू परिवार को सरदार परिवार कहा जाता है क्योंकि द्रौपदी के पिता बिरंची नारायण और दादा ग्राम पंचायत के मुखिया थे। "उन्होंने अपनी बेटी को एक ऐसा नाम दिया जो आदिवासी समुदाय में असामान्य था। यह वैष्णव प्रभाव का एक संकेतक था।"[3] हम सभी अपने नामों से प्यार करते हैं लेकिन हमारे नाम हमेशा दिए जाते हैं। ऐसा कम ही होता है कि नाम 'लिया' जाता है। जो लोग उसके नाम से अपरिचित हैं वे अब अपरिचित नहीं रहेंगे। उनका नाम अब सभी दिशाओं में गूंजता है।

सांसारिक दृष्टि से श्री बिरंची नारायण टुडू जनसाधारण में मात्र एक थे। वे केवल एक आम आदिवासी थे। वे न तो स्वतंत्रता सेनानी थे और न ही

धनी जमींदार। वे प्रेमचंद के ग्रामीण चरित्रों के समान एक सरल और सहृदय व्यक्ति थे। उनके लिए उनकी पूरी दुनिया उनका गांव और गांव उनका परिवार था। उन्होंने सर्वोच्च मूल्य 'भलाई' का अनुसरण किया और उनकी बेटी ने उनसे इस मूल्य को बहुतायत से प्राप्त किया।

उपरबेडा गांव

आप यदि जिद ही ठान लें तो एक लंबी उबाऊ और असमान यात्रा के बाद, 6623 की आबादी वाले गांव उपरबेड़ा पहुंच सकते हैं। इस गाँव में द्रौपदी मुर्मू ने अपना बचपन बिताया था। उपरबेड़ा पंचायत में 15,000 की आबादी वाले सात राजस्व गांव हैं। आबादी ज्यादातर आदिवासी और ओबीसी समुदायों की है। उपरबेड़ा गांव में दो बस्तियां हैं- बड़ासाही और डूंगुरसाही। जहां बडासाही गांव पूरी तरह से विद्युतीकृत है, वहीं डूंगरसाही में 14 घर हैं, जिन्हें अभी तक बिजली नहीं मिली है। बताते हैं कि राष्ट्रपति पद के उम्मीदवारों की घोषणा के बाद प्रशासन ने सौभाग्य योजना के तहत बिजली कनेक्टिविटी के लिए अब पहल की। मुर्मू का भतीजा बिरंची नारायण टुडू अपनी पत्नी और दो बच्चों के साथ डूंगरसाही हैमलेट में रहता है। उनके बड़े भाई भगत टुडू का बेटा अपने परिवार के साथ वहां रहता है। घर में उनके छोटे भाई सरानी टुडू भी रहते हैं।

इसी गांव में द्रौपदी का जन्म हुआ था। यहां उनका पुश्तैनी घर आज भी है। पुराने मिट्टी के घर को रंग दिया गया है और आसपास के अन्य घरों की तुलना में बेहतर दिखता है। घर द्रौपदी के पिता का था और अब उनके भतीजे दुलाराम टुडू का निवास है। दुलाराम टुडु, मुर्मू के भतीजे दुलारी टुडू की पत्नी, अपने दो बच्चों के साथ गांव के घर में रहती है।

उपरबेड़ा गांव पूर्व सांसद सलखान मुर्मू, भाभेंद्र मांझी और पूर्व मंत्री कार्तिक मांझी का जन्मस्थान भी है। कार्तिक टुडू एक मंत्री थे जिन्होंने द्रौपदी को मैट्रिक पूरा करने और भुवनेश्वर के एक कॉलेज में पढ़ने में मदद की। यह सारी जानकारी सोशल मीडिया पर व्यापक रूप से उपलब्ध है जहां से मैंने इसे एकत्र किया है। आपको बता दें कि उनके रिश्तेदार और जान-पहचान के अडौसी-पडौसी अमीर या जमींदार नहीं हैं। वे निम्न मध्यम वर्ग या मध्यम वर्गीय परिवारों से ताल्लुक रखते हैं। वे मेहनती, ईमानदार

और ईश्वर से डरने वाले लोग हैं। जो मिलता है उसी में सन्तुष्ट रहते हैं। आज भी वहाँ कोई जाए तो इन आम लोगों से मिलकर उसे खास तजुर्बा होगा, अब इन लोगों में द्रौपदी मुर्मू को लेकर गर्व और आदर की अतिरिक्त भावना जो आ गई है।

रायरंगपुर तहसील

रायरंगपुर भारत के ओडिशा राज्य के मयूरभंज जिले का एक शहर और तहसील है। मयूरभंज झारखंड और बंगाल के साथ एक लंबी सीमा साझा करता है जहां संथाल जनजाति के लोगों की आबादी बहुत अधिक है। रायरंगपुर ओडिशा के भुवनेश्वर से 280 किमी और कोलकाता से 267 किमी दूर है।

कम ही लोग जानते हैं कि रायरंगपुर एक सदी से भी अधिक समय से संताली भाषा और सांस्कृतिक आंदोलन का केंद्र रहा है। यहाँ 1949 में आदिवासियों का एक भयानक लेकिन कम चर्चित जलियांवाला बाग जैसा नरसंहार हुआ था, जब पुलिस ने शहर के बाहरी इलाके गुंडुरिया गांव में संथालों की एक सामूहिक सभा पर गोलियां चलाई थीं। एक विधायक और मंत्री के रूप में, मुर्मू ने लोगों को आसानी से आने-जाने में मदद करने के लिए 'पक्की' सड़कें और एक पुल बनाने का काम किया है। यह बहुत निराशाजनक है कि मयूरभंज जिले में अभी भी 500 गांवों में बिना औपचारिक सड़कों और 1350 गांवों में बिजली नहीं है।

रायरंगपुर से करीब 20 किलोमीटर दूर द्रौपदी मुर्मू का पैतृक गांव उपरबेड़ा है। आपको गांव तक पहुंचने के लिए निर्माणाधीन सड़कों, असमान पहाड़ियों और घने जंगल से होकर गुजरना पड़ता है। ओडिशा के पिछड़े क्षेत्रों में से एक गैर-वर्णित शहर रायरंगपुर को अब हमेशा के लिए हमारे 15 वें राष्ट्रपति द्रौपदी मुर्मू के घर के रूप में जाना जाएगा।

रायरंगपुर को एक आदर्श गांव या छोटा शहर कहा जा सकता है। यह अब पूरी तरह से डिजिटल है। प्रत्येक घर के कम से कम एक व्यक्ति का बैंक में खाता है। यह दूसरों के लिए एक विकास मॉडल गांव है और इसके विकास का श्रेय गांव की बेटी को जाता है। अब जब यह स्थान भारतीय गणतंत्र की राष्ट्रपति के नाम से जुड़ गया है तो पूरी दुनिया इस सुदूर

आदिवासी गांव के बारे में जिज्ञासु होगी ही। लोगों को यह भी लगने लगा है कि उनके शहर की बेटी ने उन्हें नाम और शोहरत दिलाई है और अब वे सभी कम से कम कुछ दिन तक जरूर सुर्खियों में रहेंगे।

('वन इंडिया' नामक एक वेब साइट न केवल उसका जन्म स्थान (बैदापोसी गांव, मयूरभंज, ओडिशा) देती है, बल्कि उसका पूरा पता, मोबाइल नंबर और ईमेल भी देती है। उसका स्थायी पता है- बैदापोसी, वार्ड नंबर -2, पीओ रायरंगपुर, जिला- मयूरभंज पिन कोड- 757046। उसका संपर्क नंबर + 9, 651 2283469 है और ईमेल jhrgov@jhr-nic-पद मुझे यकीन है, यदि आप इस जानकारी का उपयोग करते हैं तो आप अपने विवेक और सामान्य ज्ञान का उपयोग करेंगे।[5]

इंडिया टुडे की रिपोर्ट के मुताबिक 'द्रौपदी मुर्मू 90 के दशक की शुरुआत में अपनी बड़ी बेटी के निधन के बाद रायरंगपुर आई थीं। श्याम चरण मुर्मू, उनके पति, बैंक ऑफ इंडिया में कार्य करते थे और दोनों एक साथ रायरंगपुर के घर में रहने लगे। बाद में, मुर्मू ने अध्यापिका के रूप में स्वैच्छिक शिक्षण करने के लिए एक निजी स्कूल में कार्य किया। उनके दो और बेटे थे, जिनकी कम उम्र में ही मृत्यु हो गई थी। उनकी केवल एक बेटी इतिश्री है, जो उनके साथ रहती है।'[6]

वर्तमान में दीदी मुर्मू (उन्हें उनके करीबी लोग "दीदी" के रूप में बहुत प्यार से संबोधित करते हैं) रायरंगपुर के महुदीहा मुहल्ले में रहती हैं। दो मंजिला मामूली घर में दिखाने के लिए ज्यादा कुछ नहीं है। पहली मंजिल ओडिशा के ग्रामीण बैंक को लीज पर दी गई है और उनके छोटे भाई तारिणी टुडू और उनका परिवार भूतल में रहता है। वे भी वहीं रहती हैं। आप मुर्मू के दो मंजिला घर में अतिथि कक्ष को देखेंगे तो देखते ही रह जाएंगे। दीवारों पर दो फ्रेमयुक्त तस्वीरों में- पूर्व राष्ट्रपति राम नाथ कोविंद और प्रध ान मंत्री नरेंद्र मोदी के साथ शानदार ढंग से श्रीमती मुर्मू गर्व से खड़ी हैं। नयनाभिराम चित्र। हम भी तो राष्ट्रपति के साथ खड़े होकर फोटो खिंचवाना चाहते हैं। आप भी जरूर इच्छा रखते होंगे?

लेकिन जब उनका जन्म और पालन-पोषण हुआ तो गांव की स्थिति कोई खास नहीं थी। गाँव की दशा दयनीय ही थी। जीवन की मूलभूत आवश्यकताओं को प्राप्त करना कठिन था। लोग गरीब थे और मेहनत

-मशक्कत खेती बाड़ी करके किसी तरह दो जून की रोटी जुटा पाते थे। द्रौपदी के माता-पिता भी इतने अमीर नहीं थे कि अपने बच्चों को जीवन की सभी आवश्यक सुविधाएँ प्रदान कर सकें। लेकिन वे सभी खुश और संतुष्ट थे। उन्होंने खुशी के दिनों का सपना देखा और जीवन में आगे आने के लिए कड़ी मेहनत की। वे संकोची स्वभाव के थे। बाहरी लोगों से घबराते थे पर स्वाभिमानी भी कुछ कम न थे।

मुर्मू के प्रारंभिक जीवन में एक आदिवासी परिवेश में जातियों और समुदायों के बीच सौहार्द और सद्भाव अनुकरणीय था। जिस गाँव में द्रौपदी मुर्मू का जन्म 1958 में हुआ था, वह एक विशिष्ट भारतीय गाँव है जहाँ लोग एक साथ रहते थे और राष्ट्रीय आकांक्षाओं के साथ-साथ आगे बढ़ने में एक-दूसरे की मदद करते थे। परिवार का मानना था कि सफलता की कुंजी स्वयं के प्रति सच्चे होने में है। शिक्षा एक जरिया जरूर था आगे बढ़ने का, पर बहुतों को यह अब भी जरूरी न लगता था। मुर्मू के भाई गाँव भर तक पढ़े और वही रहे, एक थीं जो आगे बढ़ी, खूब पढ़ी।

आदिवासी समुदाय

द्रौपदी के माता-पिता संथाल नामक एक विशेष जनजाति के थे। संथाल जन-जाति गोंड, मुंडा, हो, उरांव, भील, मीना, खोंड और नागा जैसी प्रमुख जनजातियों में से हैं। संथाल, जिसे मांझी के नाम से भी जाना जाता है, एक जातीय समूह है जो मुख्यत: झारखंड, ओडिशा, बिहार और पश्चिम बंगाल राज्यों में केंद्रित है। ब्रिटानिका के अनुसार, अकेले भारत में 5 मिलियन से अधिक संथाल हैं। औपनिवेशिक शासन द्वारा आदिवासी समुदायों की गरिमा को कम कर दिया गया था। उन्हें 1911 की जनगणना तक 'पशुवादी' (अनिमलिस्ट्स) कहा जाता था। हमारे सबसे प्रतिष्ठित इतिहासकारों में से एक स्वर्गीय प्रो. निहार रंजन रे ने मध्य भारतीय आदिवासियों को "भारत के मूल स्वछंद लोग" के रूप में वर्णित किया था।

8.6 प्रतिशत जनजातीय आबादी के बावजूद, भारत पारंपरिक रूप से इस खंड की उपेक्षा के लिए जाना जाता है। जनजातीय आबादी अनेक बीमारियों, रोगों, कुपोषण, और खराब स्वास्थ्य आदि के कारण कठिन जीवन जीती है। जनजातीय स्वास्थ्य पर एक विशेषज्ञ समिति ने वर्ष 2027 तक जनजातीय लोगों के स्वास्थ्य की स्थिति में मौजूदा अंतर को पाटने के लक्ष्य के साथ

सिफारिशें दी हैं। दुनिया की एक तिहाई आदिवासी और स्वदेशी आबादी, यानी 104 मिलियन से अधिक आदिवासी भारत में रहते हैं। 705 समुदायों में फैले ये आदिवासी अद्वितीय सांस्कृतिक विविधता का प्रतिनिधित्व करते हैं। किन्तु दुर्भाग्य से वे राष्ट्रीय मुख्यधारा में अभी तक पूरी तरह से एकीकृत नहीं हुए हैं जिसके कारण निम्न शैक्षिक स्तर (41 प्रतिशत निरक्षरता) और आर्थिक प्राप्ति (गरीबी रेखा से नीचे 41 प्रतिशत)आदि मानकों में उनका जीवन अक्सर भौतिक परिस्थितियों की कमी और सार्वजनिक उपयोगिताओं और सेवाओं तक पहुंच की कमी से प्रभावित होता है। उनके भौगोलिक रूप से अलग-थलग रहने वाले आवास-स्थान अक्सर उनकी समस्याओं को और भी अधिक जटिल करते हैं।

दूसरे शब्दों में उनका परिवार अनुसूचित जनजाति का है। भारत में अनुसूचित जनजातियों की पहचान पांच बुनियादी मानदंडों पर की गई है: आदिम लक्षण, पिछड़ापन, भौगोलिक अलगाव, विशिष्ट संस्कृति, अन्य समुदायों के साथ संपर्क के प्रति संकोच की भावना (2017 में सरकार ने 'आदिम' शब्द को हटा दिया था)। यह उन लोगों की श्रेणी है जिन्हें बहुत सी कठिनाइयों का सामना करना पड़ा है। वे अभी भी भारतीय समाज और राजनीतिक क्षेत्र में अपना सही स्थान लेने के लिए संघर्ष कर रहे हैं। उनके बारे में महान मानवविज्ञानी वेरियर एलविन ने कहा है, "ये भारत के असली स्वदेशी निवासी हैं, जिनकी उपस्थिति में अन्य सभी विदेशी हैं। ये नैतिक अधिकार वाले प्राचीन लोग हैं और हजारों साल पुराने हैं। वे यहां पहले से थे और दूसरों के मुकाबले इन्हें पहले आना चाहिए।"

सभी अनुसूचित जनजाति आदिवासी नहीं हैं। कुछ 573 समुदाय ऐसे हैं जिन्हें सरकार द्वारा अनुसूचित जनजाति के रूप में मान्यता दी गई है और इसलिए वे विशेष लाभ प्राप्त करने के पात्र हैं। वे सभी विधानसभाओं, सरकारी नौकरियों, विश्वविद्यालयों और स्कूलों में आरक्षित सीटों के लिए प्रतिस्पर्धा करते हैं। कुछ को कुछ मिलता है और कुछ को कुछ नहीं। संघर्ष जारी है।

यह ध्यान देने योग्य है कि ये लोग अपने साथ एक समृद्ध संस्कृति और एक आश्चर्यजनक लेकिन संघर्षरत राजनीतिक विरासत रखते हैं। हालांकि उनके लोगों की स्वतन्त्रता प्राप्ति की उग्र-जद्दोजहद हमारी संयुक्त थाती का हिस्सा नहीं बन सकी, लेकिन उनके द्वारा और उन्हें अच्छी तरह से जानने

वालों द्वारा बताई गई असंख्य वीरता की कहानियां सुनी जाती रहीं हैं। यह दुर्भाग्यपूर्ण है कि हम उस शिक्षा से वंचित हैं जो इन लोगों की वीरता से हमें प्राप्त हो सकती है। मातृभूमि की खातिर संथालों ने अपने हजारों परिजनों को खो दिया। वे इतने जोश के साथ लड़े कि ब्रिटिश सेना अधिकारी मेजर जर्विस को स्वीकार करना पड़ा, "यह युद्ध नहीं था; वे जुझारू और जुटे रहने वाले जुझारू प्रवृत्ति के लोग थे। इनका व्यवहार समझ से परे है। जब तक उनका राष्ट्रीय ढोल बजता रहेगा, पूरी पार्टी खड़ी रहेगी, और उन्हें गोली मार दी जाएगी। पर वे पीछे नहीं मुड़ते थे।" इंग्लैंड में प्रसिद्ध उपन्यासकार चार्ल्स डिकेंस ने भी अपनी साप्ताहिक पत्रिका 'हाउसहोल्ड वर्ड्स' में संथालों के साथ युद्ध की चर्चा की है। युद्ध के दौरान उनके सम्मानजनक व्यवहार के लिए उनकी प्रशंसा करते हुए, उन्होंने उल्लेख किया, "वे हमारे सभ्य दुश्मन, रूसियों की तुलना में असीम रूप से अधिक सम्मानित होने योग्य हैं, जो इस तरह की सहनशीलता को मूर्खता के रूप में मानते हैं, और घोषणा करते हैं कि यह युद्ध नहीं है।"

उपनिवेशवाद के खिलाफ संथाल विद्रोह हिंदू राष्ट्र के इतिहास के अज्ञात अध्यायों में से एक है। द्रौपदी मुर्मू के अपने समुदाय के लोग आज भी गैर आदिवासियों के साथ सामंजस्य बढ़ाने के प्रयत्न में लगे हैं।

महान वीरता और सभ्यतागत ज्ञान को विरासत में लिए, द्रौपदी का जन्म स्वतंत्र भारत में हुआ था और सत्तर के दशक में उन्होंने खुद को शिक्षित करना शुरू कर दिया था। स्वतंत्र भारत के संविधान ने उन्हें आगे बढ़ने का मौका और अवसर दिया। उनका जन्म एक संथाल-आदिवासी परिवार में एक कम विकसित क्षेत्र के सबसे दूरस्थ गांवों में से एक में हुआ था। वह भारतीय गणराज्य की राष्ट्रपति बनकर देश की सबसे चमकीली सितारा बनीं। हालाँकि, कहानी में यही खूबसूरत मोड़ है। पर अभी इस कहानी में हम जहां थे वहीं रहें तो विचार प्रवाह बना रहेगा।

द्रौपदी का परिवार उनमें से एक था।

बचपन के दिन

करीब 6 साल पहले दूरदर्शन के 'तेजस्विनी' कार्यक्रम को दिए एक इंटरव्यू में उन्होंने शुरू से ही अपने जीवन-संघर्षों के बारे में संकेत दिए थे। इस सरल सहज कार्यक्रम को कोई आज भी देख-सुन सकता है। मुर्मू ने

साक्षात्कारकर्ता को बहुत स्पष्ट रूप से बताया कि बचपन में हल करने के लिए छोटी-छोटी समस्याएं हुआ करती थीं। परिवार इतना संपन्न नहीं था कि माता-पिता अपनी बेटी को स्कूल से आगे की पढ़ाई के लिए गांव से बाहर भेज सकें। वे अपने दम पर खड़े होने के लिए पढ़ना चाहती थीं और अपने परिवार के लिए भी कुछ करना उसके छोटे से स्मार्ट बढ़ते दिमाग में था।

प्रेमचंद की एक कहानी आपको तुरंत याद आ जाएगी जिसमें छोटा लड़का हामिद अपनी दादी के लिए गाँव के मेले में एक 'चिमटा' खरीदने की योजना बना रहा था। जी हाँ, कहानी का शीर्षक "ईदगाह" (1933) है। हमारे नन्हे-नन्हे नवोदित जीवन में ग्रैंड मदर्स वास्तव में बहुत प्यारी होती हैं। द्रौपदी की भी एक प्यारी सी दादी थी जो अंग्रेजी भी जानती थीं!

उनकी दादी को उनके दिनों के मानकों के अनुसार शिक्षित कह जा सकता है। वे चक्रधरपुर की रहने वाली थीं। इस प्रकार वे झारखंड की थीं। तभी तो द्रौपदी मुर्मू ने स्वीकार किया था कि उनकी रगों में बिहार, झारखंड और उड़ीसा का खून और हवा दौड़ती है। दादी अपने पोतों और पोती को यह बताने के लिए मानक- हिंदी और कभी-कभी अंग्रेजी के कुछ वाक्य बोलती थी कि वे अनपढ़ नहीं है और शिक्षा के मूल्य को अच्छी तरह से जानती-समझती हैं। वे अपनी पोती को जीवन में आगे बढ़ने के लिए सीखने और पढ़ने के लिए प्रेरित करती थीं।

वे अपनी छोटी पोती से बहुत प्यार करती थी क्योंकि उसका नाम उनके नाम पर रखा गया था। उनकी दादी का नाम भी द्रौपदी टुडू था। लेकिन बच्ची का प्यार से पुकारने का घरेलू नाम पुत्ती है। 'पुत्ती' में आपने जरूर ही 'पुत्री' छिपा सुन लिया होगा।

बच्चे अपने बड़ों के शब्दों को सुसमाचार और सत्य मानते हैं और द्रौपदी भी अपनी दादी के शब्दों को अक्षरशः और आदर से पालन करती थी। वे उन्हें कक्षा में अपनी प्रगति के बारे में बताती थी और उनसे अपने छोटे-छोटे सपने भी साझा करती थी। दादी उन्हें वीरता, सत्यनिष्ठा और धर्म की कहानियाँ सुनाती थीं।

उपरबेड़ा का प्राथमिक विद्यालय

बालिका द्रौपदी ने अपनी माध्यमिक शिक्षा के लिए भुवनेश्वर जाने से पहले गांव के प्राथमिक विद्यालय में पढ़ाई की। स्कूल के वर्तमान प्राचार्य

मनोरंजन मुर्मू का कहना है कि उनके समय में केवल एक ही स्कूल था और इसकी स्थापना स्कूल के रिकॉर्ड के अनुसार 1902 में की गई थी। 1971 की जनगणना के अनुसार मयूरभंज जिले की साक्षरता दर 12.22% थी। उपरबेड़ा में कोई मैट्रिक (कक्षा 10 योग्यता) में पढ़ने वाली कन्याएं नहीं थीं, और द्रौपदी उनमें से एक होने का दृढ़ संकल्प लिए थी।

द्रौपदी के पिता गांव के 'प्रधान' जरूर थे पर परिवार फिर भी गरीबी से जूझ रहा था। वह एक फ्रॉक में स्कूल जाती थी और उसके पास इंस्ट्रूमेंट बॉक्स नहीं होता था। स्कूल ने उसे ज्योमेट्री बॉक्स दिया। स्कूल में एक छोटा बुक बैंक था, जहां से जो छात्र किताबें खरीदने का खर्च नहीं उठा सकते थे, वे वहां से लेते थे। द्रौपदी ने बैंक से किताबें भी ली थीं। हालांकि, जब उसने उच्च प्राथमिक विद्यालय में सातवीं कक्षा पूरी की, तो उसने न केवल वह किताबें लौटा दीं जो उसने उधार ली थीं, बल्कि दूसरों की मदद के लिए अपनी किताबें और नोट्स भी दान कर दिए।

मिथुन एम कुरियाकोस ने उपरबेड़ा गांव के प्राथमिक विद्यालय के पूर्व शिक्षक वसंत कुमार गिरि का साक्षात्कार लिया। शिक्षक को अभी भी एक 4 साल की बच्ची के चेहरे पर मुस्कान याद है, जो पहली बार स्कूल जाने पर अपने पिता के हाथ से लिपटी हुई थी।

तब उनका नाम द्रौपदी टुडू था। वे तत्कालीन ग्राम प्रधान नारायण टुडू की संतानों में सबसे बड़ी थीं। (उसने अपने पति का उपनाम लिया और एक बैंक अधिकारी श्याम चरण मुर्मू से शादी के बाद द्रौपदी मुर्मू बन गई।) नारायण ने अपनी छोटी लड़की को स्कूल में छोड़ दिया और मुझे अपनी बेटी को अच्छी तरह से पढ़ाने के लिए कहा। वे होशियार थीं और सभी परीक्षाओं में प्रथम आती थीं। उनके पास अपने पिता के द्वारा दिया गया वक्तृत्व कौशल था। उन्होंने छात्रों के लिए आयोजित वार्षिक वाक्पटु प्रतियोगिताओं में भाग लिया और कई बार प्रथम पुरस्कार जीता। हम शिक्षकों को यकीन था कि वह महान ऊंचाइयों तक पहुंचेगी और हमें गौरवान्वित करेंगी।[7]

बातचीत करते हुए द्रौपदी के स्कूल प्रधानाध्यापक ने बीते दिनों का जिक्र करते हुए कहा कि 1968 से 1970 तक वे वहां हेड टीचर थे, जब द्रौपदी स्कूल में पढ़ रही थी। उनके बारे में कहते हुए बहुत गर्व महसूस होता है। प्रधानाध्यापक ने कहा कि उन्हें आज भी अच्छी तरह से याद है कि एक बार छात्रों से कहा गया था कि वे क्या करना और बनना चाहते हैं।

कई बच्चों ने अपना-अपना जवाब दिया लेकिन द्रौपदी ने कहा कि वे लोगों की सेवा करना चाहती हैं। द्रौपदी की मौसी सरस्वती ने कहा कि द्रौपदी ने साबित कर दिया है कि महिलाएं क्या हासिल कर सकती हैं। उसने जीवन भर बहुत संघर्ष किया है। यह अथक संघर्ष का फल है। वह बहुत विनम्र और जमीन से जुड़ी हुई प्रकृति की है। हम हमेशा सुख और दुख में साथ हैं। हमारे समय में हम लड़कियों को हमेशा बताया जाता था कि क्या-क्या तुम पढ़कर करोगे। लोग उससे पूछते थे कि वह क्या कर पाएगी। अब उसने उन्हें साबित कर दिया कि वह क्या कर सकती है।[8]

बासुदेव बेहरा, जिन्होंने उन्हें उस उच्च प्राथमिक विद्यालय में पढ़ाया, जहाँ द्रौपदी ने कक्षा 1 से 7 तक पढ़ाई की, याद करते हुए कहते हैं "वह पढ़ाई में अच्छी थी, और वह जो कुछ भी करती थी, उसमें दृढ़ थी। मुझे याद है एक दिन बादल रात भर बरसता रहा। अगली सुबह, शिक्षक भी स्कूल न आये। लेकिन मैंने उसे आते हुए देखा, पानी में अपनी जगह बनाते, कभी तैरते और कभी उबरते। मैंने उससे कहा कि उसमें अपार संभावनाएं हैं और वह एक दिन शिक्षिका बनेगी। द्रौपदी ने अपने स्कूली दिनों से ही नेतृत्व के गुण दिखाए थे। एक दिन, ब्लैकबोर्ड को साफ करने के लिए क्लास में कोई चॉक डस्टर नहीं था। वह घर गई, फटे-पुराने कपड़ों से तीन डस्टर बनाये और अगले दिन उन्हें कक्षा में ले आई। हर कोई इस बात से हैरान था कि उसने कितनी जल्दी समस्या का हल ढूंढ लिया। कक्षा मॉनीटर के रूप में द्रौपदी लड़की लड़कों दोनों को अच्छी तरह से नियंत्रित कर लिया करती थीं। लड़कों की संख्या लड़कियों से काफी ज्यादा थी पर वह कंट्रोल कर लेती थी। यदि कोई शिक्षक अनुपस्थित या कक्षा में देर से आता है, तो वह व्यवस्था बनाए रखती थी। वह एक प्रतिस्पर्धी धावक भी थी, और स्वतंत्रता दिवस जैसे विशेष अवसरों पर गाने से कतराती नहीं थी।"[9]

1964 में द्रौपदी मुर्मू की सहपाठी ताप्ति मंडल के पास भी एक किस्सा साझा करने के लिए है। 55 साल पहले एक आदिवासी बच्ची ने क्या सपना देखा था?

शिक्षक ने छात्रों को एक कविता सुनाने के लिए कहा, और टॉपर ने फिर से स्वेच्छा से भाग लिया। मंडल को पता था कि कौन सी कविता आ रही है और क्यों। छंद रॉबर्ट फ्रॉस्ट के 'स्टॉपिंग बाय वुड्स ऑन ए स्नोई

इवनिंग' के ओडिया अनुवाद से थे। कुछ दिन पहले ही, शिक्षक ने अपने बच्चों से कहा था कि कविता जवाहरलाल नेहरू की पसंदीदा थी, जो उनके बेडसाइड टेबल पर सदा रखी रहती थी। बालिका टुडू ने इस प्रसंग को संदर्भ सहित याद कर लिया था। इसलिए जब द्रौपदी ने आखिरी पद का सस्वर वाचन समाप्त किया, "माइल्स टू गो", तब मंडल ने मुर्मू का मजाक उड़ाते हुए पूछा कि क्या वह भारत के पहले प्रधानमंत्री की तरह एक नेता बनने की योजना बना रही है।

"जब मैं उस दिन के बारे में सोचती हूं तो मुझे हंसी आती है। शायद, तब भी, वह अपने भविष्य की सुखद कल्पना ही नहीं बल्कि भविष्यवक्ता की तरह भविष्य वाणी कर रही थी।"

नौ वर्षीय द्रौपदी टुडू ने अपनी समवयस्क मंडल की ओर रुख किया, और उसकी आँखें चमक उठीं।

"क्यों नहीं?" उसने पूछा।

क्यों नहीं, वास्तव में। पचपन साल बाद, 21 जुलाई को 64 वर्षीय द्रौपदी टुडू, जो अब द्रौपदी मुर्मू हैं, भारत की 15वीं राष्ट्रपति और देश की पहली महिला आदिवासी कमांडर-इन-चीफ बनीं।[10]

(इस तरह से हम एक कहानी बुनते हैं। मेरे पास वास्तविक घटना का पता लगाने का कोई स्रोत नहीं है। घटित सच्चाई और कहानी की सच्चाई इतनी परस्पर जुड़ी हुई हैं कि एक को दूसरे से अलग करने का कोई मौका नहीं है। रहने दो।)

वे गांव के स्कूल में कक्षा 1 से 7 तक पढ़ीं। वे तब सातवीं कक्षा में थीं और आगे पढ़ना चाहती थीं। लेकिन सातवीं कक्षा के बाद पास में कोई स्कूल नहीं था। वे इस बारे में अपने माता-पिता से चर्चा करती थीं जो उनका ठीक से मार्गदर्शन नहीं कर पा रहे थे। उन्हें खुद गांव के बाहर के स्कूलों और अन्य सुविधाओं के बारे में ज्यादा जानकारी नहीं थी। वे उत्सुक और जागरूक जरूर थे और राज्य की राजधानी में प्रवेश मिलने पर बेटी को गाँव से बाहर भेजने के लिए तैयार भी थे। पर आर्थिक रूप से उन्हें सहायता की जरूरत थी। परिवार की मदद काफी न थी।

मुर्मू को 1980 से जानने वाले पत्रकार और कार्यकर्ता निगमानंद पटनायक ने एक बहुत ही आकर्षक कहानी सुनाई है और वे ही इस कहानी का एकमात्र ज्ञात स्रोत हैं। मैं पहले इसे आपके मनोरंजन, और सीख के लिए देता हूं।

जब वह एक बच्ची थी, उनके पिता उन्हें पास के शहर रायरंगपुर ले गए। कार्तिक मांझी जो ओडिशा सरकार के एक मंत्री थे वे उस स्थान का दौरा कर रहे थे। अचानक नन्ही द्रौपदी अपने स्कूल के प्रमाण पत्र को लहराते हुए मंच पर भाग कर आ गई और मंत्री से कहा कि वह भुवनेश्वर में पढ़ना चाहती थी। मंत्री छोटी बच्ची के उत्साह से इतने प्रभावित हुए कि उन्होंने अपने कर्मचारियों को राज्य की राजधानी के एक सरकारी स्कूल में उन्हें जगह दिलाने में मदद करने का आदेश दिया।[11]

एक और कहानी मुर्मू के 40 साल के पारिवारिक मित्र और रायरंगपुर के पत्रकार रवींद्र पटनायक ने बताई है जो इस प्रकार है।

अपनी प्राथमिक विद्यालय की कक्षा में वह पढ़ाई और खेल में अव्वल थी। उसकी कक्षा में 40 लड़के और 8 लड़कियाँ थे। एक नियम के रूप में, कक्षा में टॉपर को मॉनिटर बनाया जाता था, लेकिन उन दिनों पितृसत्तात्मक समाज में, उसे कक्षा की निगरानी करने की अनुमति नहीं मिली। द्रौपदी को बहुत बुरा लगा और उसने अपने हक के लिए कड़ा संघर्ष किया और मॉनिटर बन गई।[12]

उनके साथ पढ़ने वाले हरिहर नंद ने बताया

उनका स्वभाव बचपन से ही बहुत सरल था। जिन सहपाठी का पढ़ने में मन नहीं लगता था, उनको टोकती भी थीं। सबसे बातें करती थीं। हम लोग जब स्कूल जाते थे तो हमारे पैरों में चप्पल नहीं होती थी। बैठने के लिए घर से चटाई या बोरा लेकर जाना पड़ता था। उस वक्त के हालात में भी रोज स्कूल जाती थीं। उनको अगर कहीं भी धार्मिक पुस्तक मिले, उसे जरूर उठाकर पढ़ती थीं। उन्हें भगवान पर बचपन से ही अटूट विश्वास रहा है। वह बच्चों को उड़िया भाषा पढ़ाने लग जाया करती थी।

एक वी.आई.पी. का दौरा

जब घर में इस तरह की दैनिक चर्चा चल रही थी, तो उन्हें गांव में किसी मंत्री के आने का पता चला। हालांकि वीआईपी का आना कोई दुर्लभ अवसर नहीं था, वे यह जानकर बहुत खुश हुई और उन्होंने अपने पिता से उनसे मिलने और वहां जाने की अनुमति देने के लिए कहा। उनके पिता ने सहमति व्यक्त की और बेटी से कहा कि वह खुद अकेले जाकर उनसे मिलें क्योंकि वे खुद उनसे ठीक से बात नहीं कर पाएंगे। आप समझ सकते हैं कि

सरकारी अधिकारियों से बात करने की सोच से ही आदिवासी-समुदाय के लोगों में कंपकंपी छूट जाती थी। आदिवासी गांव के लोग तीन जगह जाने से सदा-हिचकिचाते हैं। एक थाना, दूसरा अस्पताल और तीसरा कोर्ट। कवि विनोद कुमार शुक्ल की काव्य पंक्ति है-आदिवासी खुले में इकट्ठे होने से डरे हुए हैं/और पेड़ों के अँधेरे में दुबके विलाप कर रहे हैं। आदिवासी पिता की यह स्थिति है तो आम आदिवासी लड़की भी कुछ भिन्न नहीं।

एक अकेली आदिवासी लड़की को
घने जंगल जाते हुए डर नहीं लगता
बाघ-शेर से डर नहीं लगता
पर महुआ लेकर गीदम के बाजार जाने से
डर लगता है

आदिवासी लोग थाने या कोर्ट जाने से डरते हैं। जब वे किसी आदिवासी व्यक्ति को शीर्ष पद पर देखते हैं, तो उन्हें कुछ विश्वास होता है। अशिक्षित, अल्पशिक्षित और अर्धशिक्षित ग्रामीण तो वर्दी धारी सिक्योरिटी गार्ड से भी डर जाते हैं। यही कारण था कि उनके पिता उनके साथ जाने से हिचकिचा रहे थे। उन्हें उन आई.ए.एस. और आई.पी.एस. अधिकारियों से डर लगता था जो नेता जी के आस-पास और वातावरण पर हावी होंगे। वे अपनी सीमाएं जानते थे लेकिन वे ये भी जानते थे कि उनकी बेटी खुद को और अपनी समस्याओं को बेहतरीन तरीके से पेश करने में सक्षम होगी। वे उसे आगे बढ़ते हुए देखना चाहते थे और उस समय की दुनिया का सामना करने योग्य बनाना चाहते थे। पूर्व राष्ट्रपति श्री राम नाथ कोविन्द ने ठीक ही कहा है, "जहां बेटियों को, बेटों की ही तरह, शिक्षा, स्वास्थ्य और आगे बढ़ने की सुविधाएं दी जाती हैं, ऐसे समान अवसरों वाले परिवार और समाज ही एक खुशहाल राष्ट्र का निर्माण करते हैं। महिलाओं को न्याय दिलाने के लिए, सरकार कानून लागू कर सकती है और नीतियाँ भी बना सकती है। लेकिन ऐसे कानून और नीतियाँ तभी कारगर होंगे जब परिवार और समाज, हमारी बेटियों की आवाज को सुनेंगे। हमें परिवर्तन की इस पुकार को सुनना ही होगा।"

पिता अपनी बेटी के साथ नहीं गए। वे खुद अपने रिपोर्ट-कार्ड और अन्य महत्वपूर्ण दस्तावेजों के साथ अकेली गईं और उन्होंने अपने अनुरोध

और शिक्षित होने के दृढ़ संकल्प से सभी अधिकारियों और मंत्री को आश्चर्यचकित कर दिया। एक अकेली आदिवासी लड़की जंगल से नहीं, बाजार और अधिकारी वर्ग से भय खाती है। पर द्रौपदी न जंगल से भयभीत होती थी और न अधिकारी वर्ग से। वह बेखौफ थी, निडर थी और साहसी भी थी। वे कमरे में गई और सभी आईएएस-आईपीएस अधिकारियों को देखते हुए और उनसे बिना भयभीत हुए उन्होंने अपने प्रमाण पत्र मंत्री महोदय को सौंप दिए, जिन्होंने हर संभव मदद देने का वादा किया और इस तरह उनकी एक बड़ी समस्या हल हो गई। उन्हें राज्य की राजधानी स्थित स्कूल में भर्ती कराया गया। अपनी प्राथमिक शिक्षा के बाद द्रौपदी ने भुवनेश्वर के कैपिटल गर्ल्स हाई स्कूल में प्रवेश प्राप्त किया। फ्री-हॉस्टल की सुविधा एक और फायदा था। इस प्रकार उन्होंने हाई स्कूल से लेकर ग्रेजुएशन तक शहर में बिना किसी परेशानी के पढ़ाई की। उसके भाई जो गाँव में रह गए थे, स्कूल से आगे नहीं जा सके। शायद वे उतने साहसी नहीं थे या गांव में जो मिला उससे संतुष्ट होकर रह गए थे। हमें पता नहीं।

जब यात्रा करने के लिए सड़कें भी नहीं थीं और परिवार का खर्च वहन करने के लिए बहुत से माता पिता उतने साधन सम्पन्न नहीं थे, तब वे भुवनेश्वर पहुंची और पढ़ाई की। बतातें हैं कि जेब खर्च के लिए उन्हें केवल 10 रुपये प्रति माह मिलता था। उन्होंने अपने क्षेत्र के अन्य लड़कों और लड़कियों को रास्ता दिखाया 'जहाँ चाह है वहाँ राह है'। एक लड़की को शहर जाकर शिक्षा प्राप्त करते देख कुछ लड़कों को भी प्रेरणा मिली। इतने सारे छात्रों ने गांव से बाहर जाने का साहस किया और प्रतिस्पर्धी दुनिया में अपनी जगह बनाई।

इस तरह उन्होंने शुरू से ही अपने जीवन को अनुकरण करने और अपने उदाहरण से सीखने के लिए एक खुली किताब बना ली। संथाल समुदाय में बहुत सी वर्जनाएं और सामाजिक बाधाएं हैं जो युवा लड़कियों और लड़कों को बड़ा हासिल करने से रोकती हैं। आदिवासियों के साथ बहुत सी रूढ़ियाँ जुड़ी हुई हैं और समुदाय को बाहरी दुनिया से जुड़ाव की बहुत आवश्यकता आज भी कम नहीं है। नवोदित कन्या द्रौपदी ने उन्हें रास्ता दिखाया और उन्हें बताया कि जीवन में आगे आने का सबसे सरल तरीका शिक्षा का दामन थाम कर आगे बढ़ना है।

इस घटना से पता चलता है कि वे अपने बाल्यकाल में भी बाहर जाने और अपने गांव और आसपास की दुनिया को देखने के महत्व को समझती थी। उन्होंने कूपमंडूक की तरह व्यवहार नहीं किया। कूपमंडूक एक मेंढक है जो अपना पूरा जीवन एक कुएं के भीतर रह कर बिताता है, कुछ नहीं जानता, और इसके बाहर की हर चीज पर संदेह करता है। यह किसी से बात नहीं करता और किसी से किसी बात पर बहस नहीं करता। द्रौपदी की दुनिया भी उनके भाइयों और गाँव के दूसरे लड़कों-लड़कियों की दुनिया जैसी होती अगर वे अपने गाँव की सीमा में बंधी रहती।

जिन खोजा तिन पाइया, गहरे पानी पैठ,
मैं बपुरा बूडन डरा, रहा किनारे बैठ।

जो प्रयत्न करते हैं, वे कुछ न कुछ वैसे ही पा ही लेते हैं जैसे कोई मेहनत करने वाला गोताखोर गहरे पानी में जाता है और कुछ ले कर आता है। लेकिन कुछ बेचारे लोग ऐसे भी होते हैं जो डूबने के भय से किनारे पर ही बैठे रह जाते हैं और कुछ नहीं पाते।

प्रारंभिक माध्यमिक शिक्षा

जुलाई 1970 के एक दिन द्रौपदी ने अपना बस्ता उठाया और 280 किमी दूर राज्य की राजधानी भुवनेश्वर में लड़कियों के एक हाई स्कूल में आ धमकी। मुर्मू ने 1974 में यूनिट पप गर्ल्स हाई स्कूल से मैट्रिक पास किया। उन्होंने वहां तीन साल (कक्षा 8, 9 और 10) तक पढ़ाई की। वे एक छात्रा के रूप में काफी मिलनसार थीं और सभी शिक्षकों और छात्रों के साथ उनके बहुत अच्छे संबंध थे। वह कुंतला कुमारी सबत छात्रावास में रहती थी। इसके बाद के वर्षों में, वह भुवनेश्वर में रहीं, अपनी स्कूली शिक्षा पूरी की।

एक अध्ययनशील लड़की के रूप में, मुर्मू अपनी मैट्रिक की परीक्षा के बाद नहीं थमीं। उन्होंने आगे बढ़कर भुवनेश्वर के रमादेवी महिला कॉलेज में प्रवेश लिया, 1974 में रमा देवी महिला कॉलेज में शामिल होकर समाजशास्त्र और राजनीति विज्ञान का अध्ययन किया। जहाँ उन्होंने दोनों की पढ़ाई पूरी की।

मुर्मू के सार्वजनिक जीवन में आम तौर पर आरएसएस की भूमिका को रेखांकित किया जाता है लेकिन वे यह भूल जाते हैं कि द्रौपदी तब अपनी

पढ़ाई पूरी कर रहीं थीं जब कांग्रेस हर जगह अपना वर्चस्व कायम किए थी। उस समय की सरकारों ने उन्हें बढ़ने के अवसर प्रदान किए। उनके प्रारंभिक वर्षों में द्रौपदी ने एक ऐसा युग देखा जिसमें "भारत" और "इंडिया" के बीच निरंतर एक संघर्ष था। यह भी याद रखने योग्य है कि नेहरू युग भारत को एक औद्योगिक राष्ट्र के रूप में विकसित करने का सपना था, पर इंदिरा इस शासन से अलग था जिसमें नेता झाड़ू लगाने और कहने पर उनके घर को साफ करने के लिए तैयार थे। "इंडिया इज इंदिरा एंड इंदिरा इज इंडिया" इस तरह के नारे चापलूसी की मिसाल बन गए। द्रौपदी बचपन से लेकर युवावस्था तक इसी दुनिया में रहती थी और उसी के साथ रहती थी। उनका भी मानसिक विकास एक निश्चित गति से एक निश्चित दिशा की ओर होता चला गया।

(भारत के पहले प्रधान मंत्री, जवाहरलाल नेहरू के लिए उनकी प्रशंसा सर्वविदित है। 2020 में झारखंड विधानसभा के पहले सत्र की शुरुआत में, उन्होंने नेहरू को उद्धृत किया था, "चित्रों को दीवार की ओर मोड़ने से कोई इतिहास के तथ्यों को नहीं बदल सकता है।")

हाँ, आदिवासी आबादी की मदद करने और उन्हें प्रेरित करने के लिए विभिन्न संप्रदायों के सामाजिक कार्यकर्ता मौजूद थे। कुछ ऐसे भी थे जो किसी विशेष अपेक्षा को ध्यान में रखते हुए मदद करते थे। ऐसे कुछ ही थे जो ऐसे संस्थान चलाते थे जहाँ परोपकार और सद्भावना ही एकमात्र आदर्श वाक्य था। द्रौपदी ने अपने गांव, घर और अपने परिवेश में जिन परंपराओं को देखा, उन पर उनका अत्यधिक प्रभाव पड़ा। वे अपने चरित्र और दृष्टिकोण का निर्माण करने में सक्षम थीं।

नेल्सन मंडेला की आजादी की लंबी यात्रा उनके अपने घर से शुरू हुई; द्रौपदी की आजादी की लंबी यात्रा उनके अपने पैतृक गाँव से शुरू हुई जो उनके घर का ही एक हिस्सा था। और उनका घर उनके गाँव का एक अभिन्न अंग था।

स्नातक की पढ़ाई

द्रौपदी अपनी इंटरमीडिएट की शिक्षा के एक साल बाद प्रवेश पा सकी क्योंकि उसे प्रवेश प्रक्रिया के बारे में पता ही नहीं चल पाया था। उसका

एक साल बर्बाद हुआ लेकिन उसने हिम्मत नहीं हारी और अगले सत्र के लिए फिर से आवेदन किया और दाखिला लिया। द्रौपदी ने कला स्नातक की डिग्री प्राप्त की है। वे बी. ए. पास हैं। उन्होंने 1979 में स्नातक की उपाधि प्राप्त की। उन्होंने रमा देवी महिला कॉलेज भुवनेश्वर में अध्ययन किया। यह कॉलेज अब प्रतिष्ठित विश्वविद्यालय है। "वह पढ़ाई में अच्छी थी और प्रतियोगिताओं में भाग लेती थी। मुझे याद है कि उन्होंने एक नाटक में मुख्य भूमिका निभाई थी," संथाली साहित्यकार और पद्म श्री दमयंती बेसरा कहते है। वे कॉलेज में मुर्मू के जूनियर थे।

"मैं अपने छात्रावास के मैट्रन ब्रजेश्वरी मिश्रा के प्यार और स्नेह को नहीं भूल सकती। अर्थशास्त्र की शिक्षक कनक मंजरी मिश्रा मेरी पसंदीदा थीं। चूंकि मैं छात्रावास मेस प्रबंधन की प्रभारी थी, इसलिए मेरा उनके साथ घनिष्ठ संबंध था। हालाँकि मैंने भुवनेश्वर में लगभग आठ साल बिताए, लेकिन मैं केवल एक बार एक ओडिया फिल्म 'गपा हे बी सता' देखने के लिए सिनेमा थिएटर गई। उस समय रवि टॉकीज भुवनेश्वर में फिल्में दिखाया करते थे।" उन्होंने ओल्ड स्टूडेंट्स एसोसिएशन ऑफ रमा देवी वीमेन्स कॉलेज के द्वारा प्रकाशित स्मारिका (2017) में संस्मरण लिखा है।

और विवाह

उनके जीवन का एकमात्र लक्ष्य पढ़ाई करना और फिर कुछ नौकरी पाना था ताकि वे अपने पैरों पर खड़ी हो सकें। वे अपने परिवार की आर्थिक मदद करना चाहती थीं क्योंकि उनके माता-पिता इतने अमीर नहीं थे कि जीवन की सभी सुख-सुविधाएं प्राप्त कर सकें। कोई महान सपने नहीं थे, कोई गहरी महत्वाकांक्षा नहीं थी, और उनके दबे हुए जीवन में कुछ नाटकीय बदलाव की कोई उम्मीद नहीं थी। अपने कॉलेज जीवन के दौरान भी उन्होंने अपने परिवार का समर्थन करने का एकमात्र लक्ष्य रखा। वह अपने पिता का आर्थिक रूप से समर्थन करना चाहती थी लेकिन ऐसा नहीं कर सकी क्योंकि वे तब शादीशुदा थीं। उन्होंने अपनी मर्जी से शादी की; यह एक प्रेम विवाह था। प्रतुल शर्मा (जुलाई 3, 2022) के एक आलेख के अनुसार यह जानकारी एक पत्रिका 'द वीक' से मिली है।

"उनके पिता, बिरंची नारायण टुडू, एक किसान थे; उन्होंने अपनी बेटी को एक ऐसा नाम दिया जो आदिवासी समुदाय में असामान्य था। यह

वैष्णव प्रभाव का सूचक था। वह हमेशा पढ़ना चाहती थी। और उसने अपनी इच्छा से विवाह किया; यह एक प्रेम विवाह था," मुर्मू के भाई ने कहा।"13

मुझे श्याम के साथ द्रौपदी के विवाह के बारे में कुछ और शब्द कहना चाहिए। करीब 42 साल पुरानी बात है ये। वो पहले द्रौपदी टुडू थीं, श्याम से शादी के बाद द्रौपदी मुर्मू हो गईं।

द्रौपदी भुवनेश्वर से स्नातक की पढ़ाई कर रही थीं। वह पढ़ाई में अच्छी थी, नहीं तो सातवीं के बाद भुवनेश्वर कैसे पहुंचती? उस समय वह अपने गांव की इकलौती छात्रा थी। उन्होंने 1969 से 1973 तक एक आदिवासी आवासीय विद्यालय में अध्ययन किया और फिर स्नातक स्तर की पढ़ाई के लिए रमा देवी महिला कॉलेज, भुवनेश्वर में प्रवेश लिया। अपने कॉलेज के दिनों में उनकी मुलाकात श्याम चरण मुर्मू से हुई, जो भुवनेश्वर में ही पढ़ रहे थे। दोनों में प्रेम हो गया।

कुछ महीने बाद श्याम अपने परिवार के साथ शादी का प्रस्ताव लेकर द्रौपदी के घर पहुंचे। यह 1980 में हुआ था। जब उनके पिता बिरंची नारायण टुडू को पूरे मामले के बारे में पता चला, तो वे द्रौपदी से नाराज हो गए। वह इस रिश्ते से खुश नहीं थे लेकिन श्याम दृढ़ मन से वहां गए थे। वे वहाँ अपने चाचा और गाँव के दो या तीन अन्य सम्मानित व्यक्तियों के साथ गए थे। उन्होंने अपने रिश्तेदारों के साथ तीन-चार दिनों तक उसके गांव में डेरा डाले रखा। द्रौपदी ने भी श्याम से विवाह करने का मन बना लिया था। इसमें थोड़ा समय और थोड़ा अनुनय-विनय करने का उपक्रम जरूर हुआ लेकिन आखिरकार सभी सहमत हो गए।

शादी के लिए रजामंदी हो गई थी, लेकिन दहेज अभी तक तय नहीं हुआ था। आदिवासियों में लड़के पक्ष के लोग दहेज देते हैं। लड़की और लड़के के परिवार वाले मिलकर तय करते हैं कि दहेज कितना और क्या होगा। दहेज में एक गाय, एक जोड़ी बैल और 16 जोड़ी कपड़े तय किए गए और द्रौपदी के परिवार के सदस्य खुशी-खुशी राजी हो गए। इस प्रकार से द्रौपदी और श्याम का विवाह 1980 में हुआ। किसी को इसकी सही तारीख नहीं मालूम। (विवाह की तारीख का न मालूम होना मुझे एक व्यक्तिगत संस्मरण को यहाँ नत्थी करने को कह रहा है। मेरा विवाह भी 1980 में ही हुआ था किन्तु मुझे तारीख याद है। वह चार दिसम्बर थी। आदिवासी समाज

से मेरा समाज भिन्न जो था। खैर, अब आप यहीं रहें। प्रेम कहानी में- तू कौन मैं खामखां - नहीं होना चाहिए था।)

पहाड़पुर गांव के जिस घर में वे दुल्हन बनकर आई थीं, वह अब आवासीय विद्यालय है। इस गांव में करीब 100-125 घर है। 'हो, मुंडा और संथाल' तीन आदिवासी समुदायों के लोग इस गांव में रहते हैं। अपने दिवंगत पति और पुत्रों की स्मृति में बनाये गए इस विद्यालय से उन्हें लगाव है, भला यह भी कोई कहने की बात है!

उनकी ससुराल वाले उनके काम पर जाने के पक्ष में नहीं थे। धीरे धीरे जब परिवार बढ़ा और बच्चे हुए तो वे चाहते थे कि वह बच्चों की देखभाल करे और घर के काम पूरी लगन से करे। वे चाहते थे कि पत्नी और पति दोनों का कामकाजी होना परिवार और बढ़ते बच्चों के लिए अच्छा नहीं होगा।

कार्य और जन-सेवाएं

स्नातक होने के बाद, वे भुवनेश्वर में ओडिशा सरकार के सचिवालय में लिपिक पद पर कार्यरत हो गईं। उन्होंने 1979 से 1983 तक सिंचाई और बिजली विभाग में एक कनिष्ठ सहायक के रूप में काम किया। इस समय तक, उन्होंने श्याम चरण मुर्मू से शादी कर ली थी, जो रायरंगपुर में भारतीय स्टेट बैंक की एक शाखा में काम करते थे। भुवनेश्वर से 350 किलोमीटर दूर रायरंगपुर में अपने बच्चों को ससुराल और पति के साथ छोड़ना आसान नहीं था। उनके ससुराल वालों ने उनसे नौकरी छोड़ने के लिए कहा-बार बार कहा और उन्हें ऐसा करना पड़ा क्योंकि उन्हें भी यह समझ में आ गया कि बच्चों और उनके पति को परिवार को सुविधा सम्पन्न करने के लिए उनके सार्थक और समर्थ योगदान की आवश्यकता थी। जब श्याम चरण मुर्मू को रायरंगपुर के पास बैंक की एक शाखा में स्थानांतरित कर दिया गया, तो द्रौपदी मुर्मू ने कुछ दिनों के बाद अपनी नौकरी छोड़ दी और अपने तीन बच्चों के साथ वहां रहने चली गयीं। वे कभी भी खाली बैठने वाली नहीं थीं इसलिए उन्होंने वहां के एकमात्र निजी स्कूल श्री अरबिंदो इंटीग्रल एजुकेशन सेंटर, में बिना तनख्वाह लिए पढ़ाना शुरू किया। मुर्मू बचपन में घर के सारे काम करती थी। उन्हें घर की लिपाई-पुताई सब कुछ आती है। द्रौपदी खाना भी बहुत अच्छा बनाती हैं। इसलिए उन्हें घर के काम करने से कोई परहेज

न था, बस वे कुछ समाज सेवा करना चाहती थीं और घर का खर्च चलाने के लिए अतिरिक्त आय पैदा करना चाहती थीं। वे वापस आई और रायरंगपुर के अरबिंदो इंटीग्रल स्कूल में एक शिक्षिका के रूप में काम करने लगीं। उन्होंने यहाँ कार्य करने के लिए कोई वेतन न लिया। बताया जाता है कि मानदेय के रूप में एक मामूली राशि से संतुष्ट होकर क्योंकि उसका विचार अपने नवोदित बच्चों की शिक्षा की देखभाल और निगरानी करना था। वह अपने बेटे और बेटी के जीवन में मां-सह-शिक्षक-अनुशासक थीं। इस स्कूल में आज भी उनकी कुर्सी, रजिस्टर मौजूद हैं।

सामाजिक कार्य और राजनीति में प्रवेश करने से पहले, उन्होंने रायरंगपुर में श्री अरबिंदो इंटीग्रल एजुकेशन सेंटर में एक शिक्षिका के रूप में अपना करियर शुरू किया। बच्चे बड़े हो रहे थे। उसके पास खाली करने के लिए पर्याप्त समय था। वह काम की तलाश में थीं। इसलिए उसने बिना वेतन के शिक्षिका के रूप में काम करना शुरू कर दिया। सहकर्मी दिलीप कुमार गिरि ने बताया, "मैं तब प्रबंधन की देखभाल करता था। मुर्मू ने छात्रों को मुफ्त में हिंदी, उड़िया, गणित और भूगोल आदि पढ़ाया। हम देख सकते थे कि वे हमेशा दूसरों की मदद करना चाहती थीं। उनमें बहुत करुणा थी।"[14] उनकी बेटी इतिश्री मुर्मू ने याद किया कि उनकी माँ स्कूल में बहुत मेहनत से काम करने वाली अध्यापिका थीं और वास्तव में एक सख्त अनुशासक थीं। "वे स्कूल में भी मेरी शिक्षिका थी, इसलिए मुझ पर अतिरिक्त दबाव था। मैं पहले उनकी छात्रा थी और बाद में बेटी। जब मेरी मां हमें सरप्राइज टेस्ट देती थीं तो मेरे दोस्त मुझ पर गुस्सा करते थे।"[15]

भाजपा अध्यक्ष जे पी नड्डा ने मुर्मू की तुलना पूर्व राष्ट्रपति डॉ सर्वपल्ली राधाकृष्णन से की है। "डॉ राधाकृष्णन की तरह, उनका जीवन भी शिक्षा से जुड़ा हुआ है। वे पेशे से एक शिक्षिका थीं।" रायपुर के संजय कुमार मिश्रा इसे इस तरह से कहते हैं कि उन्होंने न केवल वहां पढ़ाया, बल्कि खुद को दृढ़ रहना सिखाया, सभी अपने जीवन के माध्यम से। एक व्यक्तिगत त्रासदी के रूप में अपने पति और दो बेटों को खोने के बावजूद, वे अपनी बेटी इतिश्री की देखभाल के लिए शांत रहने के लिए दृढ़ रही। एक मानद शिक्षक के रूप में अपना जीवन शुरू करने से उसके लिए वे जीवन को आगे बढ़ाने लगीं। विनम्रता के साथ ज्ञान आया और सफलता की सीढ़ी चढ़ने के लिए उन्होंने कई बाधाओं को पार किया।"[16]

सार्वजनिक सेवा

उन्होंने ओडिशा के सुदूर इलाकों के ग्रामीणों के उत्थान के लिए सामाजिक संगठनों के साथ काम करना शुरू किया। वे दूर-दूर तक यात्रा करती थीं और गरीबों की मदद करने में कोई कसर नहीं छोड़ती थीं। अपने उत्साह और वंचितों की नि:स्वार्थ देखभाल के लिए उन्हें काफी मुश्किलों और टिप्पणियों का सामना करना पड़ा। सामाजिक कार्यकर्ता के रूप में सेवा करना बहुत कठिन हुआ करता था। लेकिन उन्होंने लोगों की सेवा करने के लिए बाधाओं और सांस्कृतिक रूढ़ियों को ललकारा। वे सांस्कृतिक और सामाजिक रूढ़ियों के सामने दृढ़ता से खड़ी रहीं।

वे शिक्षित थीं -एक प्रतिष्ठित कॉलेज से स्नातक और उसके आसपास की महिलाएं अनपढ़ और अशिक्षित थीं। अनपढ़ ग्रामीण स्त्रियाँ उनसे बहुधा भयभीत हो जाया करती थीं। इसलिए द्रौपदी ने भी उन्हीं की तरह रहने का फैसला किया। मुर्मू उसी तरह के साधारण कपड़े पहनने लगीं जैसे वे लोग पहना करते थे। वे उसी तरह की भाषा बोलती थी। वे न तो अँग्रेजी में गिट-पिट करती थीं और न शुद्ध संस्कृत निष्ठ हिन्दी। वे ठेठ संथाली भाषा बोली में उनसे बात किया करती थीं।

जब उन्होंने राजनीतिक क्षेत्र में प्रवेश किया और राजनीति को करियर के रूप में लिया, तो कुछ लोगों को यह अजीब और समझ से परे लगा। महिलाओं को दिन-रात काम करने, दूर-दूर की यात्रा करने के लिए अयोग्य माना जाता था। उन्हें संदेह की दृष्टि से देखा जाता था। लेकिन उन्होंने टिप्पणियों और आलोचनाओं से बेफिक्र होकर लोगों की सेवा करना जारी रखा। सामाजिक रूप से पिछड़े लोगों के लिए उनके काम से प्रभावित होकर कई परोपकारी और बौद्धिक रूप से स्वस्थ व्यक्ति उनके संपर्क में आए। उन्होंने उनमें एक चिंगारी और सामाजिक चेतना महसूस की। उन्होंने मुर्मू को पूर्णकालिक सामाजिक कार्य करने के लिए प्रेरित और राजी किया, जिसके कारण वह अंतत: विधायक और बाद में मंत्री बनी। अपने पति और परिवार से लगातार समर्थन और सहयोग उन्हें मिला। परिवार के समय को बाँट कर उन्होंने उसे अपने बढ़ते सामाजिक परिवार को दिया। यही उनके विकास का साधन बना।

वे अपने आसपास के गरीब लोगों की मदद और मार्गदर्शन के लिए हमेशा तैयार रहती थीं। वे सभी लोग अपने अपने जीवन में कुछ न कुछ

मदद मांग रहे थे। उन्हें मार्गदर्शन की जरूरत थी। उन्हें इस बात का भी पता नहीं था कि उन्हें व्यक्तिगत मामलों के लिए मदद नहीं मांगनी चाहिए। आदिवासी एक तो भोले-भाले और भले लोग होते हैं दूसरे उनको उनकी अपनी बहिन बेटी आकर सहारा दे रही थी, मार्गदर्शन दे रही थी। इसका बड़ा अच्छा प्रभाव पड़ा। वे जिस स्कूल में पढ़ाया करती थीं, उस स्कूल के बच्चों के माता-पिता और परिजन तो उनके एक प्रकार से मुरीद ही हो गए थे। क्योंकि वे जिस भी बच्चे को पढ़ाया करती थीं वह बिना कोई ट्यूशन लिए अच्छे अंक लेकर पास हो जाता था। उनके मदद करने वाले स्वभाव ने दूसरों को खुश किया और सभी ने उसकी प्रशंसा की। कहा जाता है कि उन दिनों एक स्थानीय भाजपा नेता रवि महंत ने उनमें वह चिंगारी देखी जो एक नवोदित नेता की निशानी है। उस समय के नेता और सामाजिक कार्यकर्ता द्रौपदी मुर्मू के द्वारा किए गए कार्यों को देख रहे थे। वे यह भी देख रहे थे कि इस महिला का अपना कोई स्वार्थ नहीं है। उनके निस्वार्थ भाव से की जा रही पवित्र सेवा का उन्हें सुफल मिला और खूब मिला। यहीं पर एक संथाल संगठन के साथ उनके काम ने, जहां उन्होंने 1990 के दशक में दाखिला लिया था, राजकिशोर दास का ध्यान आकर्षित किय। वे भाजपा के सदस्य थे। पर तब बी.जे.पी. एक ऐसी पार्टी थी जिसका उन दिनों राज्य में ज्यादा राजनीतिक प्रभाव नहीं था। मुर्मू को 1990 के दशक के मध्य में ओडिशा में मौजूद राजनीतिक गतिशीलता का लाभ मिला। उसे आप लाभ कहें या अवसर पर उस समय आदिवासी बेल्ट में झारखंड मुक्ति मोर्चा और कांग्रेस का दबदबा था जबकि भाजपा की लोकप्रियता हिंदी भाषी प्रवासियों और मारवाड़ी समुदाय तक सीमित थी। आदिवासी चेहरे की तलाश बीजेपी को भी थी।

मुर्मू में क्षमता देखते हुए दास बाबू ने मुर्मू को रायरंगपुर अधिसूचित क्षेत्र परिषद (एनएसी) में पार्षद के लिए चुनाव लड़ने के लिए कहा। समाज सेवा में उनके कार्य में उनकी लोकप्रियता को देखते हुए प्रारंभिक चरण में उनकी मदद करने वाले मंत्री ने उन्हें राजनीति में शामिल होने के लिए उन दोनों की जान-पहचान वाली किसी महिला के माध्यम से कई बार समझाकर राजी किया। एक स्कूली शिक्षक और भाजपा कार्यकर्ता दिवाकर मोहन्तो ने बी.जे.पी. के स्थानीय नेताओं को उनके नाम की सिफारिश की। पार्टी भी एक ऐसे व्यक्ति की तलाश में थी जो संथाल समुदाय का हो और उनको पार्टी

के लिए प्रेरित और प्रभावित कर सके। द्रौपदी मुर्मू आदिवासी थीं। शिक्षित और मेहनती भी थीं। समाज में उनकी उनके काम और सेवा की बदौलत इज्जत और पहचान भी थी। उनका पार्टी में खुले दिल से स्वागत किया गया और उन्हें विधानसभा का टिकट भी दिया गया। पार्टी को उन्होंने वह सीट जीतकर दिखाई और अपना स्थान बनाने में उन्हें देर न लगी। भाजपा के इस प्रयोग का पार्टी को भरपूर लाभ मिला क्योंकि मुर्मू ने मयूरभंज जिले में 50 फीसदी आदिवासी वोट अपने साथ कर लिए।

मयूरभंज जिले के मोरदा निर्वाचन क्षेत्र से बीजू जनता दल के विधायक राज किशोर दास, जो उस समय भाजपा में थे, बताते हैं, "मैंने पहली बार मुर्मू को 90 के दशक की शुरुआत में देखा जब वह अरबिंदो स्कूल में पढ़ाती थीं। मैंने सोचा, यह शिक्षित, आदिवासी महिला कौन है जो निस्वार्थ भाव से एक स्कूल में पढ़ा रही है? मैं तब रायरंगपुर अधिसूचित क्षेत्र परिषद (2014 में नगर पालिका के रूप में घोषित) का अध्यक्ष था। उन दिनों, बीजेपी ओडिशा में पैर जमाने की कोशिश कर रही थी और समर्पित नेताओं की तलाश कर रही थी।"

वे एक शिक्षिका और एक सामाजिक कार्यकर्ता थीं। एक शिक्षक के रूप में उनकी प्रतिष्ठा चारों ओर बढ़ी और उनकी समाज सेवा किसी भी विवाद से मुक्त थी। उनका सबसे महत्वपूर्ण गुण उनका स्वच्छ और बेदाग आचरण था। कॉलेज के दिनों में वे एबीवीपी (आरएसएस से संबद्ध छात्र संगठन) का हिस्सा नहीं थीं, लेकिन 1997 में भाजपा में शामिल होने के बाद संघ के वरिष्ठ पदाधिकारियों के संपर्क में आ गईं।

मैं कहूंगा कि उस समय उनके पास सबसे उल्लेखनीय संपत्ति उन छात्रों के माता-पिता के साथ उनका घनिष्ठ संबंध था, जिन्हें वह पढ़ा रही थीं। वे उनके दूत और प्रचारक बने। उनकी अपनी मामूली पृष्ठभूमि ने उन्हें सहज रूप से गरीबों के साथ सहानुभूति रखने में मदद की। उन्होंने अपने मतदाताओं से जुड़ने के लिए खुद पर ज्यादा दबाव नहीं डाला। वे उनके साथ पहले से जुड़े हुए थे। निर्वाचन क्षेत्र के अन्य मतदाताओं को उनकी विनम्रता और मानवीय स्वभाव के बारे में पता चलने से बहुत पहले उनके सभी छात्र और उनके माता-पिता उनके बड़े प्रशंसक थे।

उन्होंने 1997 में अपने राजनीतिक जीवन की शुरुआत की। वे 1997 में रायरंगपुर में जिला बोर्ड की पार्षद चुनी गईं। 1997 में मुर्मू ने पार्षद का

चुनाव लड़ा और जीत हासिल की। उन्हें स्वच्छता कार्य का प्रभारी बनाया गया। यह - सबसे जरूरी सेवाओं में से एक था लेकिन अत्यधिक उपेक्षित क्योंकि बहुत से लोग इसे लेना नहीं चाहते थे। लेकिन द्रौपदी ने इसे चुनौती के रूप में स्वीकार किया। वे अपनी मारुति 800 में आया करती थीं। कार को दूर कॉलोनी में पार्क करके वे अपनी देखभाल में सफाई का काम करवातीं। लोगों ने उनके कार्य का संज्ञान लिया और सराहना की। यह लगने लगा था कि अगर वह चुनाव लड़ेंगी तो जरूर जीतेंगी, यहां तक कि एक दिन मंत्री भी बनेंगी। नगर परिषद कार्यालय में आज भी उनकी कुर्सी सुरक्षित रखी गई है। इलाके के लोग आज भी उन्हें अपना सबसे अच्छा जनप्रतिनिधि मानते हैं।

वे ओडिशा में दो बार विधायक रही हैं और मयूरभंज (2000 और 2006) के रायरंगपुर से भाजपा के टिकट पर दो बार विधायक बनी हैं। जब नवीन पटनायक के उदय के साथ भाजपा अपनी चमक खो रही थी, तो वह अपना निर्वाचन क्षेत्र संभाल सकी थीं। उन्हें नवीन पटनायक सरकार में मंत्री के रूप में काम करने का भी मौका मिला। उन्होंने नवीन पटनायक की सरकार में 2000 से 2002 तक वाणिज्य और परिवहन और 2002 से 2004 तक मत्स्य पालन और पशु संसाधन विकास विभागों का कार्यभार संभाला। ओडिशा में भारतीय जनता पार्टी और बीजू 2000 से 2004 तक मुर्मू ने मत्स्य पालन, पशु संसाधन विकास, वाणिज्य और परिवहन जैसे विभागों को संभाला। मंत्री के रूप में अपनी योग्यता साबित करने के बावजूद उन्हें विधायक के रूप में अपने दूसरे कार्यकाल में कैबिनेट बर्थ नहीं मिला। फिर भी उन्होंने इसे सकारात्मक रूप से लिया और विधानसभा में अपने प्रदर्शन पर ध्यान केंद्रित किया। जनता दल गठबंधन सरकार के दौरान वह 6 मार्च 2000 से 6 अगस्त, 2002 तक वाणिज्य और परिवहन के लिए स्वतंत्र प्रभार और 6 अगस्त, 2002 से मई 2004 तक मत्स्य पालन और पशु संसाधन विकास राज्य मंत्री थीं। वे पहले विभाग और उसके कामकाज के बारे में कुछ नहीं जानती थी लेकिन उन्होंने अपनी कर्मठता और कर्तव्यनिष्ठा से सब कुछ सीखा। उनके श्रेष्ठ कार्यों की प्रशंसा करते हुए उन्हें ओडिशा विधान सभा द्वारा सर्वश्रेष्ठ विधायक के लिए नीलकंठ पुरस्कार से भी सम्मानित किया गया था। झारखंड कैडर के 1986 बैच के.आए.ए.एस.

अधिकारी संतोष सत्पथी, जो अपने पहले कार्यकाल में पटनायक के विशेष सचिव थे, ने मुर्मू को "सिद्धांतों से समझौता न करने वाले मजबूत मूल्यों और नैतिकता के साथ अत्यंत प्रतिष्ठित" के रूप में वर्णित किया है। सत्पथी ने राज्यपाल बनने के बाद मुर्मू के प्रमुख सचिव के रूप में कार्य किया था।

विधायक के रूप में दूसरे कार्यकाल में उनके धैर्य और चातुर्य की परीक्षा हुई। 2006 में कलिंगनगर में प्रस्तावित टाटा स्टील प्लांट का विरोध कर रहे लोगों पर पुलिस फायरिंग में एक दर्जन से अधिक आदिवासी मारे गए। आदिवासी भी हथियारों से लैस थे। मुर्मू उस समय भाजपा के अनुसूचित जनजाति मोर्चा के प्रदेश अध्यक्ष थीं। यह एक बहुत ही गंभीर घटना थी और सारा इलाका बहुत उत्तेजित था। मामले को ठंडा करने के लिए भाजपा ने आदिवासी समुदाय के एक सदस्य को राज्यसभा का सदस्य बनाकर भेजा। लेकिन आदिवासी समुदाय का क्रोध शांत न हो सका। तब द्रौपदी मुर्मू ने अपनी नेतृत्व क्षमता का परिचय देते हुए आदिवासियों से बात की और बार बार बात करके उनको सांत्वना और दिलासा दिया, समझाया बुझाया और यह सुनिश्चित किया कि स्थिति न बिगड़े काबू से बाहर न हो।

वह वो जमाना था जब अटल बिहारी वाजपेयी प्रधानमंत्री हुआ करते थे। एनडीए का हिस्सा होने के कारण बीजू जनता दल और भाजपा का गठबंधन था। भाजपा के वाजपेयी और बीजू जनता दल के नवीन पटनायक के बीच बड़ी समझ और आपसी विश्वास था। हालांकि, बाद में गठबंधन टूट गया और द्रौपदी मुर्मू को पद छोड़ना पड़ा।

वे बड़े मन से 2004 का लोकसभा चुनाव मयूरभंज से लड़ना चाहती थीं। लेकिन उनके सामने एक प्रबल दावेदार के रूप में झारखंड मुक्ति मोर्चा के सुदाम मरांडी थे। वे भी संथाल आदिवासी थे और एक मजबूत उम्मीदवार थे। एक पुरुष सहकर्मी के पक्ष में मुर्मू के प्रस्ताव को नजरअंदाज कर दिया गया। यह भी स्मरण रखने वाली बात है कि वे जीत न सके, हार गए। 2009 में, उन्होंने मयूरभंज निर्वाचन क्षेत्र से लोकसभा चुनाव लड़ा, लेकिन बीजद और भाजपा के संबंध टूटने के कारण हार गईं।

उनके द्वारा स्वयं को संचालित करने के तरीके में मैंने जो नेतृत्व गुण देखा, वह उन्हें सौंपे गए किसी भी कार्य के लिए जिम्मेदारी और जवाबदेही लेने की उनकी क्षमता को प्रदर्शित करता है। उन्होंने अटल बिहारी वाजपेयी

का अनुसरण किया जो कहते हैं कि मनुष्य श्रेष्ठता प्राप्त करता है और प्राप्त करता चला जाता है। उपलब्धि उसे नई ऊंचाइयों पर ले जाती है लेकिन अंत में उसे अकेलेपन में भी ले जाती है। उन्होंने वाजपेयी जी जैसी सार्वजनिक हस्तियों से नम्रता और विनम्रता का पाठ पढ़ा और अपने जीवन में दिव्य गुणों का संचार किया।

जैसा कि कई व्यस्त सामाजिक कार्यकर्ताओं और नेताओं के साथ होता है, वे हर समय परिवार और बच्चों को उचित व्यक्तिगत देखभाल नहीं दे पाती थी और सामाजिक कार्यों में अधिक व्यस्त हो जाती थी। उनके हर प्रयास में उनके पति ने उनका साथ दिया। वे अपने परिवार की भी हर तरह से मदद करती थी। उन्होंने अपनी माँ और भाई की आर्थिक रूप से मदद की और यह देखा कि वे आराम से रहें। उनके आवास और काम धंधे का समुचित प्रबंध कराया।

अभिनव प्रसंग-2006

2006 में, चाय बागान समुदाय के एक युवा जमीनी स्तर पर भारतीय जनता पार्टी (भाजपा) के कार्यकर्ता बोरकोटोकी ने बिश्वनाथ में ओडिशा के तत्कालीन विधायक मुर्मू से मुलाकात की थी। इसका वर्णन खुद कार्यकर्ता की जुबानी सुनिए-

"वे भाजपा उम्मीदवार दिगंता घाटोवर के लिए प्रचार करने आई थीं। जिला भाजपा पदाधिकारियों ने मुझे मुर्मू मैडम से मिलवाया। वे ओडिशा के रायरंगपुर जिले के मयूरभंज से विधायक थीं। मैं उनके साथ सात दिन रहा। हमने बिना किसी सुरक्षा के एक ही कार में यात्रा की। जब हम अरुणाचल सीमा के साथ बिश्वनाथ के अंदरूनी हिस्सों में गए तब असम में अशांति फैल गई थी। माजुली और प्रतापगढ़ जाते हुए हम सुबह और शाम के नाश्ते के लिए सड़क किनारे चाय की दुकान पर रुके। वे बेहद सरल और बहुत व्यवस्थित हैं। हम एक ही कमरे में रहे। वे जल्दी उठती हैं, हालांकि, वे सुबह की दिनचर्या खत्म करने के बाद मुझे जगाती थी। वे मेरी बड़ी बहन की तरह थी जो मुझे जीवन और जीने के तरीके के बारे में सलाह दे रही थी। मैंने उनका परिचय भाजपा सांसद पल्लब लोचन दास से कराया, जो एक युवा छात्र नेता थे। उन्होंने मुझे और मैडम को रात के खाने के लिए आमंत्रित किया।

"एक बार मैं उन्हें एक रेस्तरां में ले गई क्योंकि वे हमारी मेहमान थीं। उन्होंने मुझसे पूछा कि क्या मैं उन्हें इतना तैलीय खाना खिलाकर बीमार करना चाहती हूँ। उसके बाद, हमने कभी रेस्तरां में खाना नहीं खाया।"

मुर्मू असम के अपने युवा मित्र को बहुत दिनों तक नहीं भूलीं, जब वे झारखंड की राज्यपाल बनीं।

"वे मुझे याद करती है और कभी-कभी मुझे फोन करती है। जब वे राज्यपाल थीं, तो उन्होंने मुझे झारखंड आने के लिए कहा था। उन्होंने मुझसे 2006 की तस्वीरें भी मांगीं। कुछ दिन पहले, ओडिशा से किसी ने मुझे फोन करके बताया कि मैडम असम में होंगी। उन्होंने कहा कि वे मुझे सूचित करेंगे। अगर मुझे फोन आया तो मैं उनसे मिलने गुवाहाटी जाऊंगा। एक बार जब वे राष्ट्रपति बन जाती हैं, तो उनसे मिलना मुश्किल होगा।"

वे देश की महिलाओं की शान हैं। वे हमारी ताकत और क्षमताओं का और हमारा प्रतिनिधित्व करती हैं।[17]

राजनीतिक यात्रा-क्रम

फरवरी 2020 के एक साक्षात्कार में, उन्होंने अपनी राजनीतिक यात्रा के बारे में बात की: "मैंने बिना वेतन के एक शिक्षक के रूप में शुरुआत की और बाद में ओडिशा के सुदूर हिस्सों से रहने वाले ग्रामीणों के उत्थान के लिए सामाजिक संगठनों के साथ काम किया... 1997 में मैंने पार्षद बनकर अपना पहला चुनाव जीता। मैं रायरंगपुर की अधिसूचित क्षेत्र परिषद में वार्ड नंबर 2 सीट के लिए एक निर्दलीय उम्मीदवार थीं, जो एसटी महिलाओं के लिए आरक्षित सीट थी। बाद में मैं भाजपा में शामिल हो गई और परिषद की उपाध्यक्ष बनीं। मैं भाजपा के अनुसूचित जनजाति मोर्चा की उपाध्यक्ष भी थीं।" उनकी कहानी छोटी है, लेकिन इतनी छोटी भी नहीं है कि एक या दो वाक्यों में समाप्त की जा सके। झारखंड की राज्यपाल बनने से पहले उन्होंने इतनी दूर की यात्रा की थी। इसे यदि सिलसिलेवार देखना हो तो यह क्रम बन सकता है। यदि आप चाहें तो इसे उलट-पलट कर भी देख सकते हैं।

2013 : राष्ट्रीय कार्यकारिणी सदस्य एस.टी. मोर्चा, भाजपा 10 अप्रैल 2015 तक।

2013 : फिर से जिला अध्यक्ष, मयूरभंज (पूर्व), भाजपा के रूप में चुनाव। 10 अप्रैल 2015 तक।

2010	:	जिलाध्यक्ष, मयूरभंज (पूर्व), बीजेपी
2007	:	ओडिशा की विधान सभा द्वारा वर्ष 2007 के सर्वश्रेष्ठ विधायक के लिए "नीलकंठ पुरस्कार" के रूप में सम्मानित किया गया।
2006-2009	:	प्रदेश अध्यक्ष एस.टी. मोर्चा, भाजपा
2004-2009	:	विधान सभा के सदस्य, रायरंगपुर, ओडिशा।
2002-2009	:	राष्ट्रीय कार्यकारिणी सदस्य एस.टी. मोर्चा, भाजपा
2000-2004	:	रायरंगपुर, ओडिशा विधान सभा के सदस्य और राज्य मंत्री (स्वतंत्र प्रभार), सरकार बने। ओडिशा, परिवहन और वाणिज्य विभाग।
2002	:	विधायक एवं मंत्री, मत्स्य एवं पशुपालन विभाग, ओडिशा सरकार।
1997	:	उपाध्यक्ष राज्य एस.टी. मोर्चा, भाजपा।
1997	:	पार्षद और रायरंगपुर के उपाध्यक्ष के रूप में चुनाव
1994-1997	:	मानद सहायक शिक्षक: श्री अरबिंदो इंटीग्रल एजुकेशन सेंटर, रायरंगपुर
1979-1983	:	ओडिशा सरकार के सिंचाई और बिजली विभाग में जूनियर असिस्टेंट के रूप में कार्य किया।

दुखपूर्ण व्यक्तिगत जीवन : सुनामी

दुख ही जीवन की कथा रही, क्या कहूँ आज जो नहीं कही

"किसी के मरने के बाद जीने में दुख होता है। जीवन बस घिसटता भर है। दालान से नीचे चलने या फ्रिज खोलने में भी अपार कष्ट हो सकता है। अपने दांतों को ब्रश करने में और मोजे की एक जोड़ी लेकर पाँव में पहनने में पीड़ा होती है। खाने में स्वाद कुछ भी नहीं लगता। रंग सपाट हो जाते हैं। संगीत दर्द देता है, और इसी तरह यादें भी। आप कुछ ऐसा देखते हैं जो आपको अन्यथा सुंदर लगता है- सूर्यास्त के समय बैंगनी आकाश या बच्चों से भरा खेल का मैदान- और यह केवल किसी तरह नुकसान को गहरा करता है। इस तरह दुख बहुत अकेला कर देता है।"

मिशेल ओबामा, 'बिकमिंग'

ब्रह्मा कुमारी के टेलीविजन कार्यक्रम पर एक वार्ता में, मुर्मू ने खुद अपने जीवन की दुर्दशा के बारे में इस प्रकार बताया, "2009 में सुनामी मेरे जीवन में आई थी। यह मेरे लिए बहुत बड़ा झटका था। कुछ दिनों तक मुझे कुछ सुनाई नहीं दिया। मैं डिप्रेशन में चली गई। लोग कहते हैं ये तो मर जाएगी (लोगों ने सोचा कि मैं नहीं बचूंगी)। लेकिन, नहीं, मैं जीना चाहती थी।"

मुर्मू का राजनीतिक करियर भी कोई इतना आसान नहीं रहा। लगातार दो विधानसभा चुनाव जीतने के बाद, वह 2009 और 2014 में लगातार दो चुनाव हार गईं। 2009 में, उन्होंने मयूरभंज निर्वाचन क्षेत्र से लोकसभा चुनाव लड़ा, लेकिन बीजद और भाजपा के संबंध टूटने के कारण हार गईं। चुनावी झटका ही जैसे काफी न था। यह उनका सबसे बुरा समय था। मानो भाग्य ही रूठ गया हो। उनके निजी जीवन में उथल-पुथल हो गई, सब कुछ जैसे लुटता चला गया। अगले छह वर्षों में, उन्होंने अपने परिवार के तीन सबसे करीबी सदस्यों- 2009 में अपने सबसे बड़े बेटे लक्ष्मण मुर्मू, 2013 में अपने छोटे बेटे सिप्पन मुर्मू और फिर 2014 में अपने पति श्याम चरण मुर्मू को खो दिया। (19 जुलाई, 2022 को अमर उजाला में प्रकाशित फीचर के अनुसार साल 1984 में उनकी पहली पुत्री की अकाल मृत्यु हुई।)

बच्चे शहर में पढ़ रहे थे और वे फिर से अपने घर आ गईं। जब वह 2009 में चुनाव हार गईं, तो वे अपने गांव वापस आ गईं और अपने बेटों से कहा कि वह अब गांव में रहकर परिवार की देखभाल करेंगी। उनके दो बेटे शहर में पढ़ रहे थे और जहां तक आर्थिक स्थिति की बात है तो उनके पास कुछ खास नहीं था। वे बस अपनी थोड़ी सी पेंशन पर निर्भर थीं। यह एक बड़ा झटका था कि वे चुनाव में हार के बाद अचानक अपने गांव में अकेली सी हो गईं थी। मानो इतना ही काफी नहीं था, उनका भाग्य बद से बदतर होता चला गया। किसी के जीवन में एक मुसीबत आती है, किसी के जीवन में एक त्रासदी। इनके जीवन में मुसीबतों के जैसे पहाड़ ही टूट पड़े। और मुसीबतें भी कोई ऐसी वैसी नहीं, प्राणान्तक और जानलेवा संकट थे वे। इनका वर्णन करते हुए मेरी लेखनी काँप रही है और आपका पढ़ते हुए दिल भर आएगा। द्रौपदी मुर्मू के जीवन का यह सबसे दर्द भरा समय रहा। मानो काल ने उनके ऊपर चारो ओर से आक्रमण ही कर दिया हो।

उन्होंने पहले अपने सबसे बड़े बेटे लक्ष्मण मुर्मू को खो दिया। बेटा केवल 25 वर्ष का था। 'जागरण' में प्रकाशित सनम सिंह की एक रिपोर्ट

के अनुसार, 'आसान नहीं रहा द्रौपदी मुर्मू का जीवन, कम उम्र में पति को खोया दो बेटों की मृत्यु फिर भी नहीं मानी हार। उनके एक बेटे लक्ष्मण मुर्मू की मौत भुवनेश्वर में 25 अक्टूबर, 2009 में हो गई थी। उस समय उसकी उम्र 25 साल थी। अपनी मौत से एक रात पूर्व वे भुवनेश्वर में अपने दोस्तों के साथ एक होटल में डिनर करने गए थे। वहाँ से लौटने के बाद अचानक उनकी तबीयत खराब हो गई। तब लक्ष्मण भुवनेश्वर में अपने चाचा के पास रहते थे। उन्होंने घर लौटकर सोने की इच्छा जाहिर की। सुबह जब दरवाजा नहीं खुला तो घर वाले उन्हें निजी अस्पताल ले गए। जहाँ डाक्टरों ने उन्हें मृत घोषित कर दिया।"[18]

उन्होंने 2013 में अपने दूसरे बेटे सिपुन को भी खो दिया। सिपुन भी तो युवा ही था। मोटरसाइकिल दुर्घटना में उनकी मौत हो गई। इन अकाल मौतों ने उन्हें और उनके पति दोनों को स्तब्ध कर दिया। अवसाद भरे इस जीवन को ढोने को मजबूर पति पत्नी अपनी पुत्री इतिश्री को देखते तो उसे ताकते रह जाते। उस कन्या के लिए उन्हें जीना था। पति पत्नी दोनों ही दुखी थे। लगता है जैसे वे अपना आपा पूरी तरह से खो चुकी थीं और डिप्रेशन में चली गई थी। दैव का अभी भी जैसे कोप शांत न हुआ था, उनके पति इस शोक को बर्दाश्त न कर सके और काल कवलित हो गए। उनकी हृदयाघात से 2014 में मृत्यु हुई। इसके पश्चात द्रौपदी जी ने अपने भाई को खो दिया।

वे रायरंगपुर में ब्रह्म कुमारी आश्रम की शाखा में शामिल हो गईं और अपनी आध्यात्मिक यात्रा शुरू की। श्रीमती मुर्मू को लगातार अपने दो बेटों और अपने पति की याद आती थी, जिनका निधन हो गया और उन्होंने उनके निजी जीवन में एक खालीपन छोड़ दिया। यह एक जोरदार झटका था। जिसे भरना बहुत मुश्किल था। टाइम्स ऑफ इंडिया के अनुसार, "मुर्मू का जीवन कई व्यक्तिगत त्रासदियों से भरा था। जहां उनके एक बेटे की 25 अक्टूबर, 2009 को रहस्यमय परिस्थितियों में मौत हो गई, वहीं दूसरे की 2 जनवरी, 2013 को सड़क दुर्घटना में मौत हो गई। उनके पति श्याम चरण मुर्मू की हृदय गति रुकने से मृत्यु हो गई थी। उनकी एक बेटी है, जो शादीशुदा है और भुवनेश्वर में बस गई है।"[19]

2009 में, जब उन्होंने अपने 25 वर्षीय ज्येष्ठ बेटे को खो दिया, तो जैसे वे आसमान से जमीन पर जा गिरीं और उन्हें बहुत मानसिक अवसाद होने लगा। यह बहुत बड़ा झटका था। केवल ईश्वरीय हस्तक्षेप ही उन्हें कुछ

सांत्वना दे सकता था। इस समय, उन्होंने भगवान शिव की आराधना की ओर रुख किया और अपनी पूरी श्रद्धा-भक्ति के साथ आध्यात्मिकता की ओर मुड़ गई। वे यूं तो हमेशा से आध्यात्मिकता से परिपूर्ण रही हैं पर यह वक्त ही कुछ दूसरा था। इस गंभीर नुकसान ने उसे सब कुछ भूलकर अंतर्मुखी बनाया और ईश्वर की ओर मोड़ दिया। वे ठीक होने लगीं और किसी तरह फिर से जीवन में लौटने लगीं।

पहली संतान पुत्री -1984 में निधन के समय आयु 3 वर्ष, 25 अक्टूबर, 20210 बड़े बेटे लक्ष्मण मुर्मू का निधन, उम्र 25 वर्ष, 2 जनवरी, 2013 छोटे बेटे बिरंची मुर्मू (शिपुन) का निधन- उम्र 28 वर्ष, पति श्याम चरण मुर्मू का निधन- 1 अक्टूबर, 2014, आयु 55 वर्ष

यह जानकारी दैनिक भास्कर की संध्या द्विवेदी ने एकत्र की है। आभार और आशीर्वाद

(इन तारीखों की ओर मेरा ध्यान आप न दिलाएँ, मैंने बहुत कोशिश की पर कोई दूसरा मुझे नहीं बता सका कि वास्तव में सही तारीखें और वर्ष क्या हैं।)

मानो एक बेटे की मौत उसके जीवन की अंतिम आपदा नहीं थी, दूसरे बेटे की भी मृत्यु हो गई। यह वास्तव में एक बहुत बड़ा झटका था। वे दुख के अपार सागर में डूबती चली गईं। जीवित रहना बहुत कठिन था। वे योग, ध्यान और धार्मिक प्रवचनों में थोड़ी शांति खोजने की कोशिश कर रही थी। मानो भगवान इतना क्रूर था कि रुक नहीं सकता था, उसी दौरान उन्होंने अपने भाई और माँ को भी खो दिया। एक साधारण नश्वर मनुष्य तो इन आपदाओं से सदा के लिए समाप्त ही हो जाता। हमारे यहाँ तो इसे यमराज का डेरा डालना कह देते हैं। ज्योतिषी इसे शनि की साढ़े साती आदि कहकर समझते हैं।

वे अपने आप को अपनी एक मात्र पुत्री की खातिर संभालने की कोशिश में लगीं। ठीक होने की कोशिश की या भगवान ने उनकी मदद करने की कोशिश की। लेकिन नियति को कुछ और ही मंजूर था। भगवान ने अगले साल 2014 में उसके पति को भी छीन लिया था। उसकी बेटी ही उसके जीवन में एकमात्र जीवित आशा थी। वे कहती हैं कि शायद उनके पति उतने दृढ़ इच्छाशक्ति वाले नहीं ठहरे जितना कि वे खुद थीं। उन्होंने पुत्र-पुत्रों के बिछड़ जाने पर अपने प्राण त्याग दिए क्योंकि वे अवसाद के मुकाबलों के आगे झुक गए थे। उनके जीवन में उस समय सुख कहीं नजर नहीं आता था। हर तरफ अँधेरा था; कहीं से रोशनी नहीं आ रही थी।

"अपने पति की मृत्यु के बाद, वे कुछ संपत्ति बेचना चाहती थी और सब-कलेक्टर के कार्यालय के बाहर आम स्त्री की तरह इंतजार करती थी। आदिवासी गैर-आदिवासियों को केवल राजस्व अधिकारी की मंजूरी से ही जमीन बेच सकते हैं।" 20 'ओपन' पत्रिका में प्रकाशित एक संस्मरणात्मक आलेख में अमिता शाह लिखती हैं।

यह प्रसंग दो बातों की और संकेत करता है। एक तो इनकी ईमानदारी दूसरे घमंड रहित स्वभाव। अधिक क्या लिखें। बस राम के नाम पर ही विराम लेते हैं।

जनम मरन सब दुख सुख भोगा। हानि लाभु प्रिय मिलन बियोगा।
काल करम बस होहिं गोसाईं। बरबस राति दिवस की नाईं।

जन्म मरण, सुख-दुख के भोग, हानि-लाभ, प्यारों का मिलन-बिछोह, ये सब हे स्वामी! काल और कर्म के अधीन रात और दिन की तरह बरबस होते रहते हैं। दशरथ जी अपने दो पुत्रों राम और लक्ष्मण के वन गमन से इतने दुखी हो गए कि प्राण छोड़ दिये। दशरथ जी ने तो स्वयं अपने राम को वन जाने का आदेश दिया था।

विश्वास केवल एक चीज थी जो द्रौपदी के पास रह गई थी। और उन्होंने उसे न खोया। हालाँकि वे बहुत परेशान और व्यथित थीं और पार्टी के काम को सही तरीके से नहीं कर पा रही थीं, फिर भी उन्हें उन पार्टी के अन्य कार्यकर्ताओं ने मना लिया और आश्वस्त किया जो उन्हें अच्छी तरह से जानते थे। वे जिला पार्टी प्रमुख थीं और पार्टी कार्यकर्ताओं और मतदाताओं के बीच बहुत लोकप्रिय थीं। वे पार्टी का काम काज छोड़कर किसी आश्रम में जाकर संन्यास लेना चाहती थी। अवसाद और विषाद इनके जीवन में जैसे सदा के लिए डेरा जमा लिया था। ऐसा कहा जाता है कि राम लाल जी, जो उस समय भाजपा के संगठन महासचिव थे, ने उनकी दुर्दशा पर ध्यान दिया। श्री राजकिशोर दास, उनके राजनीतिक मार्गदर्शक, कहते हैं कि सुश्री मुर्मू के व्यक्तित्व का सबसे उल्लेखनीय हिस्सा "सुख और दुख दोनों समय में उनकी समभाव रहना है और त्रासदी के सामने उनकी दृढ़ता है। जिस तरह से उन्होंने खुद को संभाला और यहां तक कि परिवार में कई त्रासदियों के बाद भी लोगों के लिए काम करना जारी रखा, यह उनके चरित्र की उल्लेखनीय शक्ति के बारे में बहुत कुछ बताता है।"[21]

मैं यहां यह जोड़ना चाहता हूं कि द्रौपदी मुर्मू ने संयुक्त राज्य अमेरिका की उपराष्ट्रपति कमला हैरिस और संयुक्त राज्य अमेरिका के राष्ट्रपति जो बिडेन के साथ अपनी त्रासदियों के संबंध में बहुत कुछ साझा किया है। कमला हैरिस ने अपनी मां श्यामला गोपालन हैरिस को खो दिया, जिनकी 2009 में कैंसर से मृत्यु हो गई। जो बिडेन के बेटे ब्यू बिडेन की 2015 में ब्रेन कैंसर के निदान के बाद मृत्यु हो गई। मानव जीवन वास्तव में कितना अप्रत्याशित है!

मुर्मू ने जन कल्याण के लिए पहाड़पुर में अपने परिवार की जमीन दान कर दी है। द्रौपदी ने अगस्त 2016 में अपने घर को स्कूल में तब्दील कर दिया। वह अपने पति और दो बेटों की याद में एसएलएस आवासीय विद्यालय (नाम- श्याम, लक्ष्मण, शिपुन उच्च प्राथमिक आवासीय विद्यालय) चलाती हैं। ठीक उसी स्थान पर उन्होंने उनकी स्मृति में समाधि भी बनाई है। इसके भीतर द्रौपदी के दोनों बेटों और पति की प्रतिमा हैं। हर साल द्रौपदी इन लोगों की याद में यहां आती हैं। इस स्कूल में द्रौपदी के पति की एक बड़ी सी प्रतिमा लगी है जिस पर ओडिशा के दो महान कवियों सच्चिदानंद और सरला दास की कविता की पंक्तियां उकेरी हुई हैं। द्रौपदी मुर्मू के पति श्याम मुर्मू की प्रतिमा पर उड़िया में एक कविता की चंद लाइनें लिखी हैं। जिसका हिंदी में अर्थ है-

खाली हाथ आए हैं, खाली हाथ जाएंगे, इसलिए सदा अच्छे काम करना।

यह सब देख सुनकर किसका दिल करुणा से आप्लावित न हो सकेगा?

द्रौपदी मुर्मू ने बहुत दर्द और संघर्ष झेला है, लेकिन परिस्थितियों की प्रतिकूलता से वे घबराती नहीं है। प्रतिकूलता के फल मीठे होते हैं, विपरीत और विरोधी परिस्थितियां ताड की तरह बदसूरत और विषैली जरूर होती हैं, फिर भी उनके मस्तक पर एक कीमती रत्न होता है। यह हमारा संघर्षपूर्ण जीवन पत्थरों, पेड़ पौधों और प्रकृति से सीख लेता चलता है। द्रौपदी मुर्मू ने अपने व्यक्तिगत जीवन के अवसाद को भगवान शिव की भक्ति से ठीक उसी तरह से धारण किया जैसे उन्होंने सागरमंथन से निकले विष को अपने कंठ में स्थान दिया था। नीलकंठ उन्हें तो कहते ही हैं, पर द्रौपदी मुर्मू को भी इस नाम से सम्बोधित करने का उसे भी मन होगा जो इनके जीवन की वह मार्मिक कथा सुन या पढ़ लेगा। अंततोगत्वा हम और आप जब द्रौपदी मुर्मू के व्यक्तिगत अवसाद और राजनीतिक जीवन के उतार

चढ़ाव के साथ उनके वंचितों और स्त्रियों के प्रति सेवाभाव और समर्पण को देखते हैं तो उन्हें दिया गया 'नीलकंठ' पुरस्कार अर्थपूर्ण प्रतीत होने लगता है।

आध्यात्मिक सांत्वना: ब्रह्मा कुमारी

ब्रह्माकुमारी आश्रम ने उन्हें नया जीवन दिया। इतनी दुखद घटनाओं का सामना करने के बाद असहनीय हो गया उनका जीवन किसी मानसिक आसरे की तलाश में था। वे पूरी तरह से दर्द और निराशा में थीं, वे भक्ति की ओर मुड़ गई। वे एक कृष्ण भक्त, शिव भक्त और ब्रह्मा कुमारी शिष्या हैं। एक बार जब वे ब्रह्माकुमारियों के पास जाने लगीं तो एक बदलाव आया। उन्होंने मयूरभंज जिले के रायरंगपुर में प्रजापिता ब्रह्माकुमारी ईश्वरीय विश्व विद्यालय में ध्यान और आध्यात्मिकता की ओर ध्यान आकर्षित किया। वे उन्हें 2002 से जानती थी। आश्रम की प्रमुख प्रभारी बीके सुप्रिया स्मरण करती हैं कि वे आश्रम में ध्यान और आध्यात्मिक उपचार के माध्यम से अपने दुख और अवसाद से बाहर निकलने में सक्षम थीं। वह तीन (दो बेटे और एक बेटी) बच्चों की मां हैं और दो बेटों की मौत ने उन्हें भावनात्मक रूप से थका दिया। वे अपने मानसिक दुख को सहन नहीं कर पा रही थी। अपने बड़े बेटे की मृत्यु के बाद, उसने छह महीने तक किसी से बात नहीं की या ठीक से खाना नहीं खाया। वे इतने सालों से ब्रह्माकुमारी आश्रम को जानती थीं। वे राजस्थान के माउंट आबू में प्रजापिता ब्रह्मा कुमारी आध्यात्मिक विश्वविद्यालय की अनुयायी और नियमित आगंतुक थीं। यह स्वाभाविक था कि वे वहां गई और भगवान की इच्छा के सामने आत्मसमर्पण कर दिया। मुर्मू की भाभी सुक्रोमणि टुडू ने टिप्पणी की, "ध्यान केंद्र की बहनों ने उन्हें बताया कि दुनिया एक सराय है और आत्माएं कुछ समय के लिए ही वहां जाती हैं।"[22]

2009 में, उन्होंने पहली बार संस्थान का दौरा किया और राज योग सीखा। तब से वे लगातार उनके संपर्क में थी। दरअसल, वे संस्थान के कई कार्यक्रमों का हिस्सा रह चुकी हैं। ध्यान के लंबे सत्रों और आध्यात्मिक प्रवचन के कई सत्रों ने उसे शांति और संतोष प्रदान किया। उनसे सीखी गई ध्यान तकनीक ने उन्हें अपने जीवन में गंभीर व्यक्तिगत त्रासदियों को दूर करने में मदद की। उसका आंतरिक स्व शांत और संतुलित हो गया। बहुत

से दर्शकों को नामांकन के दिन उनकी सफेद साड़ी उनके आध्यात्मिक पक्ष की याद दिलाती है। श्वेत वसन पवित्रता और सौम्यता का प्रतीक है। इस तरह से देखा जाए तो महामहिम के वस्त्र विन्यास में सौम्यता, शालीनता और पवित्रता का जो मेल है उसमें ब्रह्म कुमारी का योगदान है।

फिर उन्होंने अपना जीवन जनता को आध्यात्मिकता के बारे में सिखाने में समर्पित कर दिया। माउंट आबू केंद्र में एक कार्यक्रम के दौरान मुर्मू ने कहा, "मैं यहां इसलिए आती हूँ क्योंकि यहाँ के भाई-बहन बहुत प्यारे हैं और मैं उनकी सकारात्मकता और सहयोग की भावना का सम्मान करती हूँ क्योंकि यहां का माहौल अलग है। जब लोग इस संस्था की मूल्य आधारित शिक्षा का लाभ उठाकर बदलेंगे तो भारत फिर से उठेगा"[23]

द्रौपदी अपने साथ हमेशा एक ट्रांसलाइट और शिव बाबा की छोटी पुस्तिका रखती हैं। ताकि कहीं दूसरी जगह आने-जाने पर भी उनका ध्यान का क्रम न टूटे।

क्या यह महज संयोग से कुछ अधिक नहीं था कि देश की पहली महिला राष्ट्रपति बनने वाली प्रतिभा पाटिल राष्ट्रपति बनने से पहले ब्रह्मकुमारी संस्थान भी गई थीं? इस बात को कहने के पीछे भाव यही है कि भारत एक ऐसा देश है जहां अनेक धर्म तो हैं ही, एक एक धर्म और संप्रदाय में भी अनेक विविधताएँ दृष्टि गोचर होती हैं। एक ही घर में अनेक सदस्य होते हैं और वे अपने अपने इष्ट को भजने, पूजा करने के लिए स्वतंत्र होते हैं। ऐसी सुविधा, स्वतन्त्रता और समरसता और कहाँ?

ऑक्टेविया पाज ने अपनी पुस्तक 'इन लाइट ऑफ इंडिया' में कहा है, "बेशक, घटनाओं के भविष्य के मोड़ की भविष्यवाणी करना असंभव है। राजनीति और इतिहास में, शायद हर चीज में, वह अज्ञात शक्तियाँ, जिन्हें पूर्वजों ने भाग्य कहा था, काम कर रही हैं।" मुर्मू अपने निजी जीवन में तबाह हो गई थी लेकिन भगवान के पास उसके लिए कुछ और ही बदा था। उनका काम कर्म करना था, फल की इच्छा करना उनका काम था ही नहीं। पवित्र ग्रंथ 'गीता' में हमें एक 'स्थित-प्रज्ञ' (संतुलन बनाए रखने की प्रक्रिया में स्थिर) का विशद वर्णन मिलता है, जो मन और हानि या लाभ दोनों को संतुलित रखता है, उसे नहीं। उसने खुद को स्थित-प्रज्ञ में बदल लिया।

गवर्नर का पद

2000 में झारखंड राज्य बनाया गया था। उस क्षेत्र से जो पहले बिहार का हिस्सा था – मुर्मू इसकी पहली महिला राज्यपाल (2015–2021) बनीं। मुर्मू ने 18 मई, 2015 को झारखंड के राज्यपाल के रूप में शपथ ली। वे पहली आदिवासी गवर्नर बनीं। वे झारखंड में राज्यपाल का पद संभालने वाली पहली महिला थीं जब उन्होंने कार्यभार संभाला। वे किसी भारतीय राज्य की राज्यपाल नियुक्त होने वाली ओडिशा की पहली महिला नेता भी थीं। यहाँ बार बार एक संज्ञा शब्द 'महिला' का प्रयोग सायास किया गया है क्योंकि उनका इस पद पर नियुक्त होना कोई रूटीन बात न थी। बहुत सोच समझकर उनकी नियुक्ति हुई थी।

उस समय झारखंड के मुख्यमंत्री के रूप में एक गैर–आदिवासी को चुनने के लिए भाजपा को आलोचना का सामना करना पड़ा था। उनकी भूमिका उस राज्य में संविधान के मुख्य संरक्षक होने की थी जहां विकास से संबंधित कई प्रासंगिक मुद्दे आदिवासी और गैर–आदिवासी विभाजन के कारण सांसत में फंस गए थे। उनकी नियुक्ति को भारतीय जनता पार्टी के नेतृत्व वाली संघीय सरकार द्वारा राज्य के 8.6 मिलियन आदिवासी लोगों को खुश करने के लिए एक संतुलनकारी कार्य के रूप में देखा गया था। उनसे यह भी अपेक्षा की गई थी कि वे सरकार के साथ साथ संचार के अनेक चैनल खोलकर स्थानीय लोगों से बेहतर तरीके से जुड़ें और उनसे जुड़कर उनके हित के कार्य करें। 5वीं अनुसूची वाले राज्य में एक आदिवासी महिला की राज्यपाल के रूप में नियुक्ति एक ऐतिहासिक घटना थी। झारखंड प्रदेश भाजपा अध्यक्ष और कोडरमा से सांसद रवींद्र राय ने शब्दों में भाजपा के नेतृत्व वाली एनडीए सरकार ने देश के आदिवासी समुदाय को उनका हक दिलाने के प्रयास के तहत एक आदिवासी महिला नेता को राज्यपाल बनाया है। इससे न केवल पूरे देश में बल्कि पूरे विश्व में एक अच्छा संदेश जाएगा।"[24]

राज्यपालों पर केंद्र की ओर झुकाव का आरोप लगाया गया जाता रहा है, लेकिन द्रौपदी मुर्मू अपने कार्यकाल के दौरान तटस्थ रहने के लिए जानी जाती हैं। एक मौका ऐसा भी आया जब मुर्मू ने बीजेपी की रघुबर दास सरकार को सलाह देते हुए बिना किसी झिझक के उनका बिल वापस

कर दिया। नवंबर 2016 झारखंड में उथल-पुथल भरा समय रहा। रघुवर दास के नेतृत्व वाली भाजपा सरकार ने दो सदियों पुराने भूमि कानूनों- छोटानागपुर काश्तकारी (सीएनटी) और संथाल परगना काश्तकारी (एसपीटी) अधिनियमों में संशोधन पारित किया था- जिससे औद्योगिक उपयोग के लिए भूमि का आसान हस्तांतरण सुनिश्चित होता। बीजेपी की रघुबर दास सरकार सीएनटी-एसपीटी एक्ट अमेंडमेंट बिल लेकर आई थी। इस विधेयक के तहत, सरकार आदिवासियों की भूमि की रक्षा के लिए ब्रिटिश सरकार द्वारा बनाए गए छोटानागपुर काश्तकारी अधिनियम (सीएनटी अधिनियम) और संथाल परगना काश्तकारी अधिनियम (एसपीटी अधिनियम) में संशोधन करना चाहती थी। भारी विरोध और विपक्ष के वाकआउट के बावजूद रघुबर दास सरकार ने सदन में बिल पास करवा लिया।

किसी विधेयक को कानून में बदलने के लिए उसे राज्यपाल के पास से गुजरना पड़ता है। सदन में सरकार द्वारा पारित विधेयक तत्कालीन राज्यपाल द्रौपदी मुर्मू के पास पहुंचा। मुर्मू ने बिना अपने हस्ताक्षर के सरकार को बिल लौटा दिया। उन्होंने इस विधेयक से आदिवासी-समुदाय को होने वाले लाभ को लेकर सरकार से सवाल किया। सरकार ने कोई जवाब नहीं दिया और इस तरह बिल कभी कानून नहीं बन सका। राज्यपाल के इस फैसले से आदिवासी समुदाय काफी खुश था और उसने मुर्मू को धन्यवाद दिया। मुर्मू ने कहा था कि "बिल के खिलाफ करीब 200 आपत्तियां मिली थीं, इसलिए इस पर हस्ताक्षर करने का सवाल ही नहीं उठता।" इस मामले को लेकर तत्कालीन मुख्यमंत्री रघुबर दास ने भी मुर्मू से मुलाकात की थी लेकिन उन्होंने अपना फैसला नहीं बदला। मुर्मू ने एक अंतरंग बैठक में कानूनों पर विचार किया, जिसके अंत में उन्होंने उन्हें वापस भेजने का मन बना लिया, और कहा, "मेरी कलम से कोई अन्याय नहीं होगा।" विपक्ष ने 'लंबे समय से उबल रहे समाज को सांत्वना प्रदान करने' के लिए उनकी संवेदनशीलता के लिए उनकी प्रशंसा की। विपक्ष ने तब कहा था कि यह साबित करता है कि मुर्मू भाजपा के दबाव के बावजूद संविधान के अनुसार काम कर सकती हैं। आम तौर पर भाजपा में महिला नेताओं को पद मिलते हैं और वे सशक्त होती हैं। मुझे लगता है कि मुर्मू को भी काम करने की आजादी मिली थी जिसने उनमें नेतृत्व क्षमता का विकास हुआ।

अपने पूरे कार्यकाल में वे कभी विवादों में नहीं रहीं। झारखंड के जनजातीय मामलों, शिक्षा, कानून व्यवस्था, स्वास्थ्य से जुड़े मुद्दों पर

वे हमेशा सजग रहीं। कई मौकों पर उन्होंने राज्य सरकारों के निर्णयों में संवैधानिक गरिमा और शालीनता के साथ हस्तक्षेप किया। विश्वविद्यालयों की पदेन कुलाधिपति के रूप में उनके कार्यकाल में राज्य के कई विश्वविद्यालयों में कुलपति और प्रतिकुलपति के रिक्त पदों पर नियुक्ति हुई। विनोबा भावे विश्वविद्यालय के वरिष्ठ शिक्षक प्रो. डॉ. शैलेश चंद्र शर्मा याद करते हैं कि उन्होंने राज्य में उच्च शिक्षा से जुड़े मुद्दों पर खुद लोक अदालत लगायी थी, जिसमें विश्वविद्यालय के शिक्षकों और कर्मचारियों के लगभग पांच हजार मामलों का निबटारा हुआ था। राज्य के विश्वविद्यालयों में और कॉलेजों में नामांकन प्रक्रिया केंद्रीयकृत कराने के लिए उन्होंने चांसलर पोर्टल का निर्माण कराया।

उन्होंने झारखंड मुक्ति मोर्चा की सरकार के दौरान भी ऐसे साहसिक फैसले लिए। उन्होंने मुख्यमंत्री श्री हेमंत सोरेन के साथ अच्छे कामकाजी संबंध बनाए थे।

एक राज्यपाल के रूप में, उन्होंने पर्याप्त संतुलित और समझदारी भरा व्यवहार किया। उन्होंने खुद को गरिमापूर्ण तरीके से प्रस्तुत किया। वे 'सुलभ और डाउन टू अर्थ' और 'दयालु और संतुलित' थीं। वे अधिकारियों से उनके साथ "चर्चा के लिए एक विषय लाने" और उस पर "बहस और चर्चा को प्रोत्साहित" करने के लिए कहती थीं।

झारखंड की राज्यपाल द्रौपदी मुर्मू के बारे में लोग कई झूठे सच्चे किस्से सुनाते मिलते हैं, "वह इतनी विनम्र और मिलनसार हैं कि पूछिए मत। रांची राजभवन में तो गांव के लोग राशन कार्ड बनवाने से लेकर जमीन का विवाद सुलझाने की गुहार लगाने पहुंच जाते थे। इसके बावजूद उन्होंने कभी हमें निराश नहीं किया। हर संभव मदद की। वह हमेशा अपने क्षेत्र के लोगों की हर छोटी-बड़ी मुश्किल में खड़ी रहीं।'

ट्राइब्स एडवाइजरी काउंसिल के पूर्व सदस्य रतन तिर्की याद करते हैं, "जब मैं सदस्य था, पत्थलगड़ी आंदोलन और किरायेदारी अधिनियमों के प्रयास ने आदिवासी-समुदाय के बीच अविश्वास पैदा किया था। हमने आदिवासी नेताओं के साथ बातचीत करने और सरकार के साथ बेहतर संचार के लिए उन्हें विश्वास में लेने के लिए राज्यपाल से संपर्क किया। भावना प्रबल हुई और उन्होंने सरकार से डैमेज कंट्रोल करने के लिए बात की।"

झारखंड के भाजपा मीडिया सह प्रभारी अशोक बारिक का कहना है: "यह पहली बार था जब आदिवासी आसानी से राज्यपाल से मिल सके। वह निश्चित रूप से देश में आदिवासी समुदाय के उत्थान के लिए काम करेंगी।

झारखंड की राजधानी रांची में बीबीसी हिंदी के रवि प्रकाश के अनुसार, सुश्री मुर्मू को बहुत सराहना मिली क्योंकि उनके कार्यकाल के दौरान, राज्यपाल का कार्यालय सभी समुदायों और जीवन के लोगों के लिए खुला था। भुवनेश्वर के एक परिचित ने उनकी यात्रा को याद किया जब उनके पिता का निधन हो गया था। "द्रौपदी मेरे पिता को तब जानती थी जब वे सिंचाई विभाग में एक कनिष्ठ सहायक के रूप में काम करती थी। वह कभी नहीं भूली कि उसने एक बार उनकी मदद की थी।"[25]

झारखंड की राज्यपाल के रूप में, द्रौपदी मुर्मू ने एक अमिट छाप छोड़ी और वे बेहद लोकप्रिय थीं। यदि आप कलाम को 'पीपुल्स प्रेसिडेंट' कहते हैं, तो उन्हें बहुत प्यार से 'पीपुल्स गवर्नर' कहा जा सकता है, वे आसानी से लोगों से मिल लेती थीं। उनका पांच साल का कार्यकाल 18 मई, 2020 को समाप्त होने वाला था, लेकिन इसे बढ़ा दिया गया था। अपना कार्यकाल पूरा होने के बाद उन्होंने 12 जुलाई, 2021 को झारखंड राजभवन छोड़ दिया और तब से रायरंगपुर में रह रही हैं। उनसे पहले, झारखंड की राज्यपाल के रूप में कोई आदिवासी महिला नहीं थी। राज्यपाल के रूप में, मुर्मू को सत्ता पक्ष और विपक्ष दोनों से समान सम्मान और सौहार्द प्राप्त हुआ। यही कारण है कि मुर्मू कार्यकाल के अंत तक इस पद पर बनी रहीं। राज्यपाल का कार्यकाल पांच साल का होता है लेकिन मुर्मू ने छह साल, एक महीने और 18 दिन की सेवा की।

इनके लंबे उत्कृष्ट करियर में आप पाएंगे कि उन्होंने न तो यहां पार्टी बदली और न ही पार्टी लाइन से विचलित हुईं। वे सदा भाजपा कार्यकर्ता बनी रहीं। लेकिन एक बार राज्यपाल का संवैधानिक पद मिलने के बाद, उन्होंने खुद को पार्टी-राजनीति से मुक्त घोषित कर दिया। उनका जीवन उन लोगों के लिए एक सबक है जो खुद को सफलताओं और असफलताओं का प्रबंधन करने में असमर्थ पाते हैं। वे हमेशा खुद को शांत और संयमित रखती थीं। वे इस उक्ति का पालन करती प्रतीत होती है: वे भी सेवा करते हैं जो प्रतीक्षा करते हैं और देखते हैं।

राज्यपाल के रूप में उनका कार्यकाल (2021) समाप्त होने के बाद, वे मयूरभंज जिले (ओडिशा) में अपने गांव उपरबेड़ा लौट आईं और आदिवासी आबादी के लिए काम जारी रखने के लिए अपनी पार्टी (भाजपा) में फिर से शामिल हो गईं। वे हमेशा अपने लोगों के लिए एक अभिभावक की तरह रही है। वे उनके साथ एक परिवार के रूप में रहती है जो एक दूसरे की मदद

द्रौपदी मुर्मू जी का घर

करते हैं। वे पड़ोसी राज्य झारखंड की राज्यपाल बनने के बाद छह साल से अधिक समय से किसी भी राजनीतिक कार्यक्रम में शामिल नहीं हो रही हैं।

23 जून, 2022 को 'द प्रिंट' में प्रकाशित मधुपर्णा दास के शोध पत्र से संकेत लेते हुए कहा जा सकता है कि मुर्मू ने झारखंड के राज्यपाल के रूप में भाजपा का ध्यान अपनी ओर आकृष्ट किया। बिल पर हस्ताक्षर नहीं करने के मुर्मू के फैसले को 2017 में एनडीए के राष्ट्रपति पद के उम्मीदवार के रूप में नहीं चुने जाने के कारणों में से एक कहा गया। उनका नाम संभावित प्रत्याशियों की सूची में था, लेकिन तब राम नाथ कोविंद को अंततः एनडीए द्वारा नामित किया गया था। "माना जाता है कि उनके फैसले से 2017 में उन्हें नामांकन की कीमत चुकानी पड़ी। जुलाई में, बिलों को सहमति देने से इनकार करने के ठीक एक महीने बाद, एनडीए ने राष्ट्रपति पद के उम्मीदवार के नाम की घोषणा की। लेकिन वे अति महत्वाकांक्षी नहीं थी। इन्हीं गुणों ने बाद में संघ को यह विश्वास दिलाया कि इस वर्ष उनके नाम को नामांकित व्यक्ति के रूप में आगे बढ़ाया जाना चाहिए।[26]

अब हम इस कालावधि के दौरान उनके प्रशंसकों द्वारा बताई गई और विभिन्न माध्यमों से जुटाई गई सामग्री के आधार पर महामहिम के व्यक्तित्व के गुणों का सिलसिलेवार बयान आपके सामने प्रस्तुत करते हैं। छोट-छोटे उपकारों, सहायता और कृपा-कटाक्षों से बनती है एक बड़ी कहानी। आओ, देखें। गुणगान करें।

महात्मा के पदचिन्हों का अनुयायी

उन्होंने कई अवसरों पर महात्मा गांधी, पं. नेहरू और अंबेडकर का स्मरण किया और उनके योगदान को सराहा। उदाहरण के लिए, नेशनल यूनिवर्सिटी ऑफ स्टडी एंड रिसर्च इन लॉ, रांची के दीक्षांत समारोह में उन्होंने संविधान के निर्माण में उनमें से प्रत्येक के योगदान का उल्लेख किया। स्वयं ब्रह्माकुमारी (ओम मंडली की आध्यात्मिक व्यवस्था की सदस्य) होने के नाते, वे आदिवासियों को शिक्षित करने और उन्हें आत्मनिर्भर बनाने के लिए काम करते हुए अहिंसा का संदेश फैलाती हैं। इसके अलावा, वे एक महिला और एक आदिवासी महिला के रूप में विकास और सशक्तिकरण के लिए काम करने के महत्व को जानती हैं। आदिवासी लोगों के लिए हस्तशिल्प जीवन का तरीका है। वे अपना खाली समय और अतिरिक्त ऊर्जा अद्‌भुत पैटर्न और डिजाइन वाले कपड़े की कताई और बुनाई में लगाते हैं। एक

आदिवासी राज्य के राज्यपाल के रूप में, मुर्मू ने कला और शिल्प में जीवन के सभी स्तरों के लोगों को प्रेरित करने के लिए अपना काम किया। इसके लिए उन्होंने महात्मा गांधी के प्रकृति और प्रकृति के भरपूर उपहारों के बीच जीवन जीने के तरीके को आत्मसात किया।

महात्मा गांधी ने एक बार कहा था, "मेरे लिए, राजनीतिक दुनिया में चरखा से ज्यादा महत्वपूर्ण कुछ भी नहीं है।" 1946 में, बॉर्के व्हाइट ने 'लाइफ' पत्रिका के लिए उनकी गतिविधियों को फिल्माने के लिए गांधी से मुलाकात की और लिखा, 'गांधी और उनके अनुयायियों के द्वारा कताई को लगभग एक धर्म की ऊंचाइयों तक पहुंचाया जाता है। चरखा उनके लिए एक आइकॉन की तरह है। कताई सभी समस्याओं का इलाज है, और उच्चतम कविता के संदर्भ में उसको रखकर देखा जाता है।'

झारखंड के राज्यपाल के रूप में अपने कार्यकाल के दौरान उन्होंने राजभवन परिसर में 400 किलो वजन का राज्य का सबसे बड़ा चरखा बनवाया और स्थापित किया। वे विशेष रूप से महिलाओं के लिए आर्थिक स्वतंत्रता और अहिंसा की प्रबल हिमायती हैं। चरखे के निर्माण के पीछे उनकी धारणा यह थी कि राजभवन में आने वाले लोग आर्थिक आत्मनिर्भरता के सबसे बड़े प्रतीक से प्रेरणा लेकर आत्मनिर्भरता का मूल्य सीख सकते हैं। इसका उद्‌घाटन 3 अगस्त, 2020 को कोरोना काल में किया गया था और इसकी सराहना की जा रही है क्योंकि यह भारत में पांच बड़े आकार के चरखों में से एक है।

उन्होंने मातृभूमि की वेदी पर अपने प्राणों की आहुति देने वाले वीर शहीदों की प्रतिमाएं लगवाने में अतिरिक्त रुचि प्रदर्शित की और पहल की। तिलका मांझी, नीलांबर-पीतांबर, तेलंगा-खड़िया, गया मुंडा, वीर बुद्धू भगत, सिदो कान्हू, ताना जात्रा भगत, अलबर्ट अक्का और अन्य की मूर्तियां स्थापित कराई। स्वामी विवेकानंद की योगमुद्रा प्रतिमा भी आगंतुकों को आकर्षित करती है और इन सब पहलों का श्रेय उन्हें जाता है।

एक शांत कर्तव्यनिष्ठ पार्टी कार्यकर्ता

जो लोग अलग-अलग कारणों से उनके संपर्क में आते हैं, उनके बारे में एक बात सामान्य रूप से अवश्य कहते है। वे एक शांत कार्यकर्ता है जो अपनी उपलब्धियों को कभी नहीं दिखाती हैं या प्रदर्शित करती हैं। वे एक महान शिक्षार्थी हैं और कर्म के आगे झुकना ही उनका मंत्र है। जब वे

परिवहन और वाणिज्य, पशुपालन और मत्स्य विभाग के विभागों में राज्य मंत्री (स्वतंत्र प्रभार) बनीं, तो उन्हें शायद ही मंत्रालय के कामकाज के बारे में पता था। वे वास्तव में पहले पहल कुछ समझ ही नहीं सकीं लेकिन उन्होंने यह देखा कि उनके अच्छे विश्वास और सज्जनतापूर्ण व्यवहार का उपयोग गलत संकेत नहीं भेजता है। वे "अपने सिर को नीचे रखने के लिए जानी जाती थीं अर्थात वे अपनी बात विनम्रता के लहजे में ही रखा करती थीं। कभी ऊंची आवाज में नहीं बोलतीं और प्रमुख दल बीजू जनता दल के भीतर पुराने और नए लोगों के बीच पक्षपात या वाद विवाद में शामिल नहीं होती थी और चुपचाप अपना काम करती थी।"[27]

सादगी और विनम्रता

क्या कोई शिष्टाचार और पुरातनता को अपने कबीले से प्राप्त करता है? श्रीमती मुर्मू एक संथाल हैं। इसका शाब्दिक अर्थ है एक शांत, शांतिपूर्ण व्यक्ति। संथा का अर्थ है शांत, और अला का अर्थ है व्यक्ति (संथाल-संथाली / संथाली-संथाली एक ही शब्द के अलग-अलग शब्द हैं) । स्वभाव से संथाल शांत और शांतिप्रिय व्यक्ति होते हैं। द्रौपदी मुर्मू को अपनी सादगी, शांति और शिष्टता भी अपनी संस्कृति और परवरिश से मिली है।

उनकी सादगी केवल उनके ग्रामीण रूप और सहज पोशाक-परिधान में ही नहीं है, यह उनकी जीवन शैली की पहचान है। द्रौपदी मुर्मू के भाई, तरनीसेन टुडू ने एक साक्षात्कार में कहा, "वह बहुत सरल है। वह अपनी सादगी से परिभाषित होती है। वह जल्दी उठती है, ध्यान करती है, सुबह की सैर के लिए जाती है, और योग करती है। राज्यपाल के रूप में भी; उसने सदा केवल उसी कार का इस्तेमाल किया जो उसकी बेटी ने उसे उपहार में दी थी, जो उसके व्यक्तित्व को दर्शाता है।"[28]

८० के दशक से उड़ीसा में उनके सहयोगी रहे कबि विष्णु सत्पथी उन्हें "सीधा और सरल" व्यक्तित्व के रूप में वर्णित करते हैं। ष्एक दयालु महिला, वह दिल की अच्छी है, जिसमें कोई अहंकार नहीं है, कोई हवाबाजी नहीं है। वह दिखावा नहीं करती हैं, लोगों के साथ खुलकर घुलमिल जाती है और विनम्र और जमीन से जुड़ी हैं। एक राजनेता के रूप में, वे जानती थीं कि लोगों को कैसे साथ ले कर चलना है।"[29]

यह सादगी उनके रहन-सहन और निजी कामकाज और सरकारी कामकाज

दोनों में महसूस की जा सकती है। उनकी सादगी और विनम्रता को हम सभी ने तब महसूस किया जब हमने उन्हें राष्ट्रपति चुनाव के लिए नामांकन के लिए भगवान को धन्यवाद देने के लिए भगवान शिव के मंदिर के परिसर में झाड़ू लगाते देखा। जब वे गवर्नर थीं, तब वे खुद को गवर्नरशिप के तामझाम में नहीं फँसाती थीं। उन्होंने निजी नौकरों और सहायकों की फौज से रहित एक साधारण-आम जीवन व्यतीत किया। वे व्यक्तिगत सुरक्षा गार्डों के पक्ष में कभी नहीं रही। झारखंड सरकार में प्रधान सचिव (पीएस) नितिन मदन कुलकर्णी, जो पहले राज्यपाल के निजी सचिव थे, ने कहा, "वह बहुत विनम्र हैं। एक बार सहयोगी दल उनके साथ रायरंगपुर स्थित उनके घर गया, लेकिन अधिकारी के लिए रहने के लिए पर्याप्त जगह नहीं थी, इसलिए ओडिशा सरकार को उनके रहने की व्यवस्था करनी पड़ी, जबकि द्रौपदी जी अपने घर में रहीं। ऐसी है उनकी सादगी।"[30]

"जब वे एक विधायक थीं, तो वे भुवनेश्वर से रायरंगपुर के लिए रात की बसों में यात्रा करती थी ताकि वे अपने निर्वाचन क्षेत्र के लोगों के करीब रह सके और समय पर विधानसभा-सत्र में भी शामिल हो सके। उनके भोजन, कपड़े और हर चीज में आपको केवल सादगी ही मिलेगी। 2001 में झारखंड के राज्यपाल के रूप में सेवानिवृत्त होने के बाद, उन्हें अपने परिवार के साथ समय बिताना पसंद रहा है।"[31] इस तरह उनकी बेटी अपनी माँ की सादगी के बारे में बताती हैं।

शाकाहारी और सात्विक

द्रौपदी मुर्मू शाकाहारी ही नहीं सात्विक भोजन की भी पाबंद हैं। द्रौपदी मुर्मू अपने खाने में प्याज और लहसुन का भी इस्तेमाल नहीं करती हैं। उनके घर जब कोई मेहमान आता है तो उसे भी वही भोजन परोसा जाता है। उनका पसंदीदा भोजन पाखला है, जो चावल और दही से बना एक स्थानीय रसेदार व्यंजन है। इसे पाखल भात भी कहते हैं (बासी भात को बर्तन में पानी में डुबाकर रखने पर उसमें खमीर उठ जाता है, फिर इसे खाया जाता है।) द्रौपदी मुर्मू को खाना पकाना खूब भाता है और वे अक्सर अपने सहपाठियों और सहकर्मियों को घर बुलाकर खिलाया करती थीं। द्रौपदी मुर्मू को स्थानीय पारंपरिक मिठाई 'अरिसा पिठा' बहुत पसंद है। राजभवन के संचालन के प्रभारी श्री एस. एस. परिहार बताते हैं कि जब मुर्मू पहली बार राज्यपाल के रूप में आई थीं तो उन्होंने निर्देश दिया था कि रसोई में उनके लिए केवल

शाकाहारी भोजन ही बनाया जाएगा, लेकिन मेहमानों और उनके कर्मचारियों के लिए उनकी मर्जी का भोजन बनाया जा सकता है। एक वाकया याद करते हुए परिहार बताते हैं: "तत्कालीन गृह मंत्री राजनाथ सिंह एक बार राजभवन आये थे और मैडम को पता चला कि वे मछली खाने के शौकीन हैं। इसलिए उनके लिए खाना अलग जगह बनाया गया। लेकिन जब राजनाथ जी को पता चला कि मैडम सिर्फ शाकाहारी खाना खाती हैं तो उन्होंने भी जिद की कि वह भी वही शाकाहारी खाना ही खाएंगे।"[32]

दृढ़ इच्छा शक्ति और दृढ़ संकल्प

जब सारे दरवाजे बंद हो जाते हैं, तब भी वो धैर्य नहीं छोड़तीं।

(चारो ओर अफरातफरी होने पर भी वे धैर्यवान रहती हैं)।

सुश्री मुर्मू ओडिशा के आदिवासी समुदाय की सदस्य हैं, जो भारत में विशेष रूप से हाशिए पर स्थित समूह है। "उन्होंने जबरदस्त इच्छाशक्ति और आत्मनिर्णय दिखाया है। उनके पास अपार धैर्य है। वे कभी भी बेचैन और नाराज नहीं होतीं। बड़ी व्यक्तिगत क्षति के समय भी, जब कोई अन्य व्यक्ति बिखर जाता, तब उन्होंने अनुकरणीय संयम दिखाया। वे परेशानी से घबराती नहीं है और हमेशा मानती है कि यह बुरा समय भी बीत जाएगा। अपनी दृढ़ इच्छाशक्ति और दृढ़ संकल्प के साथ, उन्होंने व्यक्तिगत और राजनीतिक जीवन दोनों में कई चुनौतियों का सामना किया है।"[33] इस तरह उनकी 35 वर्षीय बेटी इतिश्री अपनी मां के सर्व-हितैषी गुणों का बखान करती हैं।

उनके सेवानिवृत्त बैंक प्रबंधक चाचा समय टुडू कहते हैं, "वह एक भावुक व्यक्ति हैं लेकिन एक दृढ़ महिला हैं। वह एक जिद्दी महिला हैं। उसका संकल्प दृढ़ है। उसकी क्षमता को कम मत समझो। वह पढ़ी-लिखी है, भाषण दे सकती है और समझ सकती है कि आदिवासी समुदाय के लिए क्या अच्छा है। उसके पास आत्म-गौरव की एक मजबूत भावना है। उसे 'रबर-स्टैम्प' मत कहो।"

सोशल मीडिया पर एक्टिव नहीं

आज के जमाने में जब सब नेता-अभिनेता अपने आप को जनता में लोकप्रिय बनाने और बनाए रखने के लिए सोशल मीडिया का उपयोग करते

हैं और इसके प्रभाव से फायदा उठाते हैं, मुर्मू ने इस तरह से खुद को अभी तक प्रचारित नहीं किया। वे अपने स्मार्टफोन का उपयोग केवल कॉल करने और आई हुई कॉल को सुनने के लिए करती हैं। और व्यसनी ऐप्स से बचती हैं। वे कभी कभार ही टेलीविजन देखती है। संगीत रियलिटी शो जिसमें बच्चों को शामिल किया जाता है वे देखना पसंद करती हैं। उनकी बहुत पहले से प्रसिद्धि इस बात की भी रही है कि वे संथाली आदिवासी नृत्य और संगीत की अच्छी अभ्यासी हैं। मुर्मू के निजी सहायक सूरज कुमार महतो ने बताया कि उनका कोई ट्विटर अकाउंट नहीं है। उसके नाम से साइबर स्पेस में चल रहे सभी अकाउंट फर्जी पाए गए हैं। फिलहाल वे किसी भी सोशल मीडिया प्लेटफॉर्म पर मौजूद नहीं हैं। जब प्रधानमंत्री नरेंद्र मोदी ने उनके बधाई संदेश को ट्वीट किया, तो उन्होंने अपने ट्वीट में किसी भी ट्विटर अकाउंट को टैग नहीं किया।[34]

वे बहुत बातून नहीं हैं। वे ऐसे बोलती हैं जैसे वे दूसरों के साथ बातचीत कर रही हों। वे अपने प्रति भक्ति भाव नहीं जगाती हैं। कोई यह दावा नहीं कर सकता कि उनका एक करिश्माई व्यक्तित्व है। वे एक शक्तिशाली और मंत्रमुग्ध करने वाले नेता की परिभाषा में फिट नहीं बैठती हैं। वे बिरसा मुंडा जैसी नहीं हैं जिन्होंने पीढ़ियों को प्रेरित किया। उनका सामाजिक कार्य भी सीमित है और उनका राजनीतिक झुकाव बिना किसी आक्रामकता के है। फिर भी, उनका अपना आकर्षण है। उसके काम और कार्यों को उस सामाजिक क्षेत्र के संदर्भ में देखा जाना चाहिए जिसमें वह रहती थीं और रहती हैं। अब जबकि वह भारतीय गणराज्य की राष्ट्रपति हैं, उनके योगदान का मूल्यांकन इतिहासकारों और बुद्धिजीवियों द्वारा तदनुसार किया जाएगा। उनके व्यक्तित्व में पद की गरिमा के अनुरूप और अनुकूल निखार आता चला जाएगा।

आपने अपने आस-पास के गरीब लोगों के लिए जीना जारी रखने के दृढ़ संकल्प को आज तक कम नहीं किया है। एक वक्त था जब आपके पास बस अपनी कुछ जमा धन राशि और माहवार पेंशन भर थी। फिर भी वे जनता के लिए उसका भी उपयोग करने के लिए तत्पर रहती थीं। वे चाहती थीं कि उनके पास जो भी पैसा है वो बच्चियों की पढ़ाई के लिए स्कूल बनाने के लिए इस्तेमाल किया जाए। यह उनकी सादगी, विकास और

शिक्षा के प्रति प्रतिबद्धता का भी एक उदाहरण है।

उन्हें इस बात की जानकारी तक नहीं थी कि उसके नाम पर विचार किया जाएगा और उसकी घोषणा की जाएगी। उन्होंने टीवी के जरिए यह खबर सुनी। दूसरे शब्दों में कहा जा सकता है कि सेवा भाव इनमें अधिक है और पद की लालसा न के बराबर। जो सेवा कार्य करने को मिला उसी को पूरी ईमानदारी से निभाया। असंतोष को कभी पास न आने दिया। धन का लालच कभी नहीं किया। परिवार वाद को दूर रखा और संयमित जीवन जी कर आदर्श प्रस्तुत किया। देखा जा सकता है और मैंने खुद जा कर देखा कि इनके सभी परिवार जन मामूली आर्थिक स्थिति रखते हैं। अपने मंत्री होने या राज्यपाल होने का कोई लाभ उन्होंने कभी किसी को न उठाने दिया।

गहरा आध्यात्मिक, अत्यधिक धार्मिक जीवन

द्रौपदी मुर्मू जी के दिन की शुरुआत प्रार्थना और ध्यान से होती है और उनके दैनिक कार्य उसके होठों पर प्रार्थना के साथ समाप्त हो जाते हैं। वे एक सहज धार्मिक महिला हैं। दिन की शुरुआत वे ब्राह्ममुहूर्त से करती हैं। चाहे अति व्यस्तता में दिन भर और रात को देर तक काम और मीटिंगों में समय बीत जाए किन्तु वे उठती सुबह सवेरे ही हैं। यह उनकी दिनचर्या का अंग है।

दोस्तों और परिवार के कुछ सदस्यों के साथ खुशखबरी मिलने के बाद, उन्होंने रायरंगपुर में भगवान जगन्नाथ, हनुमान और शिव के मंदिरों का दौरा किया, जहां से वे पहली बार 2000 में विधायक के रूप में चुनी गई थीं। उन्होंने प्रजापिता ब्रह्मा कुमारी ईश्वरीय विश्वविद्यालय रायरंगपुर जाकर पूजा अर्चना आदि की। पूजा अर्चना करने से पहले उन्होंने पुरंदेश्वरी शिव मंदिर परिसर की सफाई की।

इस सब हलचल और गतिविधियों से पहले, दिन के शुरुआती घंटों में, वे मयूरभंज जिले में स्थित रायरंगपुर नामक इस अवर्णनीय आदिवासी बहुल शहर में अपने इलाके में शिव मंदिर पहुंची। उन्होंने मंदिर में पूजा-अर्चना की। पूजा से पहले उसने हाथ में झाड़ू ली और मंदिर के फर्श को साफ किया। जब यह निश्चित हो गया कि वे भारत के प्रथम नागरिक बन जायेंगे, तो ज्ञानी जैल सिंह ने उल्लास और कृतज्ञता के साथ कहा कि वह खुशी-खुशी

उस जमीन पर झाड़ू लगाएंगे, जिस पर इंदिरा गांधी ने कदम रखा था। यह अन्तर हो गया है। अब भारत की प्रथम नागरिक बनने की खबर पाकर प्रत्याशी भगवान के मंदिर के भीतर झाड़ू बुहारी करता है।

राष्ट्रपति चुनावों के लिए दिल्ली की अपनी यात्रा से पहले, एक लाल बॉर्डर वाली हाथीदांत रंग की हथकरघा साड़ी पहने हुए मुर्मू ओडिशा के मयूरभंज जिले के इस गैर-वर्णित आदिवासी बहुल शहर में सुबह 3 से 4 बजे के बीच मंदिर के फर्श की सफाई करने वहां झाड़ू बुहारने चलीं। कुछ भी असामान्य नहीं था। यह भी असामान्य नहीं था जब उन्होंने भगवान शिव के बैल 'वाहन' नंदी के कानों में फुसफुसाया। मैं बहुत अच्छी तरह से कल्पना कर सकता हूं कि आपने भगवान को बहुत धन्यवाद दिया होगा और नंदी से अपने आराध्य को दिल से धन्यवाद देने के लिए कहा होगा।

जब लोग नंदी महाराज को देखते हैं, तो वे जानते हैं कि शिव महादेव को आस-पास होना चाहिए। हम हमेशा नंदी महाराज को शिव की ओर मुख करके बैठे हुए देखते हैं। नंदी शिव के रक्षक, भक्त, सेवक, दूत और स्वयं शिव के कई रूपों में प्रतीक हैं। शिव ऊर्जा से भरे हुए हैं, और नंदी निष्क्रिय हैं, हमेशा देखते रहते हैं, और हमेशा मौजूद रहते हैं। दक्षिण भारत में, यह माना जाता है कि जब कोई भक्त नंदी के कानों में फुसफुसाता है तो प्रार्थना भगवान शिव तक निर्बाध पहुँच जाती है। द्रौपदी मुर्मू जी की यह तस्वीर मेरे रोंगटे खड़े कर देती है। यह मुझे याद दिलाती है कि वे काशी में उस शिवलिंग के सामने नंदी महाराज के कान में फुसफुसाती थीं जो अब ज्ञानवापी-मस्जिद के अंदर पाया जाता है।

मंदिर की पूजा-परिक्रमा के बाद, उन्होंने 'जाहिरा' नामक एक आदिवासी पूजा स्थल का दौरा किया। संथाल अपने इष्ट शालग्राम की पूजा करते हैं। शाल के पेड़ों को शालग्राम कहा जाता है। संथाल समुदाय के लोग इसी पेड़ की पूजा करते हैं। शाल के साथ कुछ अन्य पेड़ों से भरा करीब एक एकड़ का एरिया होता है, इसे जाहिरा यानी पूजास्थल कहते हैं।

गुमला से जुड़ाव

प्रकृति की सुंदरता से धन्य, गुमला जिला घने जंगलों, पहाड़ियों और नदियों से आच्छादित है। यह झारखंड राज्य के दक्षिण-पश्चिम भाग में स्थित

है। मुंदरी भाषा में 'गुमला' को सबसे लोकप्रिय माना जाता है, जो चावल प्रसंस्करण कार्य (धान-कूटना) में स्थानीय जनजातियों से संबंधित है। द्रौपदी मुर्मू का गुमला से लगाव रहा है। गुमला की आदिवासी परंपरा से वे काफी प्रभावित रही थीं। आंजनधाम में जाकर वे भगवान हनुमान की पूजा कर चुकी हैं। आंजनधाम आने पर बैगा-पहान ने द्रौपदी मुर्मू के लिए ईश्वर से जो प्रार्थना की थी, वो पूरी हुई। वर्ष 2017 में दीपावली के ठीक एक दिन पहले झारखंड की तत्कालीन राज्यपाल के रूप में द्रौपदी मुर्मू ने आंजनधाम पहुंच कर माता अंजनी की पूजा-अर्चना की थी। 'प्रभात खबर' के अनुसार बैगा, पहान और पुजार ने मां अंजना से याचना करते हुए राज्यपाल के लिए कहा था कि मां इन्हें पूरे देश की महारानी बना देना। शायद भावावेश में यह बात बैगा, पाहन, पुजारी के मुंह से निकल गयी होगी, पर अब जब यह प्रार्थना स्वीकार हो गई। मुर्मू राष्ट्रपति बन कर रहीं। आज चारो तरफ इस घटना को आदिवासी लोग बड़े विश्वास से सुनाते हैं। मीडिया से बात करते हुए, मृदुभाषी मुर्मू ने उन्हें आने के लिए धन्यवाद दिया, लेकिन विनम्रता से यह कहते हुए टिप्पणी करने से इनकार कर दिया कि उन्हें खुद टेलीविजन से इस तरह की खबर मिली। पूरा देश उनकी भक्ति से इतना प्रभावित हुआ कि तमिलनाडु के उनके एक प्रशंसक ने "द हिंदू" में लिखा, "मुझे पेरिया पुराणम में वर्णित हमारे तमिल नयनमारों की याद आ रही है। हमें यकीन है कि राष्ट्रपति का पद भार संभालने के बाद वे दक्षिण में मंदिरों का दौरा करेंगी, विशेष रूप से तमिलनाडु के उन मंदिरों का जो हमारे सीएम द्वारा पुनर्निर्मित किए जा रहे हैं। वे अपनी मातृभाषा में थिलाई नटराज पर पदगल भी लिख सकती हैं। दूसरे ने एक कदम आगे बढ़कर बड़ी बेतकल्लुफी से कहा, "यह देखकर अच्छा लगा कि समय बदल गया है और नेता अपने धर्म का पालन करने और इसे सबके सामने दिखने से अब नहीं डरते। भगवान शिव और नंदी जी के लिए उनकी प्रार्थना धर्मांतरण रैकेट के खिलाफ मौत की एक कील के रूप में काम करेगी, जो आदिवासियों को उनकी ओर ले जा रही है और उन्हें गैर-हिंदुओं के रूप में पेश कर रही है।[35]

व्यावहारिक और स्पष्टवादी

वे अपने कार्य और व्यवहार में एक दम स्पष्ट और साफ हैं। जब हम यह कहते हैं, तो आप इसे अच्छी तरह से नहीं समझ सकते हैं, जब तक

कि कोई उदाहरण न दिया जाए। मुझे अपनी बात स्पष्ट करने दीजिए। वे कोई किसी प्रकार की हवा बाजी नहीं करतीं। कोई अहंकार नहीं, कोई अभिमानी व्यवहार नहीं, कोई तंत्र-मंत्र और कोई शिकायत नहीं। वे इस धरती और इस मिट्टी की बनी हुई हैं। जब उनके नॉमिनेशन की खबर मीडिया में आई और उन्हें भी इस बारे में वैसे ही पता चला जैसे सबको चला था तो वो भी दूसरों की तरह हैरान रह गईं। अगर मैं इस घटना में कुछ मनोरंजन और उत्साह जोड़ इसे थोड़ा नाटकीय बनाने के बाद पेश करता तो आपको पता लगता। 20 जून को अपने जन्म दिन को आपने कैसे बिताया, इसकी खबर किसी अखबार में नहीं छपी। कैसे मनाया होगा? कौन आए होंगे? किसने बधाई और शुभकामना संदेश दिया होगा? पता नहीं। पता ये है कि अगले दिन उन्हें अपने जन्म दिन का बेशकीमती तोहफा मिला।

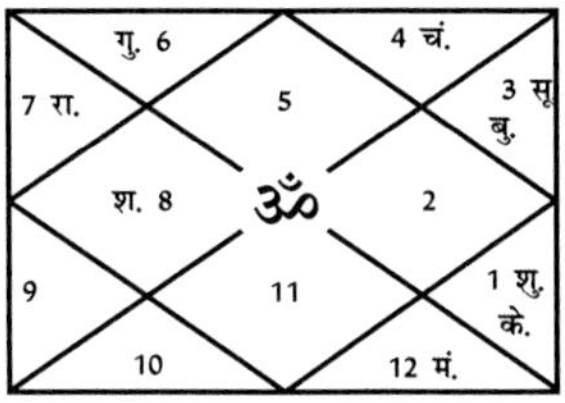

उनका जन्म 20 जून को हुआ था। मायावती सरीखे नेताओं के जन्म दिन पर जो कुछ भव्यता होती है वह यहाँ कहाँ? उनके नामांकन की खबर भारत के आम लोगों की ओर से उनके लिए सर्वोत्तम जन्मदिन का उपहार थी।

उनका निजी जीवन फूलों की सेज नहीं रहा है। बचपन तो जैसे तैसे बीत गया। विवाह हुआ और संतान भी हुई। पर आपने दुख भी खूब देखा। इसलिए जब उन्हें नॉमिनेशन की खबर मिली तो उनकी खुशी का ठिकाना नहीं रहा। द्रौपदी मुर्मू के एक करीबी ने बताया कि जब प्रधानमंत्री ने उन्हें जानकारी दी कि उन्हें राष्ट्रपति उम्मीदवार बनाया गया है, इसके वह भावुक हो गई थीं। अपने पति और परिवार को याद करते हुए उनकी आंखों में आंसू आ गए थे। हालांकि घर पर धीरे-धीरे बधाई देने वाले लोग घर पहुंचने लगे तो इससे वह जल्दी उबर गईं।

उन्हें भी अपनी उम्मीदवारी के बारे में टेलीविजन समाचारों से पता चला। उन्हें इसकी उम्मीद नहीं थी। चूंकि वह पड़ोसी झारखंड की राज्यपाल का कार्यकाल समाप्त करने के बाद सक्रिय राजनीतिक जीवन में नहीं थीं, इसलिए वे राष्ट्रपति पद के नामांकन के बारे में दिल्ली में होने वाली घटनाओं पर पैनी नजर नहीं रख रही थीं। बाद में जमा हो गए उनके आसपास मौजूद पत्रकार उनके चेहरे पर खुशी देख सकते थे। तब उन्होंने कहा कि वे घोषणा से खुश और हैरान दोनों थी। उन्होंने विनम्रता से कहा, "मैं हैरान भी

हूँ और खुश भी। सुदूर मयूरभंज जिले की आदिवासी महिला होने के नाते मैंने शीर्ष पद के लिए उम्मीदवार बनने के बारे में कभी नहीं सोचा था।" गांव वालों के मिलने आने पर मुर्मू ने बड़ी विनम्रता से कहा था, "आप लोगों की कृपा से (यह आपके आशीर्वाद का फल है)।' राजनीति में अपने उदय, मंत्री और फिर राज्यपाल बनने के माध्यम से इन सभी वर्षों में दीदी हम में से एक थीं। लेकिन अब राष्ट्रपति भवन में उनके होने के बाद प्रोटोकॉल होंगे, रायरंगपुर के एक पड़ोसी कुनार गिरि कहते हैं।

यह एक ऐसा पल है जो इतिहास के पन्नों में दर्ज होगा। इसे अभी से ठोस तथ्य और विश्वसनीय टिप्पणियाँ लिखने और प्रकाशित करने वालों ने कलम-बंद करना शुरू कर दिया है। रोमिता दत्ता (24 जून, 2022) ने मुर्मू को "एक सक्षम, सहानुभूतिपूर्ण, जमीन से जुड़े व्यक्ति" के रूप में आदर पूर्वक संबोधित करते हुए बहुत ही काव्यात्मक रूप से उनके गांव के परिवेश को निम्नवत इस प्रकार चित्रित किया है-

"संभावना है कि आप मुर्मू को घर के कामों में लगे हुए पाएंगे, संभवत: घर के मुख्य द्वार की ओर जाने वाले कंक्रीट के पैच से गिरे हुए पत्तों को झाड़ते हुए। एक बार अंदर जाने के बाद, मुर्मू अपने हल्दी के दाग वाले हाथों को एप्रन की तरह पहने हुए कपड़े के एक टुकड़े पर पोंछते हुए, और आपसे पूछती हैं कि क्या आप ब्लैक टी की बजाय सामान्य चाय पसंद करते हैं। 2021 में झारखंड के राज्यपाल के रूप में सेवानिवृत्त होने के बाद भी, मिलनसार, हमेशा मुस्कुराते रहने वाले मुर्मू घर के अधिकांश काम खुद करती हैं। अक्सर वे मेहमानों को परोसी जाने वाली चाय खुद बनाती हैं।"[36]

शिक्षा का अचूक मंत्र

वे शिक्षा और सीखने को बहुत महत्व देती हैं। जीवन में सफलता की कुंजी ज्ञान है और इसलिए वे सभी को ज्ञान की शक्ति सिखाती हैं। एक स्कूल शिक्षक के रूप में उन्होंने आदिवासी आबादी की नई पीढ़ी से सीखा और उन्हें सिखाया कि शिक्षा के माध्यम से उनका सर्वांगीण विकास सुनिश्चित होगा। वे अपने जीवन को दूसरों के लिए एक उदाहरण बनाती हैं। उनके जीवन का मिशन विकास के लिए शिक्षा है। उनकी बेटी का कहना है कि एक शिक्षिका के तौर पर उनकी मां बहुत सख्त हुआ करती थीं और उन्होंने अपनी बेटी को भी कभी देर करने की इजाजत नहीं दी। उनके

भाषणों में भी हम पाते हैं कि वे चाहती हैं कि हर बच्चे को, खासकर हर लड़की को पढ़ने का मौका मिले। उनका विचार है कि भारत का प्रत्येक नागरिक एक राष्ट्र निर्माता है और हम में से प्रत्येक भारत की भलाई और उस विरासत का संरक्षक है जिसे हम आने वाली पीढ़ियों को देंगे। यही कारण है कि एक डिजिटल रूप से साक्षर, औद्योगिक भारत भविष्य के लिए उनका दृष्टिकोण है। हर बालिका को शिक्षित करना उसका सपना ही नहीं बल्कि उसका मिशन भी है और वे लगन से इसका पालन कर रही हैं। बालिका शिक्षण संस्थान की स्थापना करना इस बात का संकेत है कि यह उसकी दृढ़ प्रतिबद्धता है। जब वे एक बार पीएम नरेंद्र मोदी से मिलीं, तो उन्होंने उनसे अपनी पेंशन के पैसे से एक शैक्षणिक संस्थान बनाने में मदद करने का अनुरोध किया। कहा जाता है कि उस धन से उन्होंने मयूरभंज के कुसुमी ब्लॉक के एक गाँव पहलपुर में अपने निवास को एक आश्रम में बदल दिया, जहाँ गरीब बच्चों को अंग्रेजी-माध्यम की शिक्षा दी जाती है। यहां 5 जुलाई, 2015 को राज्यपाल के रूप में उनके द्वारा दिए गए भाषण का एक अंश दिया गया है।

हर इंसान के जीवन में शिक्षा का बहुत महत्व है। यह व्यक्तिगत और सामाजिक विकास में महत्वपूर्ण है। शिक्षा एक विकसित समाज की स्थापना का सशक्त माध्यम है। शिक्षा प्राप्त करने के लिए मेहनत और मेहनत से कभी नहीं भागना चाहिए। शिक्षा व्यक्ति के व्यक्तित्व और चरित्र का विकास करती है। इसके माध्यम से ही क्षमताओं, संभावनाओं आदि के विकास पर गंभीरता से ध्यान दिया जा सकता है। यह मनुष्य में जिम्मेदारी की भावना पैदा करने की दिशा में एक शक्तिशाली माध्यम है। शिक्षा सही गलत का बोध कराती है। इसके माध्यम से हम गरीबी और अज्ञानता को मिटाने की दिशा में सफलता अर्जित कर सकते हैं।[37]

उन्होंने आर्थिक रूप से कमजोर वर्ग के बच्चों के लिए ओडिशा के पहाड़पुर गांव में एक आवासीय स्कूल भी खोला है जो कक्षा 6-10 तक की शिक्षा प्रदान करता है। परिवार द्वारा संचालित एसएलएस ट्रस्ट (बेटे सिप्पन और लक्ष्मण और पति श्याम मुर्मू के नाम के प्रथमाक्षरों के आधार पर) द्वारा संचालित इस विद्यालय में वे अक्सर जाया करती हैं। गरीब परिवारों के बच्चों को शिक्षित करने की प्रतिबद्धता लेकर आवासीय विद्यालय अब 100 गरीब छात्रों, लड़कों और लड़कियों दोनों को शिक्षा प्रदान करता है। वे साल में कम

से कम दो बार स्कूल जाती थीं, तब भी जब वह झारखंड की राज्यपाल थीं। उन्होंने स्कूल के लिए 3.20 एकड़ जमीन दान में दी है स्कूल उनकी बेटी इतिश्री के नेतृत्व और देखरेख में एक ट्रस्ट द्वारा चलाया जाता है। उन्होंने इस हाई स्कूल की स्थापना की क्योंकि उन्हें बचपन में अपने गाँव के स्कूल से सातवीं कक्षा पास करने के बाद खुद बहुत सारी समस्याओं से गुजरना पड़ा था। वह नहीं चाहती कि अन्य बच्चों को भी इसी तरह की कठिनाइयों का सा़मना करना पड़े। प्रधानमंत्री से एक बार बात करते समय इसी विद्यालय में अपनी बचत खर्च करने की सलाह उन्होंने ली थी।

उन्होंने शिक्षा, विशेषकर आदिवासियों की शिक्षा पर बहुत ध्यान केंद्रित किया, और रांची विश्वविद्यालय में जन जाति भाषा (आदिवासी भाषा) विभाग की स्थापना सुनिश्चित की।

विभिन्न विषयों पर उनके विचार आम तौर पर भाजपा के दर्शन और सोच के अनुरूप होते हैं। वह अपनी भाषा की हिमायती हैं लेकिन हिंदी के पक्ष में भी हैं। 15 अक्टूबर, 2020 को आयोजित एक वीडियो कॉन्फ्रेंस में, उसने कहा, "एक हिंदुस्तानी को कम से कम अपनी भाषा, यानी हिंदी तो आनी ही चाहिए साथ में हम हिंदी का सम्मान करना सीखना होगा।" (हर भारतीय को न केवल हिंदी सीखनी चाहिए बल्कि भाषा का सम्मान करना भी सीखना चाहिए।)

स्वाभिमानी व्यक्तित्व

उनकी एकमात्र इच्छा और अभिलाषा रही है कि वे जहां भी काम करती है और जो कुछ भी करती है, अपने सर्वोत्तम ज्ञान और क्षमता के साथ काम करती रहें। "आत्म-सम्मान" बनाए रखना उनका एकमात्र लक्ष्य रहा है। वे अपने कर्तव्यों का निर्वहन करने में बहुत सावधानी बरतती हैं ताकि उनका आचरण बेदाग और विवादों से दूर रहे। जब वे 2009 में चुनाव हार गईं, तो उन्होंने न तो घबराहट दिखाई और न उतावलापन और न ही चिंता की कोई जरूरत महसूस की। उन्होंने इसे अपने स्ट्रगल के रूप में ले लिया। वे घर पहुंची और सामाजिक कार्य करने लगी। कोई तनाव नहीं और न कोई दूसरा भाव। यह 'काम ही पूजा है' का एक अच्छा उदाहरण था। वे अपने और अपने परिवार के लिए कुछ लाभ पाने के लिए सत्ता के गलियारों में

नहीं भटकीं। वे चुनाव में न जीत पाने से राजनीति से दूर भले ही हुईं किन्तु सामाजिक कार्यों के प्रति अपनी प्रतिबद्धता दिखाते हुए वे एक प्रतिष्ठित और व्यवस्थित जीवन जीती रहीं।

आदिवासी लोग बहुत खुद्दार होते हैं। द्रौपदी मुर्मू इस बात के प्रमाण स्वरुप एक वाकया सुनाया करती हैं। विधायक रहते हुए वे एक बार ओडिशा के एक गांव के दौरे पर गयीं। वहां आदिवासियों ने अपनी समस्याओं से उन्हें अवगत कराया। कुछ प्रार्थना पत्र भी दिए। पर जब वे कुछ दिन बाद वहां फिर पहुंचीं तो देखकर दंग रह गयीं की कई समस्याएं वैसी ही अनसुलझीं थीं। पूछने पर कि उन्होंने पहले क्यों नहीं बताया तो वे सब चुप खड़े रहे। मुर्मू जानतीं हैं' आदिवासी बहुत खुद्दार होते हैं। वे बार बार आपके समक्ष कुछ मांगने के लिए खड़े नहीं होंगे। देखने में बेशक उनके चेहरे उतने सुन्दर नहीं होते हैं, लेकिन वे दिल के बहुत साफ, सच्चे और भोले होते हैं। 'जागरण' के लिए प्रदीप शुक्ल ऐसी ही न जाने कितनी कहानियां और संस्मरण खोज लाएं हैं। आदिवासी श्रोताओं में अपने भाषण के दौरान अपने अधिकांश भाषण ों में, मुर्मू यह जरूर कहती हैं कि "याद रखें कि हम सब समान हैं। अपने को छोटा नहीं समाधान (अपने आप को हीन मत समझो)।"

प्रेरित और प्रेरक

श्रीमती मुर्मू प्रेरित करती हैं। उसका जीवन एक सबक है। वे अपने निजी जीवन के कोलाहल में फंस गई थी। यह ऐसी त्रासदी थी कि कोई थॉमस हार्डी एक कालजयी उपन्यास लिख सकता था। उनके निजी जीवन में खुशी कभी-कभार ही रही है, जिसके कारण वे अपनी आंतरिक शक्ति से दूर हो सकती थीं। उनके पतिदेव अपने पुत्रों के खोने के विषाद को सहन करने में विफल रहे और इस भव-सागर को छोड़ गए। पर द्रौपदी मुर्मू तूफान के बीच खड़े रहने की कोशिश करने लगीं। उनका विश्वास थोड़ा डगमगाया जरूर पर तूफानों को झेलने के लिए संयम रखा। अंततः क्रूर भाग्य की हार हुई और देवता फिर से प्रसन्न हुए। वे इतने प्रसन्न हुए कि उन्होंने बिना उनकी इच्छा और वरदान मांगे उन्हें योग्यतम वरदान प्रदान दिया। उनका खुद कहना रहा है कि जीतने के लिए हमारे अंदर आग होनी चाहिए। हर किसी के पास कुछ अच्छा और महान करने के लिए होता है और हमें कभी भी अपने आप

को किसी से कमतर नहीं समझना चाहिए। वे खुद भगवान की शक्ति और उसकी कृपा में विश्वास रखती हैं और उनका विश्वास उन्हें बनाए रखने और बढ़ते रहने और आगे बढ़ने की शक्ति देता है। उनका जीवन-पाठ (लाइफ लेसन) अनुसरण करने योग्य है। यह नैतिक विज्ञान के किसी पाठ्यक्रम का हिस्सा होना चाहिए। मेरे विचार में प्रेरक व्यक्तित्व ऐसा ही होता है। कहीं सुने मुर्मू जी के ये शब्द मुझे आज बरबस स्मरण हो आए हैं- जुनून होना चाहिए। सब के अंदर कोई न कोई विशिष्टता होती है कभी भी अपने आप को इंफिरियर नहीं समझना चाहिए। इच्छा शक्ति को थोड़ा मजबूत करना चाहिए। कोशिश करते रहें और जीवन में आगे बढ़े।

दूसरा कलाम बनने की योग्यता

डॉ. अब्दुल कलाम के अतिरिक्त कोई गैर-राजनेता भारत का राष्ट्रपति नहीं बना। शायद वे आजादी के बाद पहले मुसलमान थे जिन्हें हिन्दू अधिक आदर, मान और सम्मान देते थे। वे अपने व्यवहार और आचरण से अधिक आकर्षक बने। उनकी विनम्रता उन्हें बहुत दूर तक ले गई। डॉ. कलाम को 'डॉक्टर' की मानद उपाधि या उपाधियाँ ही मिलीं पर वे 'डॉ.' कहलाये। उन्हें देश का राष्ट्रपति बनाना ठीक उसी प्रकार वाजपेयी - आडवाणी का 'मास्टरस्ट्रोक' था जैसे आज मुर्मू का राष्ट्रपति बनना मोदी -शाह का करिश्मा है। वे भी वही कुछ करते रहे जो बाकी राष्ट्रपतियों ने किया। वे कुछ अलग थे तो वह उनकी प्रकृति थी। उनका जनता से जुड़ाव था। वे क्षुद्र, निंदक, स्वार्थी, प्रतिशोधी, सिद्धांतहीन, अहंकारी नहीं थे। इसलिए हम भारत के लोग उन्हें आज भी अपने सबसे चहेते नेता के रूप में याद करते हैं। डॉ. राजेंद्रप्रसाद, डॉ. राधाकृष्णन, और ज्ञानी जैलसिंह आदि कई राजनेता जब राष्ट्रपति बने तब उन्होंने अपने अपने प्रधानमंत्रियों को कई बार परेशानी में भी डाला। राष्ट्रपति कई ऐसे भी हुए जिन्होंने खुद को रबड़ स्टाम्प सिद्ध किया। वे अपने पद की गरिमा बढ़ाकर ससम्मान विदा हो गए और आम भारतीय की स्मृति से भी लोप होते चले गए। डॉ कलाम ने अपने पद की यथा संभव गरिमा रखी। दूसरी बार चुनाव लड़ने से मना किया। 'उन्हें जनता का राष्ट्रपति' कहा जाता है।

राष्ट्रपति मुर्मू का स्वभाव और व्यक्तित्व काफी हद तक पूर्व राष्ट्रपति डॉ एपीजे अब्दुल कलाम से मिलता जुलता है। यूं तो आप कहेंगे कि 'कलाम'

बनना आसान नहीं है, फिर भी मैं कहूँगा कि उनका अभी तक का जीवन कुछ हद तक डॉ. एपीजे जैसा रहा है। सुदूर आदिवासी समाज से निकल कर किसी महिला के लिए यहां पहुंचना इतना आसान नहीं रहा है। सबसे पहले आप पाएंगे कि जैसे कलाम बच्चों से प्यार करते थे और छात्रों को आगे बढ़ने के लिए प्रेरित करते थे, उसी तरह द्रौपदी मुर्मू भी बच्चों की सेवा और उनके पठन पाठन का ख्याल रखती रही हैं। एक लंबे अरसे तक वे शिक्षिका तो रहीं ही, राज्यपाल रहते हुए वे अक्सर स्कूलों और कॉलेजों का दौरा करती थीं। यह उनकी जिद भरी लगन थी, तभी तो कि उनके क्षेत्र में कस्तूरबा स्कूलों की स्थिति में काफी सुधार हुआ। वे भी अब्दुल कलाम की तरह शिक्षा के महत्व को समझती हैं। 2016 में उन्होंने विश्वविद्यालयों के कामकाज के लिए लोक अदालतें लगाईं और चांसलर पोर्टल शुरू किया। इसके बाद ही विश्वविद्यालयों में नामांकन समेत अन्य प्रक्रियाएं ऑनलाइन शुरू हो सकीं। वे लगातार वीडियो कांफ्रेंसिंग के जरिए कुलपतियों के संपर्क में रहा करती थीं। झारखंड की आदिवासी और क्षेत्रीय भाषाओं के शिक्षकों की भर्ती, जो लंबे समय से बंद थी, उनके अथक प्रयासों के कारण फिर से शुरू की गई थी। यह ध्यान देने योग्य और ध्यान रखने लायक बात है कि मुर्मू ने एक शिक्षक के रूप में अपना करियर शुरू किया और डॉ. एपीजे ने एक शिक्षक के रूप में अपना जीवन समाप्त किया।

दूसरे, जिस तरह डॉ एपीजे अब्दुल कलाम ने गरीबी का सामना किया, उसी तरह द्रौपदी मुर्मू को भी आर्थिक और सामाजिक कठिनाइयों का सामना करना पड़ा। तीसरे, दोनों ने सादगी को जीवन में जीने के तौर के रूप में अपनाया। आज भी द्रौपदी मुर्मू अपने जीवन को सरल और अनलंकृत रखती हैं। वे आराम और विलासिता के लिए कभी मन को नहीं विचलित होने देतीं। वे हमेशा साधारण पोशाक में दिखाई देती हैं जैसे कि ब्रह्म कुमारी की मदर टेरेसा धीरे से चली आ रही हो। दोनों को बेकार का आडंबर और दिखावा पसंद नहीं। जब द्रौपदी मुर्मू दूसरी बार एमएलए बनीं तो उनके पास कोई वाहन नहीं था और उनकी कुल जमा पूंजी मात्र 9 लाख रुपए थी। उस समय उन पर चार लाख रुपये की देनदारी भी थी।[38]

ऐसे न जाने कितने तथ्य हैं, न जाने कितनी छोटी बड़ी बाते हैं जो अभी तक दबी हैं, खबर नहीं, जिनसे मुर्मू जी के चरित्र के शुक्ल पक्ष का पता चल

सकता है। बहुत से संस्मरण हैं जो लोगों की जुबान पर अभी आने वाले हैं।

कलाम के पास न घर था, न पैसा, न कार और न कुछ। राष्ट्रपति बनने के बाद भी उनके चाल-ढाल और चलने फिरने में वह सादगी साफ नजर आती थी। वे राष्ट्रपति भवन में दो सूटकेस लेकर आए थे और पद-मुक्त होने के बाद केवल दो सूटकेस लेकर राष्ट्रपति भवन से गए थे। द्रौपदी मुर्मू भी शायद डॉ. कलाम का अनुसरण करती हैं। वे चाहतीं तो किसी भी महानगर में रह सकती थी, लेकिन वे अपने गृह राज्य के गांव में अपने कार्यकाल के बाद कई वर्षों से रह रही थीं। वे अभिमान और धन-संपन्नता के दिखावे को सख्त नापसंद करती हैं। राज्यपाल बनने के बाद भी उन्होंने न तो अपना स्वभाव बदला है और न ही पहनावा। भगवान से प्रार्थना है कि आपको खूब लंबी उम्र दे और आप इसी तरह देश की सेवा करती रहें।

इतिश्री : माँ के लिए भूरि-भूरि प्रशंसा

इस चौप्टर के अंत में मैं आपको उनकी 35 साल की बेटी के बारे में कुछ बताता हूँ। मैंने इस विवरण को अंत में रखा क्योंकि व्युत्पत्ति के अनुसार उसके नाम का अर्थ ही है 'अंत'। अध्याय समाप्ति की ओर बढ़ रहा है और जैसा कि प्रसिद्ध अंग्रेजी कवि टी. एस इलियट ने कहा- जिसे हम शुरुआत कहते हैं वह अक्सर अंत होता है। और अंत करना ही शुरुआत करना है। अंत वहीं से शुरू होता है जहां से हम शुरुआत करते हैं।" यह एक अध्याय का अंत जरूर है लेकिन अब नया अध्याय शुरू भी होगा।

मुझे मुद्दे पर आने दो। कवियों और साहित्यकारों की चर्चा की इति करते हुए अब हम आपको इतिश्री के बारे में कुछ बताते हैं। इतिश्री हमारे राष्ट्रपति की पुत्री का नाम है। इतिश्री श्रीमती मुर्मू की बेटी हैं, उनकी आंखों का तारा हैं। वे उनके साथ है। वे उसके आसपास है। वे उनका संबल हैं। संतान अपनी आत्मा का प्रतिरूप ही तो होती है।

इतिश्री मुर्मू द्रौपदी मुर्मू की आज इकलौती बेटी हैं। गर्वित बेटी के दो भाई और थे। लेकिन दोनों का दुखद निधन हो गया, जिससे वे अपने परिवार में इकलौती संतान हो गईं। उनके पिता भी अब नहीं रहे। ये दुःख उनको भी बराबर सालता रहा होगा।

इतिश्री ने गणेश हेम्ब्रम से विवाह किया और झारखंड में बस गईं। वे यूको बैंक में काम करती हैं। उनके पति रग्बी खिलाड़ी हैं। उन्हें दो बेटियों

का आशीर्वाद प्राप्त है। बड़ी पुत्री का नाम आद्यश्री बताया गया है। बेटी का जन्म 2021 में हुआ था। वह अब लगभग 18 महीने की हैं। दूसरी बेटी तीन माह की है। इति की मां अपनी बड़ी धेवती से काफी जुड़ी हुई हैं। इतिश्री अक्सर अपनी मां, बेटियों और दोस्तों की तस्वीरें पोस्ट करती रहती हैं। इंस्टाग्राम पर उनका जीवन जीवंत और प्यारा है। इसी तरह वे ट्विटर पर भी कभी-कभार दिखाई दे जाती हैं।

इतिश्री मुर्मू अपनी तीन महीने की बेटी की देखभाल कर रही थीं, जब उन्हें शुभचिंतकों के बधाई फोन आए और रिश्तेदारों ने उस खबर की पुष्टि की जिसे वे सुनने के लिए तरस रही थीं। उनका कहना है कि जब उनकी उम्मीदवारी की खबर मिली तो उनकी मां अचरज से भर गईं। "उन्होंने अपने दम पर, सभी सामाजिक कलंकों को तोड़ते हुए, यहाँ तक अपना रास्ता बनाने में एक लंबा सफर तय किया है। नब्बे के दशक से पहले जब वे भुवनेश्वर में पढ़ने गई थीं, तब लोगों की मदद के लिए न तो सड़कें थीं, न ही गूगल मैप्स। उन्होंने अपने दम पर सब कुछ समझ कर आगे बढ़ते हुए अपनी राह खुद बनाई... वे भारत के लोगों और आदिवासी समुदाय को आगे बढ़ते देखना चाहती हैं।"[39]

माँ द्रौपदी मुर्मू पर उनकी पुत्री श्रीमती इतिश्री मुर्मू का अडिग विश्वास है। उन्हें यह भी भरोसा है कि जो कोई भी उनकी माँ के बारे में उनके जीवन संघर्ष के बारे में जान लेगा वह कभी उनकी माँ की आलोचना नहीं कर सकेगा।

सुभाशीष मोहंती को दिए एक विस्तृत साक्षात्कार में, इतिश्री ने अपनी खुशी और उत्साह व्यक्त किया क्योंकि इसने उनकी मां के करियर की परिणति को चिह्नित किया, जिसने उन्हें एक वार्ड पार्षद से राज्यपाल के रूप में सर्वोच्च पद तक पहुंचाया। अपनी योजनाओं पर और क्या वह नौकरी छोड़ देगी, उसकी बेटी ने कहा:

मेरी माँ, जो मेरी शिक्षिका हैं, यह पसंद नहीं करेंगी कि मैं अपनी नौकरी छोड़ दूँ; इसके बजाय मैं दिल्ली में स्थानांतरण के लिए आवेदन करूंगी... मैं अपनी मां को रायसीना हिल में करीब से देखूंगी और उनका अनुकरण करने की कोशिश करूंगी। हमेशा शांत रहने वाली मेरी मां न केवल मेरे लिए बल्कि विशेष रूप से करोड़ों आदिवासियों के लिए प्रेरणा बनी रहेंगी। जीवन का सामना करने का उनका संघर्ष आने वाली पीढ़ियों के लिए एक

उदाहरण बना रहेगा।[40]

मां बेटी का रिश्ता होता ही ऐसा है जिसे कोई शब्द बद्ध नहीं कर सकता। हर बेटी को ऐसी मां कब मिलेगी जिसकी किस्मत में देश का राष्ट्रपति बनना लिखा हो। आम भारतीय नागरिक तो इतने बड़े बड़े सपने भी नहीं देखते। यदि किसी मिनिस्टर या बड़े आदमी की बेटी भी ऐसे सपने देखती तो भी लोग सुनकर हँस पड़ते। किन्तु इतिश्री की जन्मदायिनी माता तो अब देश की राष्ट्रपति हैं। जिस इमारत को वे दूर से देखने की कल्पना ही कर सकती होंगी, उसमें उनका अब प्रवास होगा। भगवान की लीला अपरम्पार है। मानों अकिंचन की झोली मणि मौक्तिकों से भर दी जाये। कविगण तो न जाने क्या-क्या लिख जाते हैं, पर बड़े कवियों की काव्य पंक्तियाँ इसी अवसर पर तो मन-मस्तिष्क में आकर कौंध जाती हैं।

कोदो सवा जुरतो भरि पेट जो
चाहत न दधि दूध मिठौती।

मेरी मां ने हमेशा जनता की सेवा करने का प्रयास किया है, चाहे उन्हें जो भी भूमिका दी जाए। उन्होंने अपनी सफलता की सीढ़ी खुद बनाई और कड़ी मेहनत से चढ़ती रहीं। उन्होंने राष्ट्रपति बनने के बारे में कभी नहीं सोचा था लेकिन लगन से काम करती रहीं। वे बहुत धैर्यवान हैं। जब सारे दरवाजे बंद हो जाते हैं, तब भी वो धैर्य नहीं छोड़तीं। (चारों ओर अफरातफरी होने पर भी वे धैर्यवान रहती हैं।) धैर्य और धरती पर रहना कुछ ऐसे गुण हैं जो मैंने उनसे सीखे हैं। संथाल समुदाय में बहुत सी वर्जनाएं और सामाजिक बाधाएं हैं जो युवा लड़कियों को बड़ा हासिल करने से रोकती हैं। आदिवासियों के साथ बहुत सी रूढ़ियाँ जुड़ी हुई हैं और हमारे समुदाय को बहुत अधिक एक्सपोजर की आवश्यकता है। उम्मीद है, मेरी माँ की कहानी संथालों के लिए प्रेरणा का काम करेगी और हमारे उत्थान में भी मदद करेगी।[41]

द्रौपदी 'दीदी'

द्रौपदी मुर्मू के भाई तारिणीसेन टुडू अपनी दीदी के बारे में भावुक होते हुए कहते हैं। "विपरीत परिस्थितियों में पलने बढ़ने वाले पूरे परिवार

का उनकी दीदी द्रौपदी मुर्मू बहुत ख्याल रखती हैं। परिवार में सबसे बड़ी अब दीदी द्रौपदी हैं। उनके एक बड़े भाई भी थे। लेकिन उनकी मृत्यु हो गई। उनके परिवार की पूरी जिम्मेदारी द्रौपदी दीदी पर ही है। जब से वह राजनीतिक जीवन में आई हैं तब से वह अपने क्षेत्र और इलाके की जनता के साथ परिवार की तरह ही पेश आती हैं। और राष्ट्रपति बनने के बाद उनका शुरुआत से चला आ रहा अपनेपन का व्यवहार और प्यार निश्चित तौर पर देश की जनता को मिलेगा। दीदी ने बचपन से ही अपने पूरे परिवार को एक डोर में बांधकर रखा है। माता-पिता की मृत्यु के बाद से द्रौपदी दीदी ने पूरे परिवार को मां और पिता जी का प्यार दिया। यही वजह है कि उनके बड़े भाई की मृत्यु के बाद भाभी और उनके दो बच्चों समेत पूरे परिवार को दीदी एक डोर में सबको पिरोकर चलती हैं। हालांकि दीदी का जीवन बहुत ही व्यस्तताओं भरा है। बावजूद इसके वह अपने परिवार और जनता के बीच सामंजस्य स्थापित कर सबको साथ लेकर चलती हैं।"[42]

आनंद, गर्व और विश्वास की भावनाएँ ओडिशा के मयूरभंज जिले में रायरंगपुर नगरपालिका की सड़कों और गांवों में गूंजती हैं। उनके समर्थक और स्थानीय लोग उन्हें प्यार से 'दीदी' कहकर बुलाते हैं। उपरबेड़ा गांव की महिलाएं गांव की बेहतरी के लिए द्रौपदी मुर्मू और उनकी निरंतर समाज-सेवा की प्रशंसा और सराहना करती हैं। एक ग्रामीण कहता है, 'अरे द्रौपदी तो हमको काकी मां है। एक और कहता है, ष्मुझे वो आंटी कहकर बुलाती है।" एक बूढ़ी औरत कहती है, "मुर्मू हर परिवार की बेटी है। वह जब भी आती हैं तो लोगों से मिले बिना नहीं जाती। वह हमारे घर पर बैठकर खाना भी खाती है। द्रौपदी का स्वभाव बहुत विनम्र है।"

एक तस्वीर देखी जा सकती है जिसमें द्रौपदी मुर्मू वर्ष 2000 में ओडिशा के मुख्यमंत्री नवीन पटनायक को राखी बांध रही हैं, जब वे भाजपा से विधायक थीं और बीजू जनता दल और भाजपा दोनों गठबंधन सहयोगी थे। विधानसभा परिसर में बीजू जनता दल के विधायकों और सांसदों के साथ बातचीत के दौरान मुर्मू ने कहा, "मैंने सुभद्रा (बहन) की तरह जगन्नाथ (पटनायक) की कलाई में राखी बांधी थी। बहन के कुछ मांगने से पहले, भाई ने उसे समर्थन देने की घोषणा कर दी।" उन्होंने कहा, "ओडिशा की इस बेटी के प्रति उनके इस प्रेम-व्यवहार के लिए मैं सदा ऋणी रहूँगी।"

मैं यह भी जोड़ना चाहता हूं कि पटनायक के लिए, द्रौपदी मुर्मू का भारत के 15 वें राष्ट्रपति के रूप में चुनाव वास्तव में उनके राज्य के लिए "गर्व का क्षण" है। एक आदिवासी महिला राष्ट्रपति महिला सशक्तिकरण के उनके अपने आदर्श के साथ अच्छी तरह से सामंजस्य बैठाती है। पिछले आम चुनाव में उन्होंने स्वयं सहायता समूह की कार्यकर्ता प्रमिला बिसोई को अपनी पुरानी अस्का सीट से लोकसभा भेजा था। वे इस तरह भी अपने राज्य की महिलाओं की सहायता करते रहे हैं।

झारखंड के मुख्यमंत्री हेमंत सोरेन भी उन्हें 'दीदी' कहकर संबोधित करते हैं। जब द्रौपदी मुर्मू झारखंड की राज्यपाल थीं, तब हेमंत सोरेन परिवार के साथ उनका बहुत करीबी और पारिवारिक रिश्ता था। कई बार ऐसे मौके आए जब मुख्यमंत्री हेमंत सोरेन अपनी पत्नी कल्पना सोरेन के साथ राजभवन गए और प्रोटोकॉल से परे जाकर द्रौपदी मुर्मू का सम्मान किया। झारखंड मुक्ति मोर्चा (झामुमो) के पूर्व विधायक प्रह्लाद पूर्ति ने कहा कि 'दीदी' द्रौपदी मुर्मू के साथ उनके सौहार्दपूर्ण संबंध थे। "दीदी (मुर्मू) के साथ मेरे बहुत सौहार्दपूर्ण संबंध रहे हैं। उनके एक मंत्री और मैं विपक्ष से होने के बावजूद वे हमेशा बहुत ही मिलनसार थीं। उन्होंने बड़े पैमाने पर 'आदिवासी' समुदाय की बेहतरी के लिए काम किया है। हम इनके साथ जुड़े रहे हैं। झारखंड आंदोलन और इसलिए, पार्टी लाइनों के बावजूद, हम एकजुट हैं जब हमारे लोगों की बेहतरी का समय आ गया है।"[40]

नाम और उपनामः द्रौपदी मुर्मू

पाठक वृंद! यदि आपको यह अंश अनावश्यक और थकाऊ लगता है, बोरियतभरा और उबाऊ लगता है तो मैं आपसे पहले ही क्षमा मांग लेता हूँ। मैं अपनी वाक्पटुता के लिए जाना जाता हूँ। मेरी कोशिश सिर्फ आपको यह समझने और समझाने की है कि हर नाम में एक अर्थ होता है। इस नाम का भी कुछ मतलब और रहस्य है ही।

यदि मैं 'नाम' की चर्चा पर फ्रेंच दार्शनिक जाक देरिदा के विचारों का हवाला देता हूँ, तो मेरी पुस्तक का यह अंश दार्शनिक चिंतन का पिष्ट पेषण बन कर रह जाएगी। पर क्या करूँ उन पर 500 पन्नों की किताब लिख

चुका हूँ और वह भी हिंदी में! अगर मैं फिल्म निर्माता राम गोपाल वर्मा और उनके ट्वीट का जिक्र करूं तो यह बेकार की कवायद होगी। लेकिन मुझे भी नामचीनों के नाम पर चर्चा करना आकर्षक लगता है। आपको भी शायद लगता हो? फ्रेंच में हम कहते हैं- सुर ले नॉम।

द्रौपदी नाम कोई विदेशी तो है नहीं। यह तो अपनी पिता की लाड़ली पुत्री होने से पड़ा। जैसे जनक की पुत्री को जनक नंदिनी, जनक दुलारी, और जानकी कहते हैं, वैसे ही राजा द्रुपद की पुत्री को महाभारत के अनुसार द्रौपदी कहा गया। इस नाम का खासा सांस्कृतिक महत्त्व भी है। द्रौपदी के पिता बिरंची नारायण टुडू एक किसान थे। उन्होंने अपनी बेटी को एक ऐसा नाम दिया जो आदिवासी समुदाय में असामान्य है। यह वैष्णव प्रभाव का सूचक था। हमारे शास्त्रों में नाम और नामकरण संस्कार को बहुत महत्त्व दिया गया है। ऐसा कहा जाता है कि 'शब्द' के संबंध में एक विरोधाभास का परिणाम होगा, हम कहते हैं कि ऐसा नहीं है क्योंकि हर चीज की उत्पत्ति धारणा और अनुमान से होती है (ब्रह्म सूत्र, 1.3.28)।

क्या हम महामहिम के नाम से शुरू कर सकते हैं- उनका मूल नाम? द्रौपदी (अँग्रेजी में तो इनके नाम की वर्तनी भी एक से अधिक हैं) राष्ट्रपति का नाम मुझे संस्कृत के एक श्लोक की याद दिलाता है, मेरे पूज्य दिवंगत पिता हर सुबह बहुत श्रद्धा से यह श्लोक स्नान के पश्चात पढ़ा करते थे।

अहल्या द्रौपदी सीता तारा मंदोदरी तथा।
पंचकन्याम स्मरेन्नित्यम महापातकानाशीनि॥

इसका अर्थ है-अहिल्या, द्रौपदी, सीता, तारा और मंदोदरी इन पंचकन्या को हमेशा याद रखना चाहिए। ये सब बड़े-बड़े पापों का नाश करने वाली हैं।

हिंदुओं, विशेष रूप से हिंदू पत्नियों के लिए यह श्लोक दैनिक सुबह की प्रार्थना में पंचकन्या को याद करना बहुत आम बात है। पंचकन्या को एक दृष्टि से आदर्श महिला माना जाता है। जॉर्ज एम. विलियम्स टिप्पणी करते हैं, "वे परिपूर्ण नहीं हैं, लेकिन वे माताओं, बहनों, पत्नियों और कभी-कभी नेताओं के रूप में अपने धर्म (कर्तव्य) को पूरा करती हैं।"

हमारे माननीय राष्ट्रपति का पहला नाम इन पंचकन्याओं में से एक है। मुझे अपने सक्षम पाठकों को यह याद दिलाने की आवश्यकता नहीं है कि नाम और उनके कर्म भारतीय लोककथाओं का हिस्सा हैं और वह शास्त्रीय

महाकाव्य 'महाभारत' के प्रमुख पात्रों में से एक हैं। 15वें राष्ट्रपति का नाम इतना शुद्ध और पवित्र है कि जो इसका उच्चारण करेगा वह पापों से मुक्त होगा।

यह बहुतों को अजीब लग सकता है पर भारतीय विश्वास प्रणाली चर्चा, बहस और निर्णय के सभी प्रकार के प्लेटफार्मों के लिए खुली हुई है। अगर आपको लगता है कि यह कोई जरूरी चर्चा नहीं, नाम में रखा ही क्या है, तो आपकी बात भी ठीक है। चलो, आगे चलें?

हमारे माता-पिता हमें हमारा नाम देते हैं। हिंदुओं में नामकरण संस्कार है। नाम अपनी पसंद नहीं है। यह दिया जाता है। इस बालिका को भी इसका नाम अपने माता-पिता से मिला। दूसरे शब्दों में, हम कह सकते हैं कि वह अपने पिता की बेटी है, ठीक वैसे ही जैसे पौराणिक द्रौपदी अपने पिता द्रुपद की थी।

उपनाम - मुर्मू?

यह उनके पहले नाम-द्रौपदी के साथ जुड़ा अंतिम नाम है। आइए इसका महत्त्व जानें और समझें। उनके पिता का उपनाम टूडु है, ऐसा लगता है कि यह नाम (मुर्मू) उनका पहला उप नाम नहीं है। यह उनके पति का उपनाम है जो उन्हें विवाह के पश्चात मिला है। बहरहाल, आइए जानें। जब आप विकिपीडिया को देखते हैं तो वे आपको बताते हैं कि मुर्मू एक भारतीय उपनाम है जो संथालों के एक विशेष कबीले को दर्शाता है। समाज में उत्कृष्ट प्रदर्शन करने वाले इस उपनाम वाले उन महान व्यक्तियों की एक लंबी सूची भी वहाँ दी गई है। उदाहरण के लिए, गिरीश चंद्र मुर्मू (1959) भारत के 14वें नियंत्रक और महालेखा परीक्षक हैं। सिद्धू मुर्मू और कानू मुर्मू महान स्वतंत्रता सेनानी थे। 1855 में, मुर्मू भाइयों ने मुक्ति-आंदोलन का नेतृत्व किया जो संथालों और ईस्ट इंडिया कंपनी की सेना के बीच एक पूर्ण युद्ध में बदल गया। वाजपेयी सरकार ने उनकी स्मृतियों को सम्मानित किया। हमें क्या पहले इसका पता था?

तथ्य यह है कि तीन प्रमुख आदिवासी समुदायों- मुर्मू, टुडू और हेम्ब्रम के साथ उनके परिवार के जुड़ाव ने उन्हें आदिवासी मुद्दों से और भी अधिक परिचित कराया। उन्होंने इन सब की भलाई और उनकी संस्कृति और भाषा

की रक्षा के लिए वास्तव में कड़ी मेहनत की है।

और वे आगे भी अपने समुदाय और परिवेश की रक्षा, संरक्षा के लिए सतत कटिबद्ध रहेंगी ही। तभी तो 'यथा नाम तथा गुण' की उक्ति चरितार्थ होगी। अभी तो आपके नाम से पूर्व और नाम के पश्चात न जाने कितने विशेषण जोड़े जाएंगे। यह तो शुरुआत है। स्वयंप्रभा शायद इसी को कहते हैं?

द्रौपदी मुर्मू कुंडली

चिराग बेजान दारूवाला का कहना है कि द्रौपदी मुर्मू की कुंडली में कुछ राज योग हैं जो उन्हें अपने जीवन में सफल बना सकते हैं। उनकी जन्म कुंडली में मुख्य राशि मीन है और इसका स्वामी गुरु है, जो गुरु का घर है। गुरु उनकी जन्म कुंडली में सप्तम भाव में है और इससे बना लग्न योग आगे चलकर संसप्तक राज योग बनाता है। इससे उनके राजनीतिक जीवन में खुशियां आएंगी। द्रौपदी मुर्मू एक संवेदनशील और भावुक व्यक्ति हैं। इस दुनिया की कठोर वास्तविकताओं का उस पर दूसरों की तुलना में अधिक प्रभाव पड़ता है, और परिणामस्वरूप, वे जीवन के कुछ आनंद को खो देती हैं। द्रौपदी मुर्मू का स्वभाव शांत है और यह गुण दूसरों की नजर में मजबूत और दृढ़निश्चयी होने का आभास देता है। वे जितना सोचती हैं, उतना नहीं कहती हैं और स्थिति के पक्ष और विपक्ष को तौलती रहती है। चिराग दारूवाला का कहना है कि बुध ग्रह जो अपने ही घर में यानी उनके चतुर्थ भाव में स्थित है, वह भद्र राज योग स्थापित करता है जो पांच महापुरुषों की श्रेणी में आता है और उनके व्यक्तित्व को मजबूत करता है। इस वजह से, वे एक प्रसिद्ध और मजबूत शासक व्यक्तित्व होंगी। बच्चे द्रौपदी मुर्मू को लक्ष्य निर्धारित करने और उन्हें प्राप्त करने के लिए जबरदस्त प्रेरणा देंगे।[41]

दक्षिण भारत के हिंदी परिवार ने 4 जुलाई, 2022 को साहित्यकार ऋषभ देव शर्मा का सम्मान करते हुए उन्हें बहुत कुछ के साथ एक प्रशस्ति पत्र भी दिया। मैंने इसी का अनुकरण करते हुए निम्नलिखित प्रशस्ति पत्र महामहिम राष्ट्रपति के लिए भी लिख लिया। यह आपको इस लंबे खंड या अध्याय के समापन का स्मरण कराएगा

प्रशस्ति पत्र?

हे अनुकरणीय जीवन साधक!

अब आप इस भारत वर्ष की प्रथम नागरिक हैं। तीनों सेनाओं की प्रमुख। आपके नाम से सब कार्य होंगे। शिक्षा, साहित्य, विज्ञान, कला, चिकित्सा, वाणिज्य, तकनीकी, आदि समस्त विद्याओं और विधाओं से जुड़कर आप अनेक विश्वविद्यालयों की कुलपति-कुलाधिपति होंगी। अन्य देशों के राष्ट्राध्यक्ष आपको अपने समकक्ष सम्मान देंगे। राजदूत आकर आपके समक्ष उपस्थित होंगे। गणतन्त्र दिवस आपके अभिभाषण से शुरू होगा और परेड की सलामी आप ही तो लेंगी। जब आप भारत के राष्ट्राध्यक्ष के रूप में दुनिया भर में यात्राएँ करेंगी, तो आप इस बात का उदाहरण होंगी कि भारत की वर्तमान सरकार ही नहीं अपितु समग्र रूप से समस्त भारतीय समाज आपके द्वारा अपनी अद्‌भुत विविधता को स्वीकार करने के लिए प्रतिबद्ध हैं और आपसी भेदभाव को दूर करने के लिए देश के सभी लोग भी आपसे निबद्ध हैं। हम सब भारतवासी कटिबद्ध होकर देश के विकास हेतु आपकी छत्र-छाया में प्राण-पण से जुटे हैं। हमें इसका गर्व है कि कई अन्य तथाकथित उन्नत राष्ट्रों की तुलना में सामाजिक असमानता को दूर करने के लिए भारत जो कदम उठाता है और जैसे वह अपने दलित, अल्पसंख्यकों और आदिवासियों का ख्याल रखता है वह कहने की बात न होकर भी जानने और जनवाने की बात अवश्य है।

हे सचेत विचार मूर्ति!

कवि कोविद आपकी विरुदावली गाएँगे। प्रतिभाएं खंड काव्यों की रचना करेंगी। इतिश्री नाम रखकर माताएँ धन्य होंगी। आपके जीवन पर नाटक और फिल्मों की कथा-पटकथाएँ लिखी जाएंगी।

हे गणतन्त्र गौरव!

आपको भारत भाग्य विधाता की साकार मूर्ति मानकर जय जय कार करने वाली यह जनता कृतकृत्य और कृतार्थ भाव से गदगद होकर आपका अभिनंदन करती है, वंदन करती है।

'भाव भगति' से यह 'शब्द-गुच्छ' राष्ट्र की आदिशक्ति की प्रतीक महामहिम द्रौपदी मुर्मू की सेवा में समर्पित है।

अध्याय तीन

द्रौपदी मुर्मू होने का महत्व

> श्रीमती द्रौपदी मुर्मू जी ने अपना जीवन समाज की सेवा और गरीबों, दलितों के साथ-साथ हाशिए के लोगों को सशक्त बनाने के लिए समर्पित कर दिया है। उनके पास समृद्ध प्रशासनिक अनुभव है और उनका कार्यकाल उत्कृष्ट रहा है। मुझे विश्वास है कि वे हमारे देश की एक महान राष्ट्रपति होंगी।[42]
>
> **-नरेंद्र मोदी**

यह हमारे पंद्रहवें राष्ट्रपति के नामांकन और उसके बाद उनकी जीत की कहानी की शुरुआत है। यह प्रसंग तब शुरू हुआ और तत्काल जनता का ध्यान इसने तब आकर्षित किया जब भारत के प्रधान मंत्री ने उपरोक्त बधाई संदेश ट्वीटर के माध्यम से उन्हें भेजा और सारी दुनिया ने इसे पढ़कर इस पर अपनी प्रतिक्रिया दी। मुर्मू के अलावा सभी ने इसे पढ़ा और सराहा। खुद मुर्मू ने इसे न देखा क्योंकि वे तो ट्विटर का प्रयोग करती ही नहीं। यही कारण है किसी ने भी उनके आधिकारिक ट्विटर अकाउंट का इस्तेमाल नहीं किया और बधाई संदेश के बदले धन्यवाद संदेश भेजा। राष्ट्रपति पद के लिए उनके नाम के प्रस्ताव ने संदेश पढ़ने वालों की आंखों में खुशी के आंसू ला दिए। यह हमारे लोकतंत्र की जीत थी और हम सभी के लिए एक संदेश भी था कि भारत प्रत्येक नागरिक का है, चाहे उसकी जाति, पंथ, धर्म और आस्था कुछ भी हो।

यह कहानी कहने और पढ़ने लायक है। इसे सभी को पढ़ना चाहिए। यह कहानी हम भारत के लोगों के लिए है।

आदिवासी उत्थान के स्वप्न और यथार्थ

हमारे देश के राष्ट्रपति हमारे बापू महात्मा गांधी भी नहीं सोच सके होंगे कि एक दिन जब भारत के लोग अपनी आजादी के पचहत्तरवें वर्ष का

जश्न मनाएंगे, ऐसी घोषणा भारत के तत्कालीन प्रधान मंत्री द्वारा की जाएगी। रायरंगपुर से रायसीना हिल तक श्रीमती मुर्मू की यात्रा को एक रूपक के रूप में भी देखा जा सकता है और इसे राष्ट्र की मुख्य धारा में जगह पाने के लिए आदिवासी लोगों के संघर्ष के प्रतीक और उनकी आधिकारिक विजय के सूचक के रूप में भी। अब जो यह हो गया है वह अपने आप में अभूतपूर्व है। अभूतपूर्व क्या इसके लिए तो अप्रत्याशित शब्द भी छोटा दिखाई देता है। सबके अनुमान धरे के धरे रह गए।

प्रधानमंत्री नरेंद्र मोदी ने वो किया जो किसी ने नहीं सोचा था। एक आदिवासी समाज की बहन एक दिन देश के सर्वोच्च पद पर बैठेगी, राष्ट्रपति बनेगी और तीनों सेनाओं की मुखिया बनेगी। पीएम ने परंपरा बदल दी है। एक चमत्कार हुआ है। पहले ऐसा हुआ करता था कि एक बड़े परिवार में पैदा हुआ, उच्च-परिष्कृत-संभ्रांत कुल भूषण, विदेश में शिक्षित, और प्रतिष्ठित व्यक्ति बहुधा राष्ट्रपति के पद को सुशोभित किया करता था। डॉ. सर्वपल्ली राधाकृष्णन जैसे विद्वान और राजेंद्र प्रसाद जैसे स्वाधीनता सेनानी इस पद को सुशोभित करते थे। आज एक गरीब परिवार में जन्मी एक साधारण महिला राष्ट्रपति बन सकी है। क्या पहले किसी ने तिलका मांझी को जाना था? क्या बीजू श्याम को पहले कोई जानता था? आदिवासी कला और कलाकार, उनका साहित्य और साहित्यकार, नृत्य रूप और नर्तक, आदि हमारी जिज्ञासा, कुतूहल और आश्चर्य का विषय भर हुआ करते थे। उनमें प्रतिभा कितनी है इसका पता कहाँ चल पाता था? वह निष्क्रिय और बेकार होकर रहती थी। हमारे आदिवासी समाज के भूले-बिसरे लोग अब सामने आकर अपनी योग्यता और क्षमता प्रदर्शित कर रहे हैं। हमारे प्रधानमंत्री नरेंद्र मोदी इनको चुन-चुन कर सम्मान दे रहे हैं। प्रशासन, सरकार और हर कोई उनको उनके योग्य काम दे रहा है। समाज और राष्ट्र उन्हें उनका हिस्सा दे रहे हैं। वे इसके काबिल हैं। कहने की जरूरत नहीं है कि मुर्मू के राष्ट्रपति पद के नामांकन की समाज के सभी वर्गों ने सराहना की। आदिवासी समाज को भी उनकी उम्मीदवारी पर बहुत गर्व महसूस हुआ।

मैं इस बात की घोषणा के बारे में पहले ही संकेत दे चुका हूँ। अब मैं आपको बताता हूं कि भारत के आजाद होते ही गांधी जी हमसे क्या चाहते थे। यह जानना बहुत जरूरी है। ऐसे समय में जब विरोधी राजनीतिक

दल सिर-फुटोवल कर रहे हैं। बात बेबात उलझ रहें हैं और उलझा रहे हैं। राष्ट्रपति पद के लिए सबसे उपयुक्त उम्मीदवार चुनने की कोशिश करने के मार्ग में रोड़े अटका रहे है। मैं आपको बता दूँ कि महात्मा जी चाहते थे कि हम जब स्वतंत्र भारत में अपना पहला राष्ट्रपति चुनने के लिए तैयार हों तब एक ऐसे व्यक्तित्व को इस पद पर बैठाएँ जो कुछ अर्हताएँ पूरी करता हो।

गांधी ने यह बात 2 जून, 1947 को आंध्र के एक दलित लड़के चक्रैय्या की याद में प्रार्थना सभा में कही, जो उनके आश्रम में लंबे समय तक रहा था। गांधी ने कहा कि अगर वह जीवित होता तो वे शीर्ष पद के लिए उसका नाम प्रस्तावित करते। चार दिन बाद, जब डॉ. राजेंद्र प्रसाद उनसे मिले तो उन्होंने उनसे भी अपने मन की इच्छा प्रकट की।

गांधी जी यहीं नहीं रुके। वे जिस किसी से भी मिले उसे अपने मन की बात बता दी। 27 जून, 1947 को, गांधी जी ने एक जनसभा में घोषणा की, "यदि मेरा बस चले तो भारतीय गणराज्य के राष्ट्रपति के पद पर एक पवित्र और बहादुर भंगी (स्वीपर) लड़की को बैठा दूँ। अगर 17 साल की एक अंग्रेज लड़की ब्रिटिश रानी और बाद में भारत की महारानी भी बन सकती है, तो कोई कारण नहीं है कि अपने लोगों के मजबूत प्यार और चरित्र की बेदाग अखंडता वाली भंगी लड़की भारतीय गणराज्य की पहली राष्ट्रपति न बन जाए"[43] गांधी जी "दुनिया को दिखाना चाहते थे कि भारत में कोई ऊंचा नहीं है और कोई नीचा नहीं है।" उन्होंने आगे कहा, "अगर मेरे सपनों की ऐसी लड़की राष्ट्रपति बनती है, तो मैं उसका दास या अनुचर बनूंगा और मुझे सरकार से अपने भरण-पोषण की भी आशा और जरूरत नहीं होगी। मैं जवाहर लाल, सरदार पटेल और राजेंद्र बाबू को मंत्री और इसलिए उन्हें उसका सेवक बनाऊंगा।[44]

हालांकि गांधी जी का यह सपना, सपना ही रह गया। गांधीजी का यह विचार या पेशकदमी कपोल कल्पना ही रह गई और यह विचार कभी हकीकत न बन सका। पुस्तक "व्हाई गांधी स्टिल मैटर्सः एन अप्रेजल फॉर महात्माज लेगेसी" (2017) में गांधी के पौत्र ने अपने दादा को उद्धृत करते हुए हमें उनकी उस आदर्श कन्या के विषय में विस्तार से बताया, "उन्हें सीता के रूप में पवित्र होना चाहिए और उनकी आंखों में प्रकाश होना चाहिए। हम सब उन्हें सलाम करेंगे और दुनिया के सामने एक नई मिसाल कायम करेंगे।"

महात्मा जी का विचार था कि एक दलित लड़की के चुनाव से दुनिया को पता चलता कि भारत में न कोई ऊँचा है और न कोई नीचा।

गांधी के चार पुत्रों और चार बहुओं में से कोई भी, और पंद्रह पोते और कई परपोते भी जो नहीं कर सके, उसी गुजरात की मिट्टी के एक और बेटे नरेंद्र मोदी ने यह कर दिखाया। उन्होंने 21-6-2022 को ठीक 9.52 बजे यह घोषित किया। एक ट्वीट के रूप में गांधी जी के उस स्वप्न को साकार करने के लिए पहल की। गांधी तो केवल दलित कन्या को ही राष्ट्रपति के पद पर आरूढ़ करना चाहते थे, मोदी ने एक आदिवासी बेटी को यह सम्मान दिलाने की पहल की। इस तरह उन्होंने गांधी के सपनों को साकार किया। वे एक दलित को पहले ही उसके अधिकार से सुशोभित करने का माध्यम बन चुके थे। बी.जे.पी. चाहती तो अपनी पार्टी के किसी पूर्व अध्यक्ष को यह पद दे सकती थी। आर एस एस के प्रमुख को दे देती। किसी को भी यह पद नहीं दिया जा सकता। हर पार्टी अवसर आने पर अपनी तरफ से सोच विचार करके ही चुनाव करती है।

मोदी जी ने एक तो आदिवासी समाज के जन नायकों उनके इतिहास, और उनकी संस्कृति को भारत की मूल चिंतन धारा से जोड़ने के उपाय किये। उदाहरण के लिए जनजातीय गौरव दिवस मनाया जाने लगा। आंध्र प्रदेश में ब्रितानी हुकूमत के खिलाफ रम्पा क्रांति के नायकअल्लूरी सीताराम राजू की प्रतिमा का अनावरण किया। प्रतिनिधित्व के बगैर सम्मान पूरा नहीं हो सकता इसलिए द्रौपदी मुर्मू को राष्ट्रपति पद के उम्मीदवार के रूप में प्रस्तुत करके मोदी जी ने आदिवासी समुदाय को एक स्पष्ट संदेश दिया कि उनकी सरकार आदिवासी समुदाय की भावनाओं की कद्र करती है और उनके साथ खड़ी है। इसका प्रभाव हुआ है और धीरे-धीरे हो रहा है। आदिवासियों के एक छोटे से वर्ग का ध्यान तो पार्टी पहले ही आकृष्ट कर चुकी थी अब वे उनके दिलों में घर करने की इच्छा से आगे बढ़ रहें हैं। कांग्रेस के पराभव के बाद रिक्त हुए स्थान के लिए उनकी दावेदारी पर आदिवासी ध्यान दे रहा है। बी.जे.पी. ही एक राजनीतिक दल नहीं है, पर उसकी अखिल भारतीय छवि बनती जा रही है। युवक मोदी के दीवाने हैं। इन कारणों से पार्टी आगे बढ़ रही है। मुर्मू का निर्वाचन इस मार्ग को आसान बना सकता है इसमें संदेह नहीं। पर यह आसानी कितनी होगी, अभी कुछ कहा नहीं जा सकता।

उस समय न केवल गांधी बल्कि जयपाल सिंह मुंडा ने भी आदिवासी और महिला प्रतिनिधित्व का पुरजोर समर्थन किया था और उसके बारे में विस्तार से चर्चा की थी। मुझे आपको बताना है और अगर आप भूल गए हैं, तो मुझे आपको याद दिलाना होगा कि जयपाल सिंह मुंडा (1903–1970) एक भारतीय राजनीतिज्ञ, लेखक और खिलाड़ी थे। वे उस संविधान सभा के सदस्य थे जिन्होंने भारतीय संघ के नए संविधान के निर्माण के अवसर पर बहस में भाग लिया था। उन्होंने 1928 के ग्रीष्मकालीन ओलंपिक में स्वर्ण पदक जीतने के लिए भारतीय फील्ड हॉकी टीम की कप्तानी की थी। सिंह एक प्रतिभाशाली वक्ता थे और भारत की संविधान सभा (जो स्वतंत्र भारत के संविधान का मसौदा तैयार करने के लिए जिम्मेदार थी) में भारत के सभी आदिवासी लोगों का प्रतिनिधित्व करते थे। 19 दिसंबर, 1946 को उनके द्वारा दिए गए एक प्रसिद्ध भाषण का एक अंश निम्नलिखित है, यहाँ उन्होंने उद्देश्य प्रस्ताव का स्वागत करते हुए भारतीय आदिवासी–समुदाय के सामने भविष्य में आने वाले मुद्दों पर प्रकाश डाला:

एक आदिवासी के रूप में, मुझसे संकल्प की कानूनी पेचीदगियों को समझने की उम्मीद नहीं की जाती है। लेकिन मेरा सामान्य ज्ञान मुझे बताता है कि हम में से प्रत्येक को स्वतंत्रता के लिए उस रास्ते पर चलना चाहिए और एक साथ लड़ना चाहिए। महोदय, यदि भारतीय लोगों का कोई समूह है जिसके साथ घटिया व्यवहार किया गया है तो वह मेरे लोग हैं। पिछले 6,000 वर्षों से उनके साथ अपमानजनक व्यवहार किया जा रहा है, उनकी उपेक्षा की जा रही है। सिंधु घाटी सभ्यता का इतिहास, जिसका मैं एक अदना सा अध्येता हूँ, स्पष्ट रूप से दिखाता है कि आप नवागंतुक हैं–जहां तक मेरा संबंध है आप में से अधिकांश घुसपैठिए हैं–यह नए आने वाले हैं जिन्होंने मेरे लोगों को वहां से भगा दिया है। सिंधु घाटी से जंगल की स्थिरता ... मेरे लोगों का पूरा इतिहास भारत के गैर–आदिवासियों द्वारा निरंतर शोषण और बेदखली का है, जो विद्रोह और अव्यवस्था से ग्रस्त है, और फिर भी मैं पंडित जवाहर लाल नेहरू को उनके शब्दों में विश्वास कर लेता हूं। मैं आप सभी के वचन को प्रमाण मान लेता हूँ कि अब हम एक नया अध्याय शुरू करने जा रहे हैं, स्वतंत्र भारत का एक नया अध्याय जहां अवसर की समानता है, जहां किसी की उपेक्षा नहीं की जाएगी।[45]

उन्होंने अपने वक्तव्य को जारी रखा :

"यह केवल राजनीतिक दिखावे की बात है कि आज इस संविधान सभा में छह आदिवासी भी सदस्य हैं। यह कैसा है? ... क्या नियमों में ऐसा कोई प्रावधान होने जा रहा है जिससे अधिक आदिवासियों को लाना संभव हो सके, और आदिवासियों से मेरा मतलब केवल पुरुष ही नहीं बल्कि महिलाएं भी हैं? बहुत सारे पुरुष हैं... हम और महिलाएं चाहते हैं।"[46]

श्रीमती मुर्मू का चुनाव जयपाल मुंडा की दुहरी इच्छाओं की प्राप्ति का एक प्रकार है–आदिवासी और महिला प्रतिनिधित्व की बढ़ोतरी की ख्वाहिश। आज स्वर्ग में गांधी और मुंडा दोनों अपनी जीत का जश्न मना रहे होंगे। हालांकि गारो जनजाति के एक आदिवासी व्यक्ति पी.ए. संगमा 2012 में राष्ट्रपति का चुनाव हार गए थे, सफल नहीं हो सके थे फिर भी वे प्रयास रत रहे। और भी कुछ नाम हैं। पर गणना तो सफलता की होगी। 2012 में भी भाजपा ने आदिवासी उम्मीदवार का समर्थन किया था और एक दशक के बाद पार्टी ने फिर से एक आदिवासी महिला का समर्थन किया, और इस बार भाजपा उसे जितवाने में सफल रही। उनके नामांकन के अवसर पर पीएम मोदी ने ट्वीट किया था कि झारखंड की पूर्व राज्यपाल की नीतिगत मामलों की समझ और दयालु स्वभाव से देश को काफी फायदा होगा। "श्रीमती द्रौपदी मुर्मू जी ने अपना जीवन समाज की सेवा करने और गरीबों, दलितों के साथ-साथ हाशिए के लोगों को सशक्त बनाने के लिए समर्पित कर दिया है। उनके पास समृद्ध प्रशासनिक अनुभव है और उनका कार्यकाल उत्कृष्ट रहा है। मुझे विश्वास है कि वह हमारे देश की एक महान राष्ट्रपति होंगी।" भारतीय संविधान के निर्माता, बी आर अंबेडकर ने 25 नवंबर, 1949 को संविधान सभा में अपना अंतिम भाषण देते हुए कहा था, "हमें अपने राजनीतिक लोकतंत्र को एक सामाजिक लोकतंत्र बनाना चाहिए। राजनीतिक लोकतंत्र तब तक नहीं टिक सकता जब तक कि उसके आधार पर सामाजिक लोकतंत्र न हो।"

नरेंद्र मोदी और उनके प्रयत्न

बीजेपी ने और यह कहना अतिश्योक्ति न होगी कि शीर्षस्थ नेताओं ने गाँधी, मुंडा ही नहीं आंबेडकर के स्वप्नों और शिक्षाओं को हृदयंगम करके

उनसे प्रेरणा लेकर दूरगामी परिणामों को मद्देनजर रखते हुए कुछ निर्णय लिए। मुर्मू का चयन तो नरेंद्र मोदी के मन की बात ही प्रतीत होता है। जिस सहजता और आत्म विश्वास से भारतीय जनता पार्टी राष्ट्रपति चुनाव में अपनी जगह बनाने में सफल रही इसके लिए द्रौपदी मुर्मू के नाम पर सहमति होने को जिम्मेदार ठहराया जा सकता है। नरेंद्र मोदी ने भारतीय स्वतंत्रता के 75 वें वर्ष का उपयोग करते हुए और भारतीय लोकतंत्र के सामाजिक विस्तार को रेखांकित करने के निमित्त जब द्रौपदी मुर्मू के प्रस्तावित नाम पर सहमति व्यक्त की तब उन्होंने एक ओर तो विपक्ष के प्रत्याशी को धराशाही कर दिया दूसरी ओर आम नागरिक को एक ऐसा सन्देश भी दिया जिसका बड़ा दूरगामी और आमूलचूल परिवर्तनकारी परिणाम होगा। इसमें संदेह नहीं।

ऐसा प्रतीत होता है जैसे पीएम नरेंद्र मोदी ने उनमें स्वयं का प्रतिबिंब देखा। वे कई मायनों में उनके जैसी हैं भी। वे किसी राजनीतिक पृष्ठभूमि से नहीं आती हैं। उनका कोई राजसी-वंश नहीं है। और उनका जीवन व्यक्तिगत संघर्ष और बलिदान की गाथा रहा है। कोई हार्वर्ड नहीं बल्कि लगातार हार्ड वर्क।

द्रौपदी मुर्मू को जैसे ही अपने नामांकन की खबर मिली वे पहले तो अचरज से भर गईं, फिर जब प्रिंट और इलेक्ट्रॉनिक मीडिया ने दर्शकों को उनके बारे में बताना शुरू कर दिया, वे अपने भाग्य के पलट जाने पर खुशी से फूली न समाईं। यह स्वाभाविक था। उसका पहला नाम और उसका उपनाम दोनों ही हमारा ध्यान आकर्षित करते हैं। मैं किसी अन्य महिला को याद नहीं कर सकता जिसे यह नाम मिला हो। यहां तक कि उनके नाम की स्पेलिंग भी दूसरों ने एक समान नहीं लिखी थी। अँग्रेजी में स्वीकृत वर्तनी क्या है? "मुर्मू" कौन होते हैं? यह उपनाम भी आम नहीं है, हालांकि अब मुझे कुछ वीआईपी मिले हैं जो इस उपनाम को रखते हैं।

21 जून, 2022 को, भाजपा अध्यक्ष जेपी नड्डा ने मुर्मू की उम्मीदवारी की घोषणा करते हुए कहा कि उन्हें पार्टी की संसदीय समिति के बीच बहुत विचार-विमर्श के बाद कुल 20 नामों में से चुना गया था। यह कहा गया था कि मुर्मू के अलावा पार्टी ने मौजूदा उपराष्ट्रपति वेंकैया नायडू जैसे वरिष्ठ नेताओं पर विचार किया था। छत्तीसगढ़ की राज्यपाल अनुसुइया उइके; हरियाणा के राज्यपाल बंडारू दत्तात्रेय; और तेलंगाना के राज्यपाल तमिलसाई

सुंदरराजन राष्ट्रपति पद के उम्मीदवार के रूप में विचार के योग्य समझे गए। श्रीमती मुर्मू को बीस राजनेताओं और बुद्धिजीवियों में सबसे उपयुक्त उम्मीदवार माना गया क्योंकि वे भारत के पूर्वी हिस्से से हैं। वे एक औरत है। वे आदिवासी समुदाय से हैं। कोई आदिवासी देश के सर्वोच्च पद पर कभी आसीन नहीं रहा। भाजपा अध्यक्ष श्री जगत प्रकाश नड्डा ने भारत के राष्ट्रपति पद के उम्मीदवार के बारे में यही कहा, "ऐसा महसूस किया गया कि भारत का नया राष्ट्रपति पूर्व से होना चाहिए, एक महिला होनी चाहिए और आदिवासी समुदाय से भी होनी चाहिए (सुश्री मुर्मू इन सबसे संबंधित हैं)। यह सब देखते हुए, यह तय किया गया कि झारखंड की पूर्व राज्यपाल द्रौपदी मुर्मू, भारत के राष्ट्रपति पद के लिए एनडीए की उम्मीदवार होंगी। अरविंदन नीलकंदन ने ठीक ही कहा है कि 'राष्ट्रीय विकास के मंदिर के निर्माण और इसे पूरी दुनिया के लिए एक मॉडल बनाने के लिए, हमें पारंपरिक आदिवासी समुदायों के मूल्यों और मार्गदर्शन की आवश्यकता है।'[47]

उनका नामांकन 'महिलाओं और आदिवासियों के कल्याण के प्रति प्रधान मंत्री नरेंद्र मोदी के अटूट संकल्प का प्रतिबिंब' है। अमित शाह एक परिचित और दृढ़ स्वर में इसके प्रति अपनी रजामंदी दिखाते हैं। इसी तरह, अन्य वरिष्ठ नेताओं ने एक स्वर में कहा, "पार्टी कैडर के इस फैसले की सराहना करने के कई कारण हैं। वे एक महिला, आदिवासी, जमीन से जुड़ी विनम्र नेता, तथा कट्टर भाजपा कार्यकर्ता हैं। इनका चयन भाजपा के मूल विचार से अच्छी तरह से सामंजस्य करते हुए चलता है- सबका साथ सबका विकास, सबका विश्वास, सबका प्रयास। द्रौपदी मुर्मू जिला स्तर से लेकर राज्य स्तर तक के अपने समृद्ध प्रशासनिक अनुभव को लेकर राष्ट्रपति भवन में आएंगी।"

वे कौन है? श्रीमती मुर्मू कौन हैं? श्रीमती द्रौपदी मुर्मू कौन हैं? उसके बारे में शायद ही आपको कहीं और जानकारी मिलेगी। विकिपीडिया में बस कुछ पंक्तियाँ हैं। गूगल अधिक सामग्री की प्रतीक्षा कर रहा है। उनका नाम उनकी पहचान है। 21 जून 2022 को, अखिल भारतीय तृण मूल कांग्रेस के यशवंत सिन्हा को सर्वसम्मति से 2022 के राष्ट्रपति चुनाव के लिए यू.पी.ए. और अन्य विपक्षी दलों के आम उम्मीदवार के रूप में चुना गया था। उसी दिन एनडीए ने राष्ट्रपति पद के उम्मीदवार के रूप में द्रौपदी मुर्मू को चुना

गया था। उन्हें 20 उम्मीदवारों की विशिष्ट सूची में से चुना गया था। वे एक अनुसूचित जनजाति की गौरवान्वित सदस्य हैं। उनकी आदिवासी पहचान को हर कोई रेखांकित कर रहा है। वे ओडिशा के एक आदिवासी समुदाय से भारत की पहली राष्ट्रपति हैं। यह बात मैं इतनी बार दोहरा रहा हूँ क्योंकि मैं चाहता हूँ कि यह जानकारी आपके स्मृति पटल पर तो अंकित हो ही जाए, आपके द्वारा उन लोगों तक भी पहुँच जाए जो अभी तक आपको नहीं जानते।

वे झारखंड की पूर्व राज्यपाल और ओडिशा की पूर्व मंत्री हैं। राज्यपाल के रूप में उन्होंने अपनी पहचान बनाई। वे अपने संयम, सादगी के लिए जानी जाती हैं, और अपनी पहुंच के लिए लोकप्रिय हैं। वे भारत की पहली आदिवासी राष्ट्रपति और देश की दूसरी महिला राष्ट्रपति हैं, पहली राष्ट्रपति महाराष्ट्र की प्रतिभा देवी सिंह पाटिल हैं।

श्रीमती मुर्मू बाधाओं को तोड़ना जानती हैं। वे पहली राष्ट्रपति हैं जिनका जन्म भारत को अँग्रेजी राज से स्वतंत्रता मिलने के बाद हुआ था। वे 1958 में पैदा हुई थी और मुझसे कई साल छोटी हैं।

उनका नाम सभी के लिए एक संदेश है। भारत का राष्ट्रपति सबसे कम विशेषाधिकार प्राप्त समुदाय से भी हो सकता है। उनके लिए भी सबसे ऊपर जगह है। यहां तक कि भाजपा के मुखर आलोचक भी यह कहने में संकोच नहीं कर सके, "राष्ट्रपति के लिए एक आदिवासी समुदाय की एक महिला के नाम के साथ, भाजपा कम से कम राजनीतिक रूप से संबोधित समुदायों में से एक को स्थान देने का संदेश देगी। यह कुछ ऐसा है जिसे न करने के लिए भाजपा को विपक्ष द्वारा बार-बार निशाना बनाया गया था।[48]

भाजपा के लिए पहली आदिवासी महिला अध्यक्ष को मनोनीत करने का तरीका बेहतर नहीं हो सकता

देश ने अब तक जिन 15 राष्ट्रपतियों को देखा है, उनमें से केवल छह भारत के दक्षिण से आए हैं। उनमें से दो-नीलम संजीव रेड्डी (1977-82) और वी.वी. गिरि (1969-74)-तेलुगु राज्यों से ताल्लुक रखते थे। सर्वपल्ली राधाकृष्णन, जिन्होंने दूसरे राष्ट्रपति (1962-67) के रूप में कार्य किया, का जन्म तमिलनाडु के तिरुथानी में हुआ था। फिर भी, राधाकृष्णन एक तेलुगु व्यक्ति थे। पूर्व राष्ट्रपतियों में केवल वी. वी. गिरी (1969-1974) का ओडिशा से संबंध था। उनका जन्म बेहरामपुर में हुआ था, हालांकि वे आंध्र

प्रदेश के तेलुगु थे। इसलिए ओडिशा के लोगों के लिए यह गर्व का क्षण है कि वे अपने राज्य के मूल रूप से निवासी को भारत-भूमि के सर्वोच्च पद और पद के लिए नामांकित होते ही नहीं देख रहे, वे उस भाग्यशाली को राष्ट्रपति के पद को सुशोभित करते हुए भी देख रहे हैं।

मुझे लगता है कि चूंकि भारत में डॉ. ए.पी.जे. अब्दुल कलाम के रूप में एक तमिल मुस्लिम राष्ट्रपति रहे हैं। प्रतिभा पाटिल एक महिला राष्ट्रपति थीं और पूर्व राष्ट्रपति राम नाथ कोविंद अनुसूचित जाति (एससी) श्रेणी के हैं। एक महिला एसटी उम्मीदवार का चुनाव करना भाजपा के लिए आदर्श और अगला कदम रहा। सुश्री मुर्मू 2017 के राष्ट्रपति चुनाव से पहले इस पद की प्रबल दावेदार थीं। पर तब पलड़ा कोविन्द जी के पक्ष में भारी रहा। खैर, कोई बात नहीं, देर आयद दुरुस्त आयद! अब वे आ गई हैं। शुभस्तु ते पंथान।

उस मौके पर बिहार के तत्कालीन राज्यपाल राम नाथ कोविंद, जो कि एक दलित थे, को इस पद के लिए सरकार की पसंद के रूप में नामित किया गया था। यह भी ध्यान दिया जाना चाहिए कि "द्रौपदी मुर्मू के उत्कर्ष के साथ, न केवल उनकी राजनीतिक और प्रशासनिक साख को श्रेय दिया गया है, बल्कि ओडिशा में एक आदिवासी परिवार से संबन्धित होने की उनकी विनम्र पृष्ठभूमि को भी स्वीकार किया गया है।"[49]

जो विद्वान इस समाज में अपना मुखर पक्ष रखते हैं और जिन्हें बुद्धिजीवियों की आवाज माना जाता है, उन्होंने ट्वीट कर उनके नामांकन के पक्ष में टिप्पणी की। टॉक-शो डिबेटर्स ने बहस की और अपने विचार दर्ज किए। रजत शर्मा, इंडिया टीवी के प्रसिद्ध एंकर और एक प्रतिष्ठित पत्रकार और टीवी प्रस्तोता जब उनके नामांकन पर टिप्पणी करते हैं तो भावनाओं से अभिभूत हो जाते हैं। 'झोपड़ी में रहने वाले कभी राष्ट्रपति भवन में रहने का सपना नहीं देखते। गांव के स्कूल के आदिवासी शिक्षक तो सपने में भी राष्ट्रपति बनने से दूर जीवन में कभी राष्ट्रपति से नहीं मिल पाएंगे, इतना सोचते भी नहीं।' नरेंद्र मोदी ने द्रौपदी मुर्मू को सर्वोच्च सम्मान देकर गरीबों का हौसला बढ़ाया है। स्तंभकार आनंद रंगनाथन ने गर्व के साथ ट्वीट किया, "भाजपा अध्यक्ष पद के उम्मीदवार एक स्व-निर्मित आदिवासी स्कूल शिक्षक हैं, जो घोर गरीबी से महान ऊंचाइयों तक पहुंचे और दो बार विधायक और बाद में राज्यपाल बने। कांग्रेस के राष्ट्रपति पद के उम्मीदवार एक ऐसे व्यक्ति हैं जिन्होंने डॉ. मनमोहन सिंह को एक किन्नर कहा था।'

आलोचक गलती ढूंढ़ते थक गए। कुछ लोगों ने इस कदम को 'टोकन प्रतिनिधित्व' कहा, कांग्रेस के पुडुचेरी हैंडल ने द्रौपदी मुर्मू को 'डमी' कहा। चंद्रशेखर कालकुरा ने महसूस किया, "वेंकैया नायडू, सर्वश्रेष्ठ सांसदों में से एक के रूप में अपने अनुकरणीय ट्रैक रिकॉर्ड और तेलुगु, कन्नड़, तमिल, अंग्रेजी और हिंदी में कई भाषाओं में वक्तृत्व कौशल के साथ, भारत के अगले राष्ट्रपति बनने के लिए एक अच्छा विकल्प होता।"[50]

सबके अपने-अपने मत और विचार होते हैं। ऐसी बात भी नहीं कि श्रीमती द्रौपदी मुर्मू इस देश की सर्वगुण सम्पन्न महिला हैं और उनसे श्रेष्ठतर कोई दूसरा नहीं। उनका चयन पार्टी द्वारा किया गया। यह मतदाताओं के द्वारा दो विकल्पों में से एक को चुनने का निर्णय है। वनवासी और आदिवासियों ने इसे पसंद किया है। मैं आपसे वनवासी कल्याण आश्रम द्वारा प्रेषित निम्नलिखित बधाई संदेश पढ़ने का अनुरोध करता हूँ। अरुणाचल प्रदेश के नामसाई में आयोजित केंद्रीय कार्यकारी मंडल की बैठक में एबीवीकेए के अध्यक्ष रामचंद्र खराड़ी ने जो बयान जारी किया यह उसका एक अंश है-

हम इसे भारत के 12 करोड़ जनता से संबंधित दूरगामी प्रभावों के ऐतिहासिक क्षण के रूप में पहचानते हैं। वे जनजाति परंपरा का एक अभिन्न अंग हैं और महान भारतीय राष्ट्र की एक सम्मानित संस्कृति के उत्तराधिकारी हैं। हालांकि, कई सदियों से उनकी अनदेखी और अवहेलना की गई है। एबीवीकेए देश में सर्वोच्च संवैधानिक पद के लिए जनता के प्रतिनिधि को नामित करने के लिए प्रधान मंत्री नरेंद्र मोदी और एनडीए के सभी राजनीतिक दलों को बधाई देता है।[51]

मास्टर स्ट्रोक?

डॉ. ए.के. वर्मा, राजनीतिक विश्लेषक एवं सेंटर फॉर द स्टडी ऑफ सोसायटी एन्ड पॉलिटिक्स, के शब्दों में कांग्रेस का घटता और बी जे पी का बढ़ता जनाधार इसका संकेत है कि कैसे एक राष्ट्रीय पार्टी गलत

विचारधारा नीतियों और नेतृत्व के कारण जनता से दूर होती जा रही है। जबकि भाजपा अपना जनाधार बढ़ाने में लगी है। बार-बार सत्ता हासिल करना महत्त्वपूर्ण हो सकता है पर उससे भी ज्यादा महत्त्वपूर्ण जनाधार बढ़ाना है और भाजपा यह काम बखूबी कर रही है। जिस सहजता से भारतीय जनता

पार्टी राष्ट्रपति चुनाव में अपनी जगह बनाने में सफल रही इसके लिए मुर्मू के चुनाव को जिम्मेदार ठहराया जा सकता है। सार्वजनिक जीवन के ऐसे क्षेत्र में जहां प्रतीकवाद और धारणाएं मायने रखती हैं, यह भाजपा के शीर्ष नेतृत्व के लिए एक मास्टरस्ट्रोक से कम नहीं था। भारतीय लोकतंत्र के सामाजिक विस्तार को प्रदर्शित करने के लिए मोदी द्वारा भारतीय स्वतंत्रता के 75 वें वर्ष का उपयोग विपक्ष के लिए अजूबा साबित हुआ। दरअसल, मुख्य विरोधी दल कांग्रेस ने अपने भीतर के झंझटों में फंसी होने के कारण अपनी तरफ से कोई सर्वसम्मत प्रत्याशी खोजने की कोशिश ही नहीं की। यदि अब्राहम लिंकन के अनुसार, "लोकतंत्र जनता की, जनता द्वारा और जनता के लिए सरकार है।" ठीक उसी तर्ज पर कहा जा सकता है कि भाजपा की समकालीन विचारधारा के अनुसार, "नेतृत्व गरीबों का, गरीबों के द्वारा और गरीबों के लिए होता है।"

राजनीतिक विश्लेषक सज्जन कुमार जिनका शोधकार्य भाजपा के द्वारा हाशिए के समुदायों को मजबूत करने के प्रयासों पर केंद्रित है वे एक अवधारणा लेकर आये हैं जिसे वे 'सबाल्टर्न हिंदुत्व' कहते हैं। वे ध्यान दिलाते हैं कि आज की तारीख में शीर्ष तीन पदों (राष्ट्रपति, उपराष्ट्रपति और प्रधान मंत्री) पर सबाल्टर्न समुदायों के नेता आसीन हैं जिसने भारतीय दक्षिण पंथियों को विपक्षी दलों पर एक निर्णायक बढ़त दी है। भाजपा द्वारा चुने गए सभी तीन राष्ट्राध्यक्ष (भारत के पहले नागरिक) विविध पृष्ठभूमि से थे। यह भाजपा ही है जो संतुलित रूप से चयन करते समय विचार विनिमय करती है और फिर एक मुस्लिम, एक दलित और अब एक आदिवासी महिला को अध्यक्ष के रूप में तय करती है क्योंकि वे सभी राष्ट्रवादी हैं। लोग चकित हैं और बुद्धिजीवी जब भी मौका मिलता है सही व्यक्ति को राष्ट्रपति भवन भेजने की भाजपा की योजना पर वाद-विवाद और आलोचना करते हैं। बी. जी.पी. को केवल तीन बार मौका मिला और हर बार उन्होंने राजनीतिक मास्टर-स्ट्रोक खेला। बहुत समझदारी दिखाते हुए किसी को चुना। 2002 में जब पहली बार यह मौका आया तो डॉक्टर ए.पी.जे. को चुना गया था। 2017 में श्री रामनाथ कोविंद चुने गए। अब 2022 में उन्होंने एक आदिवासी महिला को उम्मीदवारी दी और उनका चुनाव लोगों को बड़ा अच्छा लगा। अब कौन कह सकता है कि भाजपा दलित विरोधी, मुस्लिम विरोधी या आदिवासी विरोधी है?

बहस जारी रहने दें। लेकिन एक बात निश्चित है। उन्होंने न केवल गांधी और उनके जैसे लोगों की, बल्कि भारत के अनगिनत वर्गों-उपवर्गों के आम लोगों की उथल-पुथल से उपजी इच्छाओं को पूरा किया है। क्या दलित, दमित, आदिवासी, अल्पसंख्यक आदि अपनी आवाज बुलंद कर सकते हैं? बोल सकते हैं? क्या उनके पास आवाज है? उत्तर सकारात्मक है।

भले ही द्रौपदी मुर्मू को मैदान में उतारने के भाजपा के फैसले का उप-पाठ व्यापक सामाजिक आधार के लिए पार्टी के प्रतिनिधित्ववादी पहुंच के अनुरूप हो, किन्तु राष्ट्रपति भवन में इनका प्रवेश आगे आने वाले आदिवासी समुदायों और उन्हें बनाने वाले लाखों लोगों के लिए उच्च प्रतीकात्मक मूल्य रखेंगे। उनके अत्यधिक संभावित चुनाव की स्थिति में, उनसे भारतीय जनजातियों के अंतर्निहित लोकतांत्रिक स्वभाव को संवैधानिक राजनीति के आधुनिक मूल्यों के साथ मिश्रित करने की उम्मीद की जा सकती है जो गणतंत्र के सर्वोच्च पद के लिए उपयुक्त हैं।[52]

मुर्मू हाशिए पर पड़े हमारे समाज के एक वर्ग का प्रतिनिधित्व करती हैं। यह भारत के अधिकांश ग्रामीण, कृषि प्रधान, आर्थिक और सामाजिक रूप से वंचितों का वर्ग है। यह वही वर्ग है जिसका प्रतिनिधित्व प्रधानमंत्री नरेंद्र मोदी करते हैं। लुटियंस की दिल्ली के कुछ बुद्धिजीवियों ने उनका भी 'चायवाला' कहकर मजाक उड़ाया था। लेकिन मुर्मू और मोदी दोनों ही सच्चे भारतवासी हैं। मार्क्स के सर्वहारा वर्ग और सुकरात के दार्शनिक का सफल प्रतिनिधित्व करते हैं। के आर नारायणन अपनी कड़ी मेहनत के दम पर आगे बढ़े, कोविंद अपनी दृढ़ता से पहुंचे, मुर्मू अपने विनम्र गुणों और व्यक्तिगत पहचान के कारण मंजिल तक पहुंची। राष्ट्र हम सभी को आसमान तक पहुंचने और उसे छूने का मौका देता है। यह न तो 'वाद' और न ही "कुलीनता" तय करता है। यह चरित्र, जुनून, सेवा और भक्ति है जो किसी को वहाँ तक पहुंचाया करती है।

मैं क्या दे सकता हूँ?
हे मेरे देशवासियों!
देने में आपको शरीर और आत्मा में खुशी मिलती है
आपके पास देने के लिए सब कुछ है।
ज्ञान हो तो बांटो।

यदि आपके पास संसाधन हैं,

उन्हें जरूरतमंदों के साथ साझा करें अपने दिमाग और दिल का प्रयोग करें

दुखों के दर्द को दूर करने के लिए

और दुखी दिलों को खुश करो

देने में सुख मिलता है

सर्वशक्तिमान आपके सभी कार्यों को आशीर्वाद देगा।

हमारे पूर्व राष्ट्रपति डॉ. ए.पी.जे. अब्दुल कलाम ने समाज को देने में आनंद लेने वालों के योगदान को रेखांकित करने के लिए इन पंक्तियों को लिखा था। सुश्री द्रौपदी मुर्मू एक ऐसी शख्सियत हैं, जो खुशी और आनंद फैलाने के लिए अपना सर्वस्व दे रही हैं।

बहुत पहले जब हमारे प्रथम राष्ट्रपति बाबू राजेन्द्र प्रसाद ने अपनी आत्मकथा लिखी थी और इसे सरदार पटेल की प्रस्तावना के साथ प्रकाशित किया गया था, तब पाठकों को अपने जीवन को बेहतर बनाने के लिए प्रेरित होने के लिए इसे पढ़ने के लिए कहा गया था और लेखक ने स्वयं कहा था कि पाठक इसे पसंद करेंगे या नहीं यह उन पर निर्भर नहीं था (पाठक इसे पसंद करेंगे या नहीं यह वही जानें)। यह भी उल्लेखनीय है कि आत्मकथा का परिचय 8 जनवरी, 1947 को लिखा गया था और पुस्तक का प्रकाशन भी जनवरी, 1947 के उसी महीने में किया गया था जब वे राष्ट्रपति नहीं थे और भारत अंग्रेजों के अधीन था। उनकी आत्मकथा में दो धार्मिक समुदायों के बीच सौहार्द को पोषित किया गया और ग्रामीण जीवन को इस तरह चित्रित किया गया कि पुस्तक के प्रत्येक पृष्ठ पर उनका भाईचारा दिखाई देता है। द्रौपदी का बचपन और फिर राजनीतिक जीवन भी उनके गाँव परिवेश और आम जन-जीवन की थाती रहा है जिसमें जीवन का अजब-गजब संतुलन है। इनकी भी जब कोई आत्म-कथा लिखेगा तब वह भी इनके गाँव के आपसी सौहार्द को रेखांकित करेगा। इनकी जीवन-शैली का सांगोपांग विवेचन करेगा।

सही पहचान और चयन

मैं इस पुस्तक की रचना के दौरान जिन महानुभावों से मिला और चर्चा की वे सब राष्ट्रपति महोदया के मानवोचित गुणों के कायल हैं। कैसे 2009 में चुनाव हार जाने के बाद उन्होंने अपने को परिस्थितियों के अनुसार ढाला।

वे एक जाति, संप्रदाय, पंथ, धर्म, की दुहाई न देकर विनम्रता से चुनावी हार स्वीकार करने वाले दीन दयाल उपाध्याय की तरह सहज रहीं। यही कारण है कि मैं उन्हें एक उपनाम देने का लोभ संवरण नहीं कर पा रहा हूँ : "द ह्यूमेन प्रेसिडेंट"। उनके पालन-पोषण में समग्र मानवतावादी घटक है। सबसे बढ़कर वह एक अच्छी इंसान हैं। जब मैं "अच्छा" कहता हूं, तो मैं इसे इस शब्द के साथ जुड़े सभी अर्थों और अर्थ-छवियों के साथ अत्यंत श्रद्धा और पूरी ईमानदारी के साथ कहता हूँ। एक अच्छा इंसान ही एक अच्छा शिक्षक या एक अच्छा प्रशासक या एक अच्छा राजनीतिज्ञ हो सकता है।

उनकी महानता पृथ्वी के दयनीय, हाशिए पर पड़े और उत्पीड़ितों के प्रति उनकी उदारता में निहित है। उनका मानवतावाद उनके व्यक्तित्व में इस तरह से समाया हुआ है कि हर बार जब आप उनकी बात सुनते हैं तो आप उसे महसूस करते हैं। उनकी सादगी जगजाहिर है और उनकी मानवता, गर्मजोशी और उदारता से वे मानवीय राष्ट्रपति (ह्युमेन राष्ट्रपति) हैं।

लोगों की सेवा में उनका एक लंबा सफर है। 25 जुलाई 2022 को इस नाम को एक अतिरिक्त उपसर्ग मिला: माननीय राष्ट्रपति (राष्ट्रपति महोदय हिंदी में)। उनका नामांकन, जीत और शपथ ग्रहण समारोह भारत के लोगों की आकांक्षाओं का एक आदर्श प्रतिनिधित्व है। वे संविधान की भावना और हमारे संसदीय लोकतंत्र की नींव की रक्षा करने में महत्वपूर्ण भूमिका निभाने जा रही हैं। वे एक कट्टर राष्ट्रवादी, शालीन वक्ता, बेजोड़ प्रेरक और उदाहरण प्रस्तुत करते हुए नेतृत्व करने में विश्वास रखने वाली एक ऐसी बहुमुखी प्रतिभासम्पन्न नारी-रत्न हैं जिनका कोई मुकाबला है ही नहीं। वे एक मामूली पृष्ठभूमि से आती हैं। सभी बाधाओं के खिलाफ उठने के लिए कड़ी मेहनत करके आपने खुद को शिक्षित किया। उनकी कहानी उन सभी लोगों की कहानी है, जिन्होंने अपने दम पर सफलता की कहानी बुनने के लिए कड़ी मेहनत की है।

जब मैं इन पंक्तियों को लिख रहा हूँ और अपने आस-पास के लोगों से बातचीत करता हूँ, तो ऐसा लगता है कि द्रौपदी मुर्मू के भारत के 15 वें राष्ट्रपति के रूप में चयन होने का समाचार कोई सामान्य बात नहीं है। यह उन सभी की जीत है जो एक समान नीरस जीवन जीते हैं। गाँवों और छोटे शहरों में रहने वाले, सभी जातियों और पंथों के लोग, जो किसी तरह जीवन यापन करते हैं, अपने बच्चों को अच्छी शिक्षा प्राप्त करने और जीवन

में आगे आने की आशा में खटते रहते हैं।

संयुक्त परिवार प्रणाली जिसमें एक व्यक्ति की पहचान परिवार की पहचान के साथ घनिष्ठ रूप से जुड़ी होती है और एक विस्तारित परिवार की तरह गांव होता है, ऐसे छोटे-छोटे आवासों में निवास करते लोग जब कोई ऐसी खबर पढ़ते हैं तो पहले उन्हें उस पर यकीन नहीं होता। फिर जब होता है तो ईश्वर की लीला समझ उसे धन्यवाद देते हैं जिसने हमें बनाया है। जब एक आदिवासी ग्रामीण की बेटी भारत की राष्ट्रपति बनती है तो आम आदमी विजेता अनुभव करता है। इस प्रकार द्रौपदी मुर्मू उपलब्धि का प्रतीक बन जाती है। उनकी उपलब्धि हमें कड़ी मेहनत, शिक्षा, स्पष्ट लक्ष्यों और निरंतर प्रयासों से गरीबी से लड़ने के लिए निर्देशित करती है।

1947 में जब भारत आजाद हुआ, तब युवा पीढ़ी के पास बहुत से आदर्श थे जिनका पालन करना सहज था। महात्मा गांधी, पंडित नेहरू, सरदार पटेल और कई अन्य नेताओं ने उन्हें संघर्ष करने और गरीबी और अभाव से मुक्त होने के लिए प्रेरित किया। उस समय के युवाओं ने महसूस किया कि शिक्षा प्रगति के मार्ग में आने वाली अनेक बाधाओं को दूर करने का एक सशक्त माध्यम हो सकती है। देश आजाद हुआ तो युवकों ने नई दिशाएँ देख कुछ नया करने की सोची। द्रौपदी के पिता ने खुद जितना पढ़ा लिखा होगा उससे अधिक अपने बच्चों को पढ़ाना चाहा और पढ़ाया।

बालिका द्रौपदी का गांव अकेला नहीं है जहां प्रतिभा का पोषण होता है। एक तरह से उनकी कहानी सभी की कहानी है। वे जो पोतड़ों के रईस नहीं हैं और वे जो खुद उगा कर खाते हैं वे अपनी संतान को शिक्षा रूपी धन देते हैं जिसे कोई चोर चुरा नहीं सकता और भाई बाँट नहीं सकता।

जिनके माता-पिता की भगवान में गहरी आस्था है, वे सभी द्रौपदी के माता-पिता के समान हैं। पाठक! द्रौपदी मुर्मू के जीवन के माध्यम से अपने अनिर्दिष्ट जीवन को पढ़ें। उन दिनों को याद करें जब आप एक ऐसे गाँव में पैदा हुए थे जहाँ न सड़क थी, न बिजली और न ही स्कूल। मैं उनके बारे में लिखने के लिए अधिकृत नहीं हूं। मैंने जो यादें इकट्ठी की हैं, वे मेरी नहीं हैं। हर कोई अपने बचपन की यादों को संजोता है और अपने संघर्षों और जीत पर गर्व करता है। व्यक्ति अपनी असफलताओं को सीखने की अवस्था के रूप में देखता है और दूसरों को यह बताने के लिए उत्सुक

रहता है कि दूसरे भी सफलता पाने के लिए उसका अनुसरण करें। उनकी जीवन-गाथा आपके और मेरे लिए महत्त्वपूर्ण है क्योंकि हम मूल रूप से आम लोग हैं जो एक आदिवासी लड़की के कष्टों और विजय की सच्ची कहानी से प्रेरित होते हैं। जिसने अपने स्कूल के दिनों में कठिन परिस्थितियों का सामना किया था। जिसने भुवनेश्वर की प्रतिस्पर्धी दुनिया में जगह बनाई और न केवल अच्छे अंकों के साथ स्नातक की उपाधि प्राप्त की बल्कि और अधिक ऊंचाइयों तक पहुंची।

सुश्री द्रौपदी मुर्मू का जीवन हमें आधुनिक भारत की कहानी बताता है जिसमें एक व्यक्ति की नियति और सामाजिक-मैट्रिक्स को एक साथ जोड़ा गया है। हम जिस समाज में रहते हैं वह हमारे व्यक्तित्व का हिस्सा बन जाता है। उन्होंने असफलताओं और पराजयों का सामना करना सीखा और आगे बढ़ीं। वे काफी भाग्यशाली थीं कि उन्हें उचित दिशा मिली और तब मदद भी मिली जब उन्हें उचित समय पर मदद की आवश्यकता थी। वे अपनी व्यक्तिगत त्रासदियों और नुकसान से बाहर निकली।

कल्पना बनाम यथार्थ : द्रौपदी

नाम डोपड़ी मेझेन, उम्र 27, पति दुलना मांझी (मृतक), अधिवास चेराखान, बनराझार, जानकारी चाहे वह जीवित हो या मृत और/या गिरफ्तारी में सहायता, एक सौ रुपये ... दो पदक वाली वर्दी के बीच एक विनिमय।

यदि आपको एक कहानी का एक अंश पढ़ने में कोई दिक्कत न हो तो मैं महाश्वेता देवी की एक कहानी का उल्लेख करूँ? मैं इस कहानी को प्रस्तुत करने के अपने लोभ से खुद को वंचित नहीं कर सकता। अंग्रेजी के एक वृद्ध प्रोफेसर को इस सामान्य प्रलोभन के लिए क्षमा किया जाना चाहिए।

इस कहानी को 24 अगस्त, 2021 को दिल्ली विश्वविद्यालय के पाठ्यक्रम से हटा दिया गया था। दिल्ली विश्वविद्यालय की अकादमिक परिषद ने इसे बी.ए. (ऑनर्स) पाठ्यक्रम के रूप में अस्वीकार्य पाया क्योंकि वे इसे पढ़ाने में असहज अनुभव करते थे। यह महाश्वेता देवी की प्रसिद्ध लघु कथा, द्रौपदी (1978) है, जिसका अंग्रेजी में अनुवाद गायत्री चक्रवर्ती स्पिवाक ने किया है।

स्पिवाक इस "द्रौपदी" नामक कहानी की प्रस्तावना में बताती हैं कि उनके नाम के दो संस्करणों का मतलब है कि या तो वह संस्कृत का

उच्चारण नहीं कर सकती या वह उसका आदिवासी रूप है। द्रौपदी प्राचीन पांडव पत्नी का उचित नाम है। दौपदी वांछित व्यक्तियों की सूची में है, फिर भी उसका नाम आदिवासी महिलाओं के लिए उपयुक्त नामों की सूची में नहीं है।

महाश्वेता देवी की द्रौपदी-या दोपदी महाभारत के शक्तिशाली नामांकित चरित्र की एक रीटेलिंग में एक विद्रोही है, जिसे पुलिस उन ताकतों को नीचे गिराने की कोशिश कर रही है, जिनका वह प्रतिनिधित्व करती है। "यह क्या है, दोपदी नामक आदिवासी?" कहानी की शुरुआत में एक सुरक्षाकर्मी पूछता है। "मेरे द्वारा लाए गए नामों की सूची में ऐसा कुछ नहीं है! किसी का नाम असूचीबद्ध कैसे हो सकता है?" दूसरा अधिकारी जवाब देता है: द्रौपदी मेजेन। जिस वर्ष उनकी माँ ने बकुली में सुरजा साहू के चावल की कटाई की। सुरजा साहू की पत्नी ने उन्हें यह नाम दिया।[53]

दो बुद्धिजीवियों सुदीप्ता दत्ता और मकरंद आर. परांजपे के बीच हस्तक्षेप किए बिना मैं वह कहना चाहता हूं जो परांजपे कहते हैं-

वास्तविक, काल्पनिक के विपरीत, द्रौपदी पुष्टि करती है कि, अथक राज्य-विरोधी के विपरीत और कुछ लोग राष्ट्र-विरोधी कहेंगे, सामान्य रूप से भारत और विशेष रूप से भाजपा के खिलाफ प्रचार, दोनों ने लगातार हमारे मूलभूत मूल्यों के प्रति अपनी प्रतिबद्धता का प्रदर्शन किया है जो भारत के संविधान में निहित है। ऐसा लगता है कि भारतीय लोकतंत्र की एक अजीबोगरीब विडंबना से प्रचारक गलत साबित हुए हैं।[54]

कथा और कल्पना जगत से आई लगने वाली द्रौपदी मुर्मू कैसे एकदम भारत संघ की राष्ट्रपति बन गईं, यह कोई न तो ठीक तरह से बता सकता है और न सुना सकता है। आप भाग्यशाली हैं जो इनके बारे में इतना कुछ जान गए। बाकी लोग तो बस नाम ही जानते होंगे। महाभारत की द्रौपदी ने जिस प्रकार से अन्याय पर प्रश्न उठाया, वैसी ही द्रौपदी हमें अपने देश के राष्ट्रपति के रूप में चाहिए। ऐसा लिखकर ध्यान आकृष्ट करने वालों को महाभारत और उसका युग धर्म भी देखना चाहिए। हर युग का संविधान, नियम, नैतिकता और युगधर्म होता है। यह बदलता और विकसित होता रहता है। महाभारत के दौरान, समाज के संविधान के अनुसार, राज्य, अपने लोगों सहित, राजा (ब्राह्मणों को छोड़कर) की संपत्ति थी। एक परिवार के सभी सदस्य उसके मुखिया की संपत्ति होते थे। इसलिए, यदि कोई पासे

का खेल खेल रहा है, तो यह स्पष्ट है कि वह अपनी संपत्ति पर दांव लगाएगा। युधिष्ठिर ने अपने धन, राज्य और भौतिक संपत्ति पर दांव लगाया। और कुछ तो बचा नहीं था, और चूँकि उसके भाई उसकी संपत्ति थे, उसे उन्हें दाव पर लगाना पड़ा क्योंकि खेल के नियमों के अनुसार, आप तब तक नहीं रुक सकते जब तक कि आपने सब कुछ दाव पर नहीं लगा दिया। खेल राजा के आदेश से शुरू होता है और केवल उसी की आज्ञा से समाप्त हो सकता है। इस मामले में, धृतराष्ट्र राजा थे, इसलिए वे अकेले ही इसे रोकने की आज्ञा दे सकते थे। द्रौपदी ने पूछा कि क्या उसे दांव में शामिल करना उचित था- क्या यह धर्म था। उसने सवाल किया कि अगर युधिष्ठिर ने खुद पर दांव लगाया होता और गुलाम बन जाता, तो वह उस पर, एक स्वतंत्र व्यक्ति पर कैसे दांव लगा सकता था। वो सही थी। अगर कोई उस तर्क से जाता तो वह उस पर शर्त नहीं लगा सकता था लेकिन चूंकि पति परिवार का मुखिया है और पत्नी उसकी संपत्ति है, इसलिए वह उस पर दांव लगा सकता था। द्रौपदी, वास्तव में, उसी क्षण दासी बन गई थी, जब उसके पति युधिष्ठिर ने खुद पर दांव लगाया था और हार गया था। द्रौपदी पर अलग से दांव लगाने की कोई जरूरत नहीं थी। लेकिन शकुनि ने विशेष रूप से युधिष्ठिर को द्रौपदी पर दांव लगाने के लिए कहा। अगर वह नहीं भी होता, तो वह पहले ही गुलाम बन चुकी थी। लेकिन तब यह सवाल नहीं उठता अगर शकुनि ने यह प्रस्ताव नहीं दिया होता। इसलिए, युधिष्ठिर दास/स्वतंत्र व्यक्ति के दृष्टिकोण से उस पर दांव नहीं लगा सकते थे, लेकिन पति/पत्नी के दृष्टिकोण से ऐसा कर सकते थे। तो, यहां तक कि भीष्म भी द्रौपदी को जवाब देने में विफल रहे और केवल यह कह सकते थे, "धर्म की गति अत्यंत सूक्ष्म है...

वह और कह भी क्या सकते थे?

अध्याय चार

मनोनयन और उसकी पृष्ठभूमि

> ऐसे तीन अवसर थे जब एनडीए के हिस्से के रूप में राष्ट्रपति पद के उम्मीदवार चुन सकते थे। तीनों अवसरों पर सर्व समावेशी, सम्मानित विविधता, छोटे शहर के निवासी और स्वयं निर्मित के आधार पर व्यक्तियों को चुना गया। जब आप किसी दृष्टि से प्रेरित होते हैं तो चुनाव उस दृष्टि को दर्शाता है।[55] **–बी एल संतोष**

पुख्ता आधार, पंच विचार

आप और आप सरीखे बहुत से लोग बचपन से ही एक कहावत या लोकोक्ति कहते चले आते हैं–तीन तिगाड़ा, काम बिगाड़ा। तीन लोग मिलकर किसी काम को बिगाड़ देते हैं। पर यहाँ तीन ने काम बनाया। देखें, कैसे? जैसे ही चुनाव आयोग ने घोषणा की कि भारत के अगले राष्ट्रपति के चुनाव के लिए मतदान 18 जुलाई को होगा और वोटों की गिनती 21 जुलाई, 2022 को होगी, सभी लोग ध्यान देने लगे। भाजपा जानती थी कि उसके पास संख्या बल है और अपने सहयोगियों के साथ राष्ट्रपति इलेक्टोरल कॉलेज में उसे आसानी से बहुमत मिल जाएगा। पहले राष्ट्रपति राजेंद्र प्रसाद को छोड़कर किसी भी राष्ट्रपति को दूसरा कार्यकाल नहीं मिला है और श्री राम नाथ कोविंद को और पांच साल का कार्यकाल देने का सवाल ही नहीं था। पार्टी अपनी गणना और समझ के अनुसार सर्वश्रेष्ठ को नामांकित करना चाहती थी जो अक्सर राष्ट्रवादियों द्वारा सामने रखे गए भारत के विचार से निर्देशित होती है।

यह तीसरी बार है जब भाजपा एक ऐसे राष्ट्राध्यक्ष को चुनती है जो एक आम पृष्ठभूमि से आता है और जिसकी छवि अपने समुदाय की भलाई के लिए अपना जीवन देने की है।

बोम्माराबेट्टू लक्ष्मीजनार्दन संतोष जिनके वचन से यह अध्याय शुरू किया गया वे एक भारतीय राजनेता हैं जो 15 जुलाई, 2019 से लगातार भारतीय जनता पार्टी के राष्ट्रीय महासचिव हैं। वे सबसे हाई-प्रोफाइल महासचिव माने जाते हैं। वे अपने कुशल नेतृत्व और अद्‌भुत तार्किक क्षमता से पार्टी और उसके वैचारिक संरक्षक (आरएसएस) के बीच की कड़ी के रूप में भारी प्रभाव और सम्मान का भाव पैदा करते हैं। जब वे कहते हैं कि श्रीमती मुर्मू का राष्ट्रपति पद पर आसीन होना एक ऐसा दुर्लभ अवसर है जब करोड़ों लोगों को लगता है कि हम में से एक शीर्ष पर पहुंच गया है, तो उनका स्पष्ट तात्पर्य समझ में आने लगता है। यह इंगित करता है कि भारतीय जनता पार्टी राष्ट्रपति पद के उम्मीदवारों के चयन को काफी गंभीरता से लेती है। मुर्मू के नामांकन और चुनाव से देश भर में एक मजबूत राजनीतिक संकेत गया है, खासकर उन राज्यों में जहां आदिवासी समुदाय बड़ी संख्या-बल में है। पीएम नरेंद्र मोदी के नेतृत्व में सत्तारूढ़ भाजपा को पिछले दो आम चुनावों में इस समुदाय से पर्याप्त समर्थन मिला, लेकिन यह काफी नहीं था। इसमें आत्मा और समग्रता का अभाव था। 2019 में, सांसदों के लिए 47 आरक्षित सीटों में से, भाजपा को केवल 35 मिलीं। कुछ राज्यों में जहां वनवासी समुदाय पर्याप्त संख्या में है, भाजपा राज्य स्तर पर अपनी सरकार नहीं बना सकी। ओडिशा, झारखंड और छत्तीसगढ़ में अभी भी पार्टी के विकास की पर्याप्त गुंजाइश है। गुजरात में भी आदिवासी समुदाय को अनदेखा करके नहीं छोड़ा जा सकता है।

आईटीवी नेटवर्क इंडिया न्यूज के संपादकीय निदेशक और आज समाज दैनिक के अनुभवी संपादक आलोक मेहता ने बहुत ही कुशलता से पूरे परिदृश्य और पृष्ठभूमि का वर्णन करते हुए लिखा है, "नरेंद्र मोदी शुरू से ही दूरगामी राजनीतिक और राष्ट्रीय लक्ष्यों को ध्यान में रखते हुए और अपने इरादों को बहुत धैर्यपूर्वक गोपनीय रखते हुए तैयारी करते रहे हैं। उनके कदमों की भविष्यवाणी करना बेहद मुश्किल है। उनकी तरह ही भाजपा के समर्थक राष्ट्रीय स्वयंसेवक संघ के वरिष्ठ नेता और चुनिंदा वफादार प्रचारक विभिन्न राज्यों, ग्रामीण वन निवास क्षेत्रों और पूर्वोत्तर राज्यों में लोगों के बीच सक्रिय सेवा अभियानों में लगे हुए हैं। एक तरह से वे चुपचाप भाजपा की राजनीतिक सफलता के लिए जमीन, खाद, पानी और रोशनी की व्यवस्था

करने में लगे हुए है। अपने विजय रथ को ओडिशा, तेलंगाना, आंध्र, केरल और तमिलनाडु जैसे गैर-भाजपा शासित राज्यों तक ले जाने के मोदी के प्रयास, नए समझौते कराते हैं, और राजनीतिक, सामाजिक और आर्थिक हितों की पूर्ति के लिए अंतर्राष्ट्रीय स्तर पर भी भारत की एक मजबूत छवि बनाते हैं। इस प्रकार सफलता उनका मार्ग प्रशस्त करती है।"[56]

मुर्मू का नामांकन एनडीए द्वारा एक सोची-समझी योजना के तहत हुआ है, जिसमें प्रदर्शित किया गया है कि कैसे प्रधानमंत्री नरेंद्र मोदी की सरकार ने समाज के हाशिए के वर्गों को प्रतिनिधित्व देने पर अपना ध्यान केंद्रित किया। पहले राष्ट्रपति रामनाथ कोविंद दलित समुदाय से आते थे। कोविंद उत्तर प्रदेश के एक छोटे से कोली समुदाय से आते हैं, एक किसान के कच्चे घर में पैदा हुए और वे भारत के दूसरे दलित राष्ट्रपति बने। 2017 में, उत्तर प्रदेश के एक दलित (कोरी-कोली उप-जाति या बुनकर) नेता राम नाथ कोविंद भारत के राष्ट्रपति बने। सीएसडीएस-लोकनीति के चुनाव के बाद के सर्वेक्षणों के अनुसार, भाजपा के नेतृत्व वाले गठबंधन के लिए जाटवों की संख्या 2017 में आठ प्रतिशत से बढ़कर 2022 में 21 प्रतिशत हो गई और गैर-जाटवों की संख्या इसी अवधि के लिए 32 प्रतिशत से 41 प्रतिशत हो गई। यह एक महत्वपूर्ण लाभ था और कुछ श्रेय सत्ता में पार्टी द्वारा उनके विचारशील नामांकन को जाना चाहिए था। एक बार जब यह महसूस किया गया कि शासन के अनेक उतार-चढ़ाव भरे मुद्दों के बावजूद, भाजपा के वोट- गणित को भंग नहीं किया जा सकता, तो इस बार भी इसी तरह आगे बढ़ना स्वाभाविक था।

देश के सर्वोच्च संवैधानिक पद पर एक दलित के बाद एक आदिवासी महिला भारतीय लोकतंत्र के विस्तार के आधार के लिए एक उत्कृष्ट प्रदर्शन है। द्रौपदी मुर्मू ने वंचित समुदायों के लोगों को उचित प्रतिनिधित्व देने के बारे में सरकार की प्राथमिकता पर प्रकाश डाला। "एक दलित नेता, मौजूदा राष्ट्रपति राम नाथ कोविंद के सफल नामांकन के लिए, इसे भारत के दो सबसे कमजोर सामाजिक समूहों - अनुसूचित जाति और अनुसूचित जनजाति - को एक अत्यधिक भावनात्मक संतुष्टि और स्वामित्व की एक बढ़ी हुई भावना प्रदान करनी चाहिए। वह देश धन्य है जहां उनका पुत्र और पुत्री गणतंत्र की कमान संभालते हैं।[57]

2002 में, भाजपा के नेतृत्व वाले सत्तारूढ़ एनडीए ने भारत के 'मिसाइल मैन' डॉ एपीजे को मैदान में उतारा था। वे एक मुसलमान थे। यह बात भी दुरुस्त थी कि वे अपने समुदाय विशेष का प्रतिनिधित्व ही नहीं करते थे बल्कि उनका नाम देश के लिए कुछ अनुकरणीय और विलक्षण करने वालों में भी शुमार था। कलाम ने देश की रक्षा प्रणाली को मजबूत करके और भारत को विज्ञान के क्षेत्र में विश्व मानचित्र पर लाकर राष्ट्रीय सुरक्षा के क्षेत्र में बहुमूल्य योगदान दिया। बहुत ही गरीब दलित परिवार से ताल्लुक रखने वाले कोविंद संघर्ष के बल पर राष्ट्रपति पद पर पहुंचे। द्रौपदी मुर्मू ऐसे क्षेत्र से आती हैं, जहां कई लोग यह भी नहीं जानते कि राष्ट्रपति क्या होता है। दूरस्थ स्थानों तक जुड़कर इतिहास बनती और बनाती मुर्मू ने कमाल कर दिया। इसे मैं कहता हूँ, "एक दृष्टि तीन अवसर : कलाम से कोविंद और कोविन्द से मुर्मू तक।"

कार्य एक, लाभ तीन

प्रधानमंत्री की शपथ लेने के बाद माननीय श्री नरेंद्र मोदी जी के पहले शब्द थे कि "मेरी सरकार गरीब, शोषित, पिछड़े वर्ग, आदिवासी समुदायों और दलितों के लिए समर्पित है। "नरेंद्र मोदी ने तुष्टीकरण, जातिवाद और परिवारवाद के नासूर को खत्म कर विकास को आधार बनाकर काम किया है। शायद इसी को लक्ष्य करके दिल्ली की वरिष्ठ पत्रकार आरती आर जेराथ ने एक राय में लिखा है कि एक झटके में बीजेपी और पीएम नरेंद्र मोदी ने तीन काम किए हैं। एक, देश में सर्वोच्च पद पर आसीन होने के लिए एक आदिवासी महिला का चुनाव सामाजिक समावेश का एक शक्तिशाली संदेश भेजता है। दो, उन्होंने अपने कुशल कूटनीतिक कौशल से विपक्ष को चकमा दिया है। तीसरा, भाजपा के साथ-साथ आरएसएस के लिए एक राजनीतिक जीत की उम्मीद सुनिश्चित की है।

वंशवाद के विरोध में

श्री मोदी अनिवार्य रूप से एक राजनीतिक जीव हैं, और वह एक संभावित कदम के राजनीतिक प्रभाव से अवगत हैं। राष्ट्रपति पद के उम्मीदवार को चुनने में, वे किसी ऐसे व्यक्ति के लिए भी है जो संभावित रूप से

भाजपा की मदद कर सकता है। इसलिए जो उम्मीदवार भाजपा के विकास में मदद कर सकता है, वह पूरी खोज-खबर का एक अनिवार्य हिस्सा रहा है। जो समावेशी और विविधता का द्योतक और प्रतिनिधि हो सकता है, वह गौरव के स्थान को सुशोभित कर सकता है। उन्होंने व्यापक रूप से "परिवारवाद" को खारिज कर दिया, वस्तुत: वंशवादी राजनीति को सामाजिक-आर्थिक और राजनीतिक संदर्भ में अमीरों के पक्ष में और वंचितों को छोड़कर सत्ता के भेदभावपूर्ण आवंटन के लिए जिम्मेदार ठहराया जाता रहा है। मोदी ने मानो यह विचार किया हुआ है कि वे उन लोगों को निशाना बनाएंगे जो "उपनामों और खानदानी नामों के आधार पर चुनाव जीत रहे हैं। "दूसरे शब्दों में, मोदी चाहते हैं कि उनकी पार्टी समृद्धि, समानता और सामाजिक-आर्थिक गतिशीलता के नए भारत का प्रतिनिधित्व करे, जो सामाजिक समरसता (सामाजिक सद्‌भाव) के वास्तविक स्वरूप को दर्शाती है। मोदी अपनी पार्टी को जहाँ तक हो सकता है वंशवाद के दुर्गुण से दूर रखना चाहते हैं। इसलिए वे योगी आदित्यनाथ जैसे संन्यासी को उत्तर प्रदेश के लिए चुनते हैं और राष्ट्रपति के रूप में ही राजनीति में डूबे परिवार के स्थान पर किसी ऐसे व्यक्ति को आगे लाते हैं जो सेवाभाव से कार्य करे। द्रौपदी मुर्मू वंशवाद से दूर एकांत वास सा भोग रही थीं। उन्हें लाया गया जिससे एक सन्देश भी जाये। द्रौपदी मुर्मू किसी पोलिटिकल फैमिली से नहीं आतीं। उनके रिश्तेदार और इकलौती बेटी भी राजनीति में नहीं। उन्हें इंदिरा की तरह उनके पिता ने सहारा देकर आगे नहीं बढ़ाया। वे जो कुछ हैं अपने दम पर हैं।

मोदी : विजन और दर्शन

नरेंद्र मोदी का क्या विजन है जिसे वह साकार करना चाहते हैं? वे लोगों का दिल और दिमाग जीतना चाहते हैं। इस प्रश्न का उत्तर खोजना आसान नहीं है। "मोदी एक जटिल राजनीतिक ताने-बाने के बुनकर हैं जो मजबूत है और हमारे राजनीतिक और सामाजिक स्पेक्ट्रम के विभिन्न रंगों का प्रतिनिधित्व करता है।" मोदी के प्रशंसकों में से एक का जवाब है। "प्रधानमंत्री मोदी केवल भारत पर शासन नहीं करना चाहते हैं, वे एक नए प्रकार के बहुलवाद को गढ़ना चाहते हैं जो कांग्रेस की शिखा-टोपी धर्मनिरपेक्षता को खारिज करता है" कावेरी बमजई ने एक बार टिप्पणी की थी।

12 मई, 2022 को, भरोच गुजरात "उत्कर्ष समारोह" मना रहा था। यह भारत के प्रधान मंत्री के रूप में श्री नरेंद्र मोदी की सेवा में आठ साल पूरे करने के सम्मान में उत्सव का एक हिस्सा था। वर्चुअल रैली में पीएम ने अपने मन की बात कही. यह कमल सैय्यद द्वारा इंडियन एक्सप्रेस में 13 मई, 2022 को लिखे गए लेख का एक अंश है।

मोदी ने कहा, 'एक बार जब मैं एक नेता से मिला...वह बहुत वरिष्ठ नेता हैं...वह एक राजनीतिक प्रतिद्वंद्वी रहे हैं। लेकिन मैं उसका सम्मान करता हूँ। एक दिन, वे मुझसे मिलने आए, कुछ मुद्दों को सुलझाने के लिए। उन्होंने कहा, 'मोदी जी, अब आप और क्या करना चाहते हैं। देश ने आपको दो बार प्रधानमंत्री बनाया है।

मोदी ने कहा, 'उन्होंने सोचा कि दो बार प्रधानमंत्री बनना बहुत बड़ी उपलब्धि है।

उन्हें नहीं पता कि यह मोदी किसी और चीज का बना है...गुजरात की मिट्टी ने मुझे आकार दिया है। इतना ही काफी नहीं है कि मैं अब आराम कर लूं, (सोचकर) कि जो कुछ हुआ है वह अच्छा है...नहीं...मेरा सपना संतृप्ति है...अपने लक्ष्य को शत-प्रतिशत पूरा करो।

सरकारी मशीनरी को आदत डालें, नागरिकों में विश्वास पैदा करें।[58]

श्रीमती मुर्मू का नामांकन लगातार उन लोगों तक पहुंचने के लिए एक सुविचारित कदम था जो पहुंच से बाहर हैं या तेज गति से नहीं चल रहे हैं। जब मोदी कहते हैं कि जमीनी समस्याओं की उनकी समझ और भारत के विकास के लिए विजन बकाया है, तो उनकी योजना भी इसमें शामिल है। मुर्मू जमीनी स्तर की राजनेता हैं। उनके पास सबसे पहले किए गए कार्यों का बहुतेरा अनुभव है। उन्होंने राज्य सरकार के मंत्री और राज्यपाल के रूप में कार्य किया है। वे एक जानी-मानी शख्सियत हैं और शीर्ष पर मौजूद नेता उन्हें अच्छी तरह से जानते हैं। उन्हें 2017 में राष्ट्रपति पद के लिए भी विचारणीय माना गया था। 2022 में, उनके लिए स्थिति पहले की तुलना में अधिक अनुकूल पाई गई थी। गुजरात, मध्य प्रदेश, राजस्थान और छत्तीसगढ़ में विधानसभा चुनाव तेजी से नजदीक आते जा रहे थे और इन चार राज्यों में अनुसूचित जनजातियों के लिए 128 सीटें आरक्षित हैं, जिनमें से भाजपा ने पिछली बार सिर्फ 35 सीटें जीती थीं। इसलिए यह सोचा गया था कि उनके चुनाव को मतदाता सकारात्मकता के साथ देखेंगे।

सकारात्मकता के चार स्तंभ

भारत के राष्ट्रपति के रूप में श्रीमती मुर्मू की पसंद चार स्तंभों या परिसरों पर टिकी हुई है। मेरे विचार से, चयन की कसौटी इन चार कारकों पर आधारित थी। जिस विभूति को भी राष्ट्रपति पद के उम्मीदवार के रूप में प्रस्तुत किया जाए उसमें मूलत: या कम से कम चार गुण या अभिलक्षण अवश्य होने चाहिए: सर्व-समावेशी, विविधतायुक्त, छोटे शहर से और स्वनिर्मित। एक आदिवासी महिला नेता का राष्ट्रपति भवन में होना, भारत के राष्ट्रपति के आधिकारिक प्रासाद में होना भारत की समावेशी शक्ति और प्रसरित विविधता दोनों का संकेतक है।

1. सर्व-समावेश

अनेक प्रकार के लोगों को सम्मिलित करना और उन सभी के साथ उचित व्यवहार करना तथा समानता का गुण समावेशिता कहलाता है। "मोदी ने भाजपा के सामाजिक आधार को लगातार और अधिक समावेशी बना दिया है और इस प्रक्रिया में उन्होंने उन दिनों की तुलना में इसे लगभग पूरी तरह से बदल दिया है जब इसे शहरी मध्यम वर्ग और व्यापारी वर्ग की पार्टी के रूप में देखा जाता था।'[59]

मोदी की दृष्टि में भारत उसके सभी नागरिकों के लिए है, न कि केवल कुछ विशेषाधिकार प्राप्त लोगों के लिए। विशेषाधिकार प्राप्त लोगों को धर्म, जाति, भाषा और धन के आधार पर उस श्रेणी में रखा गया था। वे सोचते हैं कि हमारा भारत ऐसा होना चाहिए जिस पर हर भारतीय को गर्व हो और वह अपना होने का दावा करे। वे अम्बेडकर के शब्दों का पालन करते हुए कहते हैं, "आज की सबसे महत्वपूर्ण आवश्यकता लोगों के बीच आम राष्ट्रीयता की भावना पैदा करना है, यह भावना नहीं है कि वे पहले भारतीय हैं और बाद में हिंदू, मुसलमान या सिंधी और तेलुगू हैं, बल्कि वे पहले भारतीय हैं और भारतीय आखिरी। "सरकार के मुखिया के रूप में मोदी के 20 वर्षों के अनुभव का सार यह है कि समावेश के बिना वास्तविक विकास संभव नहीं है। और विकास के बिना समावेश का लक्ष्य भी पूरा नहीं किया जा सकता। मोदी ने समावेशिता के माध्यम से विकास का रास्ता अपनाया और सभी को शामिल करने का प्रयास किया।

श्रीमती द्रौपदी मुर्मू ऐसे नागरिक का प्रतिनिधित्व करती हैं जो समावेशिता का प्रतीक है। भारतीय लोकतंत्र को सिद्धांत रूप में समावेशी माना जाता है और यह प्रयास संविधान की भावना को व्यावहारिक रूप से लागू करना संभव बनाता है। लोकतांत्रिक प्रक्रियाओं से किसी को भी बाहर नहीं किया जाना चाहिए और यहां एक मामला यह था कि एक आदिवासी सर्वोच्च पद पर नहीं पहुंच पा रहा था। आज की सरकार ने इसे संभव बनाया है। यह सबसे आदर्श प्रकार की स्थिति है जिसमें सबसे कम सुविधा प्राप्त व्यक्ति भी सुरक्षित और सशक्त महसूस कर सकता है। द्रौपदी मुर्मू का उत्थान और प्रक्षेपण सरकार की समावेशी राजनीति का एक रोजनामचा है। "देश में सर्वोच्च पद पर आसीन होने के लिए एक आदिवासी महिला का चुनाव सामाजिक समावेश का एक शक्तिशाली संदेश भेजता है। जनजातीय-समुदाय को छोड़कर, पिछले सात दशकों में राष्ट्रपति भवन में लगभग हर महत्वपूर्ण समुदाय का प्रतिनिधित्व संभव किया गया है। मुर्मू के चुनाव ने हाशिए के सामाजिक और लैंगिक समूहों के सशक्तिकरण के संघर्ष में एक और बाधा को पार किया, हालांकि यह प्रतीकात्मक हो सकता है।[60]

इसी से मिलती जुलती राय 'द हिंदुस्तान टाइम्स' की निम्नलिखित ट्वीट में है, 'एनडीए के राष्ट्रपति पद के उम्मीदवार के रूप में द्रौपदी मुर्मू के नामांकन को अपनी समावेशी राजनीति के एक वसीयतनामा के रूप में पेश किया है। भाजपा को उम्मीद है कि वह अपनी स्थिति को मजबूत करेगी।" सुश्री द्रौपदी मुर्मू का यह भी विचार है कि सरकार को किसानों, गरीबों, शोषितों और वंचितों सहित समाज के सभी वर्गों को शामिल करना चाहिए। विकास के तीव्र पथ में सभी को भाग लेना चाहिए और योगदान देना चाहिए।

2. विविधता का सम्मान

भारतीय जनता पार्टी और उसके प्रमुख नेताओं का दृढ़ विश्वास है कि अनेकता में एकता भारत की पहचान है। देश में विभिन्न धर्मों, वर्गों और विश्वासों का सामंजस्यपूर्ण सह-अस्तित्व हमारी विशेषता है जो विभिन्न कालखंडों में देश के सामाजिक-सांस्कृतिक ताने-बाने को मजबूत करता है। श्रीमती द्रौपदी मुर्मू का नामांकन और राष्ट्रपति पद के लिए चुनाव कोई आकस्मिक या स्वतः स्फूर्त घटना नहीं बल्कि द्रौपदी मुर्मू इस महत्वपूर्ण कार्य सम्पादन के लिए नियत हुई हैं कि भारत की पूरी आबादी को कुछ अपूर्व संदेश देना है। यह संदेश है कि वे विविधता का सम्मान करते हैं और

दूसरों से भी अपेक्षा करते हैं कि वे भी ऐसा ही करें। देश की सफलता का मंत्र उसकी विविधता है। विविधता ही हमारा वह आधार है, जो हमें अद्वितीय बनाता है। इस देश में हमें राज्यों और क्षेत्रों, पंथों, भाषाओं, संस्कृतियों, जीवन–शैलियों जैसी कई बातों का सम्मिश्रण देखने को मिलता है। हम बहुत अलग हैं, लेकिन फिर भी एक हैं और एकजुट हैं।

जब विपक्ष के पास पूर्व–भाजपा नेता यशवंत सिन्हा के अलावा और कुछ नहीं था, तो बी जे पी द्वारा पेश किए गए आइडिया ऑफ इंडिया के प्रतिनिधि को उनके सामने पेश करना सही पाया गया। विरोधियों का आइडिया ऑफ इंडिया पीछे छूट गया।

3. छोटे शहर से

ओडिशा के मयूरभंज जिले के एक पिछड़े गांव के रहने वाली द्रौपदी मुर्मू को तय मानदंड के अनुसार सही उम्मीदवार पाया गया। वे एक छोटे से शहर से हैं, जिसकी आबादी 30000 से भी कम है। हार्वर्ड की उपेक्षा की जा रही है और कड़ी मेहनत को श्रेय दिया जा रहा है इसलिए एक साधारण बी.ए. शैक्षिक योग्यता के संबंध में पर्याप्त माना गया था। कलाम एक छोटे शहर से थे, कोविंद भी एक छोटे से गाँव में पैदा हुए थे, और इसी तरह मुर्मू भी एक छोटे से गाँव से हैं। इसका तात्पर्य यह नहीं कि बड़े शहरों और बड़े बड़े संगठनों में कार्यरत लोग इस दृष्टि से कम करके आँके गए। यह बात गौर करने की है कि जिनको अपने विकास के लिए अवसर बहुत कम मिलते हैं और जीवन में बहुत सा संघर्ष केवल जीवन यापन के लिए ही करना पड़ता है वे संघर्षों की आंच में पाले गए होते हैं। मुर्मू ने एक छोटी सी बस्तीनुमा गाँव से पहले तो भुवनेश्वर जाकर अपने आप को स्थापित किया और फिर अपने लोगों की भी मदद की। अपना विकास ही उनका लक्ष्य न रहा, सबका विकास उनकी दृष्टि में सर्वोपरि गुण है।

4. स्वयं निर्मित व्यक्तित्व

द्रौपदी मुर्मू मोदी की तरह 'सेल्फ मेड पर्सन' हैं। वे एक स्व–निर्मित आदर्श व्यक्ति का प्रतिनिधित्व करती है जो कड़ी मेहनत और निःस्वार्थ सेवा के माध्यम से चुपचाप अपने जीवन में आगे बढ़ता चला आया है। बचपन से ही वे महत्वाकांक्षी नहीं थी और उनका सपना भी इतना बड़ा नहीं था कि वह साकार न हो सके। उसकी इच्छा कुछ कमाने के लिए कुछ सीखने

अपने बेटी और नाती के साथ

विद्यालय जहां वो पढ़ती थी

की थी और उसका एक हिस्सा अपने माता-पिता को देना उनका आशय था जो इतने समृद्ध न थे। उन्होंने अपनी किशोरावस्था में एक साहसिक कदम उठाया और दृढ़ता और संकल्प के साथ सीखने और कमाने के लिए वे अपने राज्य की राजधानी भुवनेश्वर शहर पहुंची। इस तरह उन्होंने अपने दम पर खुद को स्थापित करने के काबिल बनाया।

वे न केवल जमीन पर टिकी रहीं, बल्कि दूसरों को भी ऊपर आने में मदद की। जब उन्हें अपने बच्चों की भी देखभाल करनी पड़ी, तो खुद को अपने घर की चार दीवारों में नहीं रखा। वे बाहर गईं और बिना वेतन लिए एक स्कूल में पढ़ाने लगीं। उन्हें जो भी मानदेय मिलता था, वह लेती थीं या नहीं ठीक से पता नहीं चला। और अपने बेटे और बेटी सहित दूसरों को मार्गदर्शन देती रहीं और पढ़ाती रहती थीं। आपको जानकर हैरानी होगी कि उनका शिक्षण इतना सरल और प्रभावी था कि उनके छात्र बिना किसी निजी ट्यूशन के अच्छे अंक प्राप्त करते थे। उन्होंने पार्षद के रूप में अपना पहला राजनीतिक चुनाव इसी आधार पर जीता क्योंकि बच्चों के माता-पिता और अभिभावकों ने उनके शिक्षण कौशल पर भरोसा करते हुए उन्हें वोट दिया था। ष्अगर वे इतनी अच्छी तरह से पढ़ा सकती हैं, तो वे अच्छी तरह से प्रशासन कार्य भी करेंगी। ऐसा विश्वास क्यों न किया जाए?"

श्रीमती द्रौपदी मुर्मू एक छोटे शहर से हैं और एक स्व-निर्मित व्यक्ति हैं। वह विविधता और समावेश की आवश्यकता को पूरा करती है। आप और क्या चाहते हैं? पार्टी के थिंक टैंक ने जो सोचा-विचारा, उसके आधार पर वे सर्वश्रेष्ठ प्रतीत हुईं।

प्रोफेसर ऋषभ देव शर्मा द्वारा 23 जुलाई, 2022 को लिखे गए संपादकीय में इन चारों बातों का अच्छा समाकलन दिखाई देता है। वे सही कहते हैं कि द्रौपदी मुर्मू का राष्ट्रपति बनना कहीं न कहीं कुलीनतावाद, वंशवाद, और व्यक्ति-पूजा के स्थान पर साधारण से साधारण नागरिक की प्रतिष्ठा का प्रतीक है। यह अतिसाधारणता और लघुता का सम्मान है, जिसका स्त्रोत भारत का विशाल जन गण मन है। जन गण मन की इस विराटता को संविधान से मिले इस खुलेपन ने संभव बनाया है कि सांसद और विधायक राष्ट्रपति चुनाव में पार्टी लाइन से मुक्त होकर अपनी आत्मा की आवाज पर भी मतदान के लिए स्वतंत्र हैं।[61]

कमल से कमलासन तक

अब मैं इस पुस्तक के लेखक के अधिकार का प्रयोग करते हुए एक अनधिकार चेष्टा करूंगा। अनधिकार तो नहीं क्योंकि मैं अमेरिका की वर्तमान उपराष्ट्रपति पर अँग्रेजी में एक पुस्तक लिख चुका हूँ। 'कमला डी हैरिस'(2021) नामक पुस्तक लिखते समय मैं कमला के जीवन -संघर्ष से बड़ा प्रभावित हुआ। पर कमला का संघर्ष द्रौपदी मुर्मू के संघर्ष के सामने कुछ भी नहीं। कमला को कमी तो कुछ भी न थी। अवसर भी बहुत मिले। द्रौपदी मुर्मू का जीवन संघर्ष अधिक कंटकाकीर्ण है। मुझे मुर्मू और हैरिस के बीच अद्‌भुत समानताएं मिलती हैं। कमला हैरिस 2021 में अमेरिका की उपराष्ट्रपति बनीं। द्रौपदी मुर्मू 2022 में भारत की राष्ट्रपति बनीं।

कमला का नाम 'कमल' से जुड़ा है, द्रौपदी का नाम उस दल से जुड़ा है जिसके पास चुनाव-चिह्न 'कमल' है। कमला हैरिस ने अपना उपनाम अपने पिता से लिया; द्रौपदी मुर्मू को यह अपने पति से मिला था। कमला आम लोगों के साथ रहती थी और उनके परिवार के सबसे करीबी दोस्त अश्वेत लोग थे। कमला 'ओकलैंड की बेटी' हैं, द्रौपदी 'रायरंगपुर की बेटी' हैं। कमला को एक बच्चे के रूप में नस्लीय भेदभाव का सामना करना पड़ा, द्रौपदी ने भी अपने प्रारंभिक वर्षों को आर्थिक रूप से चुनौतीपूर्ण पाया। "कमला हैरिस 'लोटस से पोटस' तक पहुंची और द्रौपदी मुर्मू 'कमल' से 'कमलासन' तक।" आलंकारिक भाषा में इतना कहने की स्वतन्त्रता तो ली ही जा सकती है।

हमने तब से बहुत यात्रा की है। श्रीमती द्रौपदी मुर्मू हमारी 15वीं राष्ट्रपति हैं। अमेरिका में हर महत्वाकांक्षी नेता अपनी जीवनी लिखता है। स्वतंत्र भारत में वे रिटायर होने के बाद लिखते हैं। कमला हैरिस ने 2019 में अपनी जीवनी "द ट्रुथ वी होल्ड: एन अमेरिकन जर्नी" लिखी। फिर वे अमेरिका की उपराष्ट्रपति बनीं। कमला हैरिस पर अपनी किताब में मैंने लिखा, "यह एक ऐसी महिला का जीवन का अनुभव है जो एक बार नहीं बल्कि दो बार असफल हुई लेकिन कभी हार नहीं मानी। कमला हैरिस की व्यक्तिगत कथा केवल जाति या जातीयता या लिंग की कहानी नहीं है; यह एक भारतीय कहानी भी है।" द्रौपदी मुर्मू के बारे में मुर्मू खुद कहती हैं, "एनडीए सरकार ने अब शीर्ष पद के लिए एक आदिवासी महिला को चुनकर बीजेपी के "सब का साथ, सब का विश्वास" के नारे को साबित कर दिया है।"

यह जानकर खुशी होती है कि कमला हैरिस और द्रौपदी मुर्मू दोनों ही अपने-अपने देशों का प्रतिनिधित्व करते हैं। वे समावेशिता और विविधता के आदर्श हैं। दोनों स्व-निर्मित व्यक्ति हैं और छोटे शहरों से हैं।

यदि आप नहीं जानते कि 'पोटस' क्या है, तो मैं आपको बता दूं कि 'पोटस' संयुक्त राज्य अमेरिका के राष्ट्रपति का संक्षिप्त नाम है।

सच हुए सपने तेरे

यह एक सच्चाई है कि श्रीमती द्रौपदी मुर्मू ने कभी भारत के राष्ट्रपति बनने का सपना नहीं देखा। वे राज्यपाल पद के बारे में सोचने की स्थिति में भी नहीं थीं। लेकिन हुआ कुछ ऐसा ही अजब-गजब और जीवन का बेशकीमती तोहफा उन्हें मिला। हमारे पूर्व राष्ट्रपति रामनाथ कोविंद अपनी पत्नी के साथ अपनी 43वीं शादी की सालगिरह मनाने के लिए हिमाचल प्रदेश के मशोबरा गए थे। दर्शनीय स्थलों की यात्रा के दौरान वे राष्ट्रपति के ग्रीष्मकालीन महल रिट्रीट भवन के परिसर में घूमते रहे। यह एक अद्‌भुत दुनिया है। जिन लोगों ने उन्हें अंदर प्रवेश से वंचित कर दिया, वे उनके सबसे आज्ञाकारी सेवक बन गए। अपने परिवार के कुछ सदस्यों के साथ एक अनौपचारिक बातचीत के दौरान, भारत के 13वें राष्ट्रपति के रूप में शपथ ग्रहण करने के बाद, प्रणब मुखर्जी से पूछा गया था कि क्या उन्होंने कभी राष्ट्रपति भवन के प्रतिष्ठित परिसर में सबसे प्रमुख रहने वाले के रूप में प्रवेश करने का सपना देखा था। जवाब में, मुखर्जी ने कथित तौर पर हल्के-फुल्के अंदाज में कहा था, "मैंने अक्सर खुद से कहा था कि राष्ट्रपति बनना बहुत दूर की बात है, लेकिन मेरे अगले जीवन में- अगर कोई है- भले ही मैं उन घोड़ों में से एक के रूप में पैदा हो जाऊँ जो राष्ट्रपति की औपचारिक गाड़ी को उस लाल-रेत-पत्थर के महल तक खींचे, यह एक तरह की उपलब्धि होगी। " यह हमारी लोकतांत्रिक परंपराओं का जादू है कि द्रौपदी मुर्मू की तरह, जिन्होंने कभी भी एक पर्यटक के रूप में इस जगह पर जाने का सपना नहीं देखा, उन्हें वहां रहने का मौका मिलता है। द्रौपदी मुर्मू को भी यह अवसर मिल गया। उनकी पुत्री और दामाद को यह अवसर मिला। उनकी धेवतियाँ वहाँ रहेंगी जहां दूसरे बच्चे यूं ही प्रवेश नहीं पा सकेंगे।

एक समय था जब उच्च और पराक्रमी भी बड़े सपने नहीं देख सकते थे, जैसा कि आपने अभी-अभी पढ़ा है। यहां तक कि होने वाले राष्ट्रपति भी राष्ट्रपति बनने का सपना नहीं देख सकते थे। डॉ. ए.पी.जे. ने हमें बड़े सपने देखना सिखाने की कोशिश की। वे अगली पीढ़ी को पढ़ाने के लिए मर खफ गए और हमें 2020 के नए भारत का सपना देखना सिखा गए। काश! 2020 का नया भारत एक महामारी लेकर न आया होता। लेकिन हमने दबावों का सामना करने का एक सबक भी इस कोरोना महामारी से सीखा है। अगली पीढ़ी ने और भी पहले से ही बड़े सपने देखना शुरू कर दिया है और लगभग सभी क्षेत्रों में वे बड़ा कमाल हासिल कर रहे हैं। द्रौपदी मुर्मू ने देश के शीर्ष सबसे वीवीआईपी के साथ कंधे से कंधा मिलाकर चलने से युवाओं के मन पर एक बड़ा प्रभाव डाला। हाशिए के समूह ने इसे एक ईश्वरीय उपहार के रूप में लिया। इस तरह के एक समूह की एक प्रबुद्ध सदस्य अदिति नारायणी पासवान ने इस समय चल रही चर्चा में अपनी तरफ से योगदान करते हुए लिखा है "इसने मेरे जैसे हाशिए के समुदायों की कई युवा महिलाओं को बड़े सपने देखने के लिए प्रेरित किया है। द्रौपदी मुर्मू सिर्फ हमारे लिए प्रेरणा का स्रोत नहीं हैं; उनका जीवन और संघर्ष, दृढ़ संकल्प और बड़ी बाधाओं का सामना करने में सफलता नए भारत की आशा और प्रण का प्रतिनिधित्व करती है।"[62]

मेरा आदिवासी बनाम तेरा आदिवासी

अब चलते चलते या यूं कहें कि अध्याय का समापन करते हुए 'मेरा-तेरा' की 'तू तू मैं मैं' सुनते चलें। हुआ यूं कि माननीय मुर्मू जी का जब मनोनयन हो गया तब जिनको कुछ और नहीं सूझा तो वे आलोचना करने के लिए एक नए तर्क और व्यक्ति को ले आए। कांग्रेस पार्टी की जिन जिन राज्यों में सरकार है वहाँ वहाँ आदिवासियों की भरमार है। उन्हें नजरअंदाज करना ठीक नहीं। एक आदिवासी राष्ट्रपति बने तो इसका विरोध कैसे किया जाए? आदिवासी बहुल छत्तीसगढ़ के मुख्यमंत्री ने एक बहाना बनाया। सी एम भूपेश बघेल ने कहा यह सरासर अन्याय है। बी.जे.पी. को कोई आदिवासी राष्ट्रपति बनाना ही था तो किसी ओर को बनाते। किसी महिला आदिवासी को ही बनाना था तो हमारे राज्य की राज्यपाल अनुसूइया उइके जी को क्यों नहीं बनाया? वे भी तो महिला हैं। वे भी आदिवासी हैं।

वे भी 1985 से 1989 तक विधान सभा क्षेत्र दमुआ से विधायक रह चुकी हैं। वे मध्यप्रदेश की अर्जुन सिंह सरकार में 1988 से 1989 तक महिला एवं बाल विकास विभाग की मंत्री भी रहीं। हालांकि उन्होंने बाद में काँग्रेस छोड़ दी और भारतीय जनता पार्टी में शामिल हो गईं। वे वर्ष 2006 में राज्य सभा की सदस्य बनी और उसके बाद राष्ट्रीय महिला आयोग तथा अनुसूचित जन जाति आयोग की सदस्य भी बनीं। वर्तमान में वे छत्तीसगढ़ की राज्यपाल हैं। यदि उन्हें राष्ट्रपति बनाया जाता तो क्या हर्ज था।

अक्टूबर 2021 में श्रीमती अनुसूया उइके ने छत्तीसगढ़ के सरगुजा संभाग के ग्राम फतेहपुर से राजधानी रायपुर तक 300 किलोमीटर लंबी पदयात्रा करने वाले सैकड़ों आदिवासी ग्रामीणों को आश्वासन दिया था कि वह मुख्यमंत्री, कोयला मंत्री और प्रधानमंत्री के साथ ग्राम सभा की सहमति का अभाव और खनन के लिए मंजूरी की सुविधा के लिए नकली ग्राम सभा प्रस्तावों के दुरुपयोग आदि मुद्दों पर चर्चा करेंगी। इस आंदोलन ने पूरे छत्तीसगढ़ में और वास्तव में राष्ट्रीय स्तर पर व्यापक एकजुटता हासिल की जिसने छत्तीसगढ़ सरकार को मई, 2022 में परसा कोयला खदान के लिए खनन के दूसरे चरण के लिए पेड़ों की कटाई को रोकने के आदेश जारी करने के लिए मजबूर किया। यह कहना गलत न होगा कि राष्ट्रपति पद के लिए वे भी वांछनीय अर्हता रखती हैं और उनका आदिवासी समुदाय के लिए किया गया कार्य उल्लेखनीय भी है। परन्तु राष्ट्रपति पद के संवैधानिक होने पर भी राष्ट्रपति चुनाव की प्रक्रिया राजनीतिक है। यही कारण है कि राजनीतिक मजबूरियों के आधार पर नाम तय किए जाते हैं।

इस तर्क का क्या उत्तर है? उनको भी विचारार्थ रखा गया था किन्तु जो चार पैमाने थे, उन पर जो सही लगा उसे रखा गया। फिर किस्मत भी कुछ असर दिखाती है। ऐसी बात नहीं कि अनुसूइया उइके की योग्यता और काबिलियत में कोई कमी थी लेकिन जीत वाला फैक्टर द्रौपदी मुर्मू का किस्मत खोल गया। 100 फीसदी जीत की गारंटी सिर्फ और सिर्फ द्रौपदी मुर्मू के साथ थी। एक बात और है। जहां मुर्मू ने बी.जे.पी. कभी नहीं छोड़ी, उइके ने कांग्रेस छोड़कर बी.जे.पी. का दामन थामा। वोट भी मुर्मू को ओड़ीशा के पक्की तौर पर मिले। काँग्रेस के राज्य से उम्मीद रखना मूर्खता ही होती। उइके अभी भी राज्यपाल हैं। छत्तीसगढ़ के सी एम भूपेश बघेल और झारखंड के सी एम हेमंत सोरेन को अपने आदिवासी बहुल राज्यों में मुर्मू का विरोध करना भारी पड़ेगा। ये वे जानते हैं।

हो गए दूर अँधेरे!

हर हाथ को काम हर खेत को पानी
घर घर में दीपक बी जे पी की निशानी

स्त्री सशक्तीकरण और अंत्योदय के भारतीय जनता पार्टी के नीतिगत संकल्प की चरितार्थता के लिए राष्ट्रपति पद के लिए द्रौपदी मुर्मू का मनोनयन और निर्वाचन एक मील का पत्थर है। अंत्योदय का मतलब समाज के सबसे निचले स्तर पर मौजूद व्यक्ति का कल्याण है। गरीब और अशिक्षित लोग हमारे ईश्वर हैं, यही हमारा सामाजिक और मानवीय धर्म है। एकांत मानववाद और अंत्योदय का दर्शन पार्टी के मार्गदर्शक सिद्धांतों में से एक है। इस सिद्धांत को 'सबका साथ सबका विकास' के साथ मिला हुआ देख सकते हैं जो गरीब, ग्रामीण क्षेत्रों के विकास के लिए सरकार द्वारा तय की गई नीतियों में भी नजर आता है। स्वराज, वंदे मातरम, स्वदेशी, सत्य और अहिंसा, अंत्योदय, सर्वोदय, राष्ट्रवाद, अंतर्राष्ट्रीयवाद, समाजवाद, लोकतंत्र, हिंदुत्व, एकात्म मानववाद, धर्मनिरपेक्षता, सामाजिक न्याय, समरसता, बंधुत्व और सुराज आदि विषय भारतीय राजनीति और समाज के विचारणीय बिंदु रहे हैं। द्रौपदी मुर्मू की पृष्ठभूमि में गरीबी, अभाव, अकाल मृत्यु, और जद्दोजहद करते हुए राष्ट्रभक्ति से देश की सेवा करने का अकुंठ भाव है। वे त्याग, समर्पण और सेवाभाव के साथ देश और समाज के लिए कार्य करती रही हैं।

भारतीय जनता पार्टी के उम्मीदवार के रूप में द्रौपदी मुर्मू जी की उम्मीदवारी सबको अच्छी लगी। इसका कारण पार्टी की नीतियां हैं। पार्टी के वर्तमान अध्यक्ष जे पी नड्डा ने उन नीतियों को निम्नवत प्रस्तुत किया है। इससे पता चल जाता है कि इनके चुनाव के पीछे किस तरह की विचारध ारा काम कर रही थी।

समग्र राष्ट्र ने इस सम्मानित पद के लिए श्रीमती द्रौपदी मुर्मू जी की उम्मीदवारी की मुक्त कंठ से सराहना की है। उनकी उम्मीदवारी ने समाज के विभिन्न वर्गों में परस्पर सद्भाव, सहयोग एवं उत्थान की दिशा में एक नया आयाम गढ़ा है। एक ऐसी राजनीतिक व्यवस्था में, जहां दशकों से वंशवाद और परिवारवाद की राजनीति तथा पूंजीपतियों का बोलबाला रहा है, श्रीमती मुर्मू की सार्वजनिक जीवन की यात्रा एक ताजा हवा के झोंके की तरह है, जो भारतीय जनतांत्रिक व्यवस्था में देशवासियों की आस्था को और सुदृढ़

करता है। आदरणीया श्रीमती द्रौपदी मुर्मू जी की उम्मीदवारी ने हर भारतीय को इस मामले में गौरवान्वित किया है कि इस देश के सर्वोच्च पद पर विपरीत परिस्थितियों में भी अपने दम पर आगे बढ़ते हुए समाज के लिए आदर्श प्रस्तुत करने वाली एक महिला आसीन होंगी, जो आदिवासी समुदाय से हैं और जो देश की करोड़ों महिलाओं के लिए प्रेरणा का असीम स्रोत हैं। बड़े स्तर पर, उनकी उम्मीदवारी 'न्यू इंडिया' की भावना को समाहित करती है। यशस्वी प्रधानमंत्री श्री नरेन्द्र मोदी जी के नेतृत्व वाली भाजपा सरकार की सबसे निर्णायक विशेषता यह रही है कि जमीनी स्तर पर लोगों को सशक्त बनाने और दशकों से इस सत्ता पर काबिज कुछ लोगों के एकाधिकार को तोडने का हरसंभव प्रयास विगत 8 वर्षों में किया गया है। वास्तव में, प्रधानमंत्री नरेन्द्र मोदी जी की कैबिनेट ने खुद 27 ओ.बी.सी., 12 एस.सी. और 8 एस.टी. समुदाय से आने वाले जनप्रतिनिधियों को सदन में ऐतिहासिक प्रतिनिधित्व दिया है, जो कुल मिलाकर कैबिनेट का 60 प्रतिशत से अधिक है। 2019 में भाजपा की ऐतिहासिक सफलता लोकसभा में सबसे अधिक महिला प्रतिनिधित्व के साथ आई। नरेन्द्र मोदी सरकार ने आर्थिक रूप से पिछड़े लोगों के लिए भी आरक्षण सुनिश्चित किया। आज समाज में यह भाव जागृत हुआ है कि एक अत्यंत ही गरीब पृष्ठभूमि से आने वाला व्यक्ति भी सामाजिक-आर्थिक परिस्थितियों से उत्पन्न सभी चुनौतियों को पार कर भारत का प्रधानमंत्री बन सकता है और देश को एक नई ऊंचाई तक ले कर जा सकता है। श्रीमती मुर्मू के चुनाव से जनमानस में यह भावना और प्रबल होगी। जैसा कि उल्लेख किया गया है, पहली आदिवासी राष्ट्रपति, पहली आदिवासी महिला राष्ट्रपति और पहली उडिया राष्ट्रपति के रूप में उनका चुनाव समाज में चली आ रही कई बाधाओं को खत्म करेगा जिन्हें दशकों पहले ध्वस्त कर दिया जाना चाहिए था। राष्ट्रपति पद के लिए एन.डी.ए. के पिछले 2 उम्मीदवारों, डॉ. ए.पी.जे. अब्दुल कलाम और श्री रामनाथ कोविंद ने इस देश को प्रेरणादायक और परिपक्व नेतृत्व प्रदान किया। उनके नेतृत्व ने विश्वपटल पर भारत को एक नए रूप में स्थापित किया। द्रौपदी मुर्मू जी की उम्मीदवारी 'बेजुबानों को आवाज देने और इतिहास को फिर से लिखने' की तैयारी है।[63]

अध्याय पाँच

पद, प्रतीक और प्रतिनिधित्व

लोग ग्राम पंचायत से संसद के लिए अपने प्रतिनिधियों का चुनाव करते हैं। वे इन प्रतिनिधियों में अपनी इच्छा और आशा निहित करते हैं। बदले में, जनप्रतिनिधियों ने अपना जीवन राष्ट्र की सेवा के लिए समर्पित करते है। लेकिन हमारे प्रयास अकेले अपने लिए नहीं होते।

लोकतन्त्र के स्वर

राष्ट्रपति रामनाथ कोविंद

लोकतंत्र के स्वर

जब पूर्व राष्ट्रपति राम नाथ कोविंद ने ये शब्द कहे थे, तो उन्हें इस बात की जानकारी नहीं थी कि वे जो शब्द बोल रहे हैं, वे भविष्यवक्ता के शब्द होंगे। द्रौपदी मुर्मू में हमें एक ऐसा प्रतिनिधि मिला है जो ग्राम पंचायत स्तर से जनता की सेवा करने लगा और शीर्ष पर पहुंचा। राष्ट्र के लिए उनकी सेवा आज तक अनुकरणीय रही है और उनकी सेवा का प्रतिफल भी लुभावना है।

वे आप और मेरे जैसे आम लोगों का प्रतिनिधित्व करती हैं। हम भारत के बहुसंख्यक, कृषि प्रधान, ग्रामीण, सामाजिक और आर्थिक रूप से वंचित हैं। वे हम में से एक हैं। आम लोग सोचते हैं और चाहते हैं कि वे उनके साथ सहानुभूति रखें क्योंकि वे उनकी दुर्दशा को जानती है। 'आदिवासी समुदाय से संबंधित एक महिला को चुना गया' तथ्य यह दर्शाता है कि आम आदमी उनकी पहचान कैसे करता है। यह भारत के लिए एक आयाम परिवर्तनकारी कदम है जिसका कोई सानी नहीं।

वे एक समुदाय से ताल्लुक रखती हैं। वे आदिवासी हैं। उनके बारे में लिखने वाले लगभग सभी ने इस बात पर प्रकाश डाला है। इसमें कोई शक नहीं कि उनका नामांकन कई कारकों पर आधारित था और उनका आदिवासी

होना एक प्रमुख कारक था। दूसरी बात यह है कि झारखंड के राज्यपाल के रूप में उनका कार्यकाल उल्लेखनीय और सफल रहा। सत्यनिष्ठा और ईमानदारी के साथ स्पष्टता और आदिवासी कल्याण उनके प्रमुख लक्ष्य रहे। वे जो कुछ भी कर सकती थीं वह वे बहुत कुशलता से करती रहीं। मुख्यमंत्रियों के साथ उनके संबंध सौहार्दपूर्ण और अच्छे रहे।

ये कुछ ऐसे गुण हैं जिन्होंने उन्हें इतिहास रचने वाला व्यक्ति बनने में मदद की और अब यह उनके ऊपर है कि वह अपने आलोचकों को गलत साबित करें। आदिवासियों को एक तरह का सामाजिक और आर्थिक परिवर्तन भी तब मिलेगा जब वे एक आदिवासी को अपने देश के राष्ट्रपति के रूप में देखेंगे। वे बदल जाएंगे क्योंकि प्रतीकात्मकता से ज्यादा कुछ भी प्रेरित नहीं कर सकता है। राष्ट्र ध्वज, राष्ट्र गान और राष्ट्रपति सभी प्रेरणा देते हैं। लोग केवल कपड़े के एक मामूली झंडे की रक्षा के लिए प्राण बलिदान कर देते हैं। राष्ट्रपति भी एक 'फिगर-हेड' है। राष्ट्रपति द्रौपदी मुर्मू कुछ नागरिकों के आदिवासी पहचान की भी प्रतीक हैं। यह विचार बिना कहे चला आता है कि झूठ बोलने के लिए भी संकेतों और प्रतीकों का उपयोग किया जा सकता है। इसलिए यह बात अब वाद विवाद का विषय बन गई है कि राष्ट्रपति पद पर द्रौपदी मुर्मू का बैठना कहीं महज प्रतीक तो नहीं। ऐसा सोचने वालों के अपने तर्क हैं और इसको नकारने वालों के भी अपने विचार हैं। मुर्मू का उत्थान न तो श्खोखला प्रतीकवादश है और न ही निरा श्संकेतवादश। देखें!

टोकनवाद और प्रतीकवाद

बाबा साहब भीम राव आंबेडकर ने संविधान सभा में 'राष्ट्रपति' पद के बारे में विस्तार से अपना वक्तव्य दिया था और भारत के राष्ट्रपति को अमेरिका के राष्ट्रपति से भिन्न और ब्रिटेन की महारानी से अलग बताया था। उनका मत स्पष्ट था। आज भी राष्ट्रपतियों के लिए उनका यह मत ज्ञान की कुंजी है।

वह राज्य का मुखिया होता है, लेकिन कार्यपालिका का नहीं। वह राष्ट्र का प्रतिनिधित्व करता है लेकिन राष्ट्र पर शासन नहीं करता है। वह राष्ट्र के प्रतीक हैं। प्रशासन में उनका स्थान मुहर पर एक औपचारिक उपकरण का है जिसके द्वारा राष्ट्र के निर्णय ज्ञात होते हैं। भारतीय संघ का राष्ट्रपति आमतौर पर अपने मंत्रियों की सलाह से बाध्य होगा। वह उनकी सलाह के

विपरीत कुछ नहीं कर सकता और न ही उनकी सलाह के बिना कुछ भी कर सकता है। भारतीय संघ के राष्ट्रपति के पास ऐसा करने की कोई शक्ति नहीं है जब तक कि उनके मंत्री संसद में बहुमत प्राप्त करते हैं।[64]

भारतीय राष्ट्रपति केवल एक व्यक्ति है जो पूर्व प्रधान मंत्री जवाहरलाल नेहरू के शब्दों में एक 'मुखिया है जो न तो शासन करता है और न ही शासन चलाता है' और फिर भी वह सबसे अधिक 'अधिकार या सम्मानश' की स्थिति रखता है। भारतीय गणतंत्र के राष्ट्रपति के रूप में द्रौपदी मुर्मू के चुनाव ने इस बहस को फिर से केंद्र में ला खड़ा किया। एक सवाल पूछा जा रहा है और बार बार पूछा जा रहा है, "क्या भारत के नाममात्र के मुखिया की भूमिका लिंग, भौगोलिक और सांप्रदायिक प्रतीक के लिए सबसे विवेकपूर्ण स्थान है?"

विपक्षी दलों का विचार था कि राष्ट्रपति चुनाव के लिए एक आदिवासी उम्मीदवार मुर्मू को नामित करने का एनडीए का निर्णय मात्र 'प्रतीकवाद' था। तेलंगाना के.के.टी.आर. ने कहा, 'हम सांकेतिकता में विश्वास नहीं करते हैं। यह मुर्मू की उम्मीदवारी के बारे में नहीं है। वे एक ऐसी पार्टी का प्रतिनिधित्व करती हैं जो असंवैधानिक प्रथाओं पर बहुत अधिक निर्भर है।"[65] उनका मानना है कि राम नाथ कोविंद के राष्ट्रपति बनने के बाद दलितों की दुर्दशा–या–दशा में कोई खास बदलाव नहीं आया है। वे बार–बार कहते रहे हैं कि बीजेपी ने पिछले आठ सालों में आदिवासी समुदाय के कल्याण के लिए कुछ नहीं किया। मुर्मू की उम्मीदवारी के बारे में बोलते हुए के.टी.आर. ने कहा, "भीष्म की हार हुई थी क्योंकि वह महाभारत में कौरवों के पक्ष में थे। आदिवासी लोगों के लिए द्रौपदी मुर्मू के रूप में टोकनवाद सही नहीं है। जब वे 2006 में एक मंत्री थीं तब ओडिशा के कलियांगानगर में एक आंदोलन में 13 आदिवासी मारे गए थे। उन्होंने तब इसकी निंदा तक नहीं की थी।"[66]

अब तेलंगाना के मुख्यमंत्री के सी आर के पुत्र के टी आर कोई मामूली नेता तो हैं नहीं। वे अपनी पार्टी के वर्किंग प्रेसिडेंट हैं। कल को मुख्यमंत्री बनेंगे। आज भी कई मंत्रालयों को संभालते हैं। आजकल उनके पिता का मोदी से 36 का संबंध चल रहा है।

उनकी इस बात में भी दम है कि एक आदिवासी बनाकर सभी आदिवासियों का भला नहीं हो सकता। पर ये तो स्कूल में पढ़ने वाला भी जानता है। तेलंगाना की अपनी राजनीति है। उनकी अपनी जरूरतें हैं। चलो, उनकी बात पर फिर भी विचार किया जाना चाहिए।

द्रौपदी मुर्मू को राष्ट्रपति पद का उम्मीदवार बनाकर भाजपा ने सांकेतिक राजनीति करने की कोशिश की है। वे एक ऐसे व्यक्ति को राष्ट्रपति बनाने के लिए सहमत हो गए जो नाम से आदिवासी हैं और विचारधारा में हिंदू राष्ट्रवादी हैं। यह भी मान लें कि यह कदम आदिवासी समुदाय की भावनाओं और आकांक्षाओं को पूरी तरह से शांत करने में सक्षम नहीं होगा क्योंकि वे अक्सर खुद को उपेक्षित महसूस करते रहे हैं। बात में सच्चाई का तत्व अवश्य है कि वे एक आदिवासी के रूप में राष्ट्रपति पाकर भी कुछ खास नहीं बदलेंगे। इस बात से कोई भी असहमत नहीं हो सकता है। विद्वान विवेक देशपांडे कहते हैं कि इस बात की कोई गारंटी नहीं है कि किसी समुदाय को वास्तव में उसके रैंक से एक व्यक्ति को शीर्ष पर रखने से लाभ होगा। "दिवंगत कार्यकर्ता ब्रह्मदेव शर्मा के उदाहरण पर विचार करें, जिन्होंने आदिवासियों के न्याय के लिए अथक प्रयास किया और पंचायत राज (अनुसूचित क्षेत्रों में विस्तार) अधिनियम, 1996 का बीड़ा उठाया। इस कानून के परिणामस्वरूप आदिवासी सशक्तिकरण और न्याय को सबसे बड़ा बढ़ावा मिला। शर्मा, जन्म से, एक ब्राह्मण थे।"[67]

इसमें कोई संदेह नहीं कि भारतीय परंपरा और संस्कृति का अभिन्न अंग होने के बावजूद आदिवासी समाज को वर्षों तक उपेक्षा का सामना करना पड़ा। आदिवासी समाज के नेता ही नहीं और भी बहुत से नेता, समाज-सुधारकों और आम लोगों ने इस दिशा में बहुत सा काम किया है। हर कदम और प्रयास का अपना स्थान और महत्त्व होता है। स्वागत योग्य इस कदम से भी कुछ न कुछ लाभ जरूर होगा। क्यों न होगा?

राजनीति में प्रतीकवाद का हमेशा से ही बहुत महत्त्व रहा है। प्रतीकों का महत्त्व इतना अधिक है कि किसी दल का चुना हुआ चुनाव-चिन्ह भी प्रतीक बन जाता है। शुरुआत में जब भारत को आजादी मिली और पहले आम चुनावों की घोषणा की गई, तो कांग्रेस पार्टी ने किसानों को लुभाने के लिए 'दो बैलों की एक जोड़ी' को चुनाव चिन्ह के रूप में रखा। यदि जनसंघ का 'दीपक' प्रकाश का प्रतीक था, तो भाजपा का 'कमल' भी प्रतीक है। भाजपा सांसद विजय कुमार मल्होत्रा ने 'कमल' चिन्ह को समझाने के लिए एक किताब भी लिखी थी। यदि इतना महत्व चुनाव चिन्ह का है तो 'पद' के प्रतीक का भी कुछ तो महत्व होगा। एक उदाहरण देते हैं।

आज बहिन मायावती और कांशीराम आदि के कारण दलितों के प्रति सम्मान बढ़ा है। जब बहिन जी मुख्यमंत्री बन सकती हैं तो कुछ भी हो सकता है। दलित वर्ग भी उनसे प्रभावित होता है। वह इस बात को मान ही नहीं सकता कि उनकी नेता अपना स्वार्थ भी देखती हैं। आपको याद होगा कि उन्होंने अपने चुनाव चिन्ह को प्रतीक बनाकर अपनी मूर्तियों की स्थापना कराना शुरू कर दिया था। प्रतीकों के माध्यम से आत्मविश्वास और सम्मान की भावना जागृत होती है। इससे आपसी संबंध भी बनते हैं। एक ओर तो वे एक-दूसरे से जुड़ जाते हैं, दूसरी ओर अन्य समुदायों के प्रति भी उनमें अच्छी भावना जगने लगती है। वे भावनाएँ और ये विचार पूरे समाज और देश में एकता लाते हैं। जब भारत के प्रधान मंत्री और उनके मंत्रिमंडल के सदस्य किसी ऐसे व्यक्ति की नियुक्ति का समर्थन करते हैं जिसके समुदाय को पहले प्रतिनिधित्व नहीं दिया गया है, तो ऐसे लोगों के लिए सम्मान और विश्वास बढ़ जाता है। द्रौपदी मुर्मू का नाम प्रस्तावित होने और उनके देश की राष्ट्रपति बनने के साथ, कोई सांकेतिक पहल थी तो यही थी कि आदिवासी समाज को मुख्यधारा में लाने के लिए देश सब कुछ करने को तैयार है। राष्ट्रपति जैसे देश का सर्वोच्च पद किसी आदिवासी महिला को दिया जा सकता है, जिसके बारे में कोई सपने में भी नहीं सोच सकता। राजनीतिक दृष्टिकोण से इस कदम को एक प्रतिमान बदलने वाला माना जा सकता है। यह लोगों की आकांक्षाओं को पंख देने का कारनामा है। युगों से उनके प्रति की जा रही उपेक्षा का पश्चाताप ही नहीं, प्रायश्चित भी है। चाहे राम नाथ कोविंद का चयन हो और अब द्रौपदी मुर्मू का हो, समाज को हर बार उनके माध्यम से सद्भावना का मंत्र मिला है। यह तो है: सबका साथ सबका विकास।

प्रतीकवाद को नजरअंदाज नहीं किया जा सकता क्योंकि यह राजनीति को समावेशी बनाने और सामाजिक न्याय प्राप्त करने की दिशा में एक बड़ा कदम है। यह अन्य राजनीतिक दलों को अपने रुख को फिर से जांचने के लिए मजबूर करता है और राजनीति को उसकी नींद से हिला देता है। यह राजनीतिक विश्लेषकों को उस पार्टी को देखने के लिए एक नए लेंस की तलाश करने के लिए भी प्रेरित करता है जिसे वे 'उच्च जाति' मानते हैं।।[68]

जहां तक सांकेतिकता या 'संकेतवाद' की बात है, अगर हम चारों ओर देखें, तो क्या हम पूरी ईमानदारी से कह सकते हैं कि बराक ओबामा का

एक अश्वेत राष्ट्रपति के रूप चुनाव करना एक गलती थी? दरअसल मामला इसके उलट नजर आ रहा है। मेरी दृष्टि में एक अश्वेत राष्ट्रपति का चुनाव करना एक महान प्रतीकवाद से बढ़कर था। चाहे उन्होंने अश्वेत लोगों के जीवन में कोई आमूलचूल परिवर्तन भी नहीं किया। अभी भी 'ब्लैक जीवन मायने रखता है" यह नारा अमरीकी सड़कों पर सुनाई देता है। अमेरिकी समाज में नस्लवाद की गहरी जड़ें अभी भी मौजूद हैं। श्री ओबामा जीत गए और संयुक्त राज्य अमेरिका गर्व के साथ कह सकता है कि वे एक अश्वेत व्यक्ति को अपना राष्ट्रपति चुन सकते हैं। कमला हैरिस की भी यही गर्व भरी मिसाल है। वैचारिक और राजनीतिक कारणों से उनकी उम्मीदवारी का विरोध करने वाले रिपब्लिकन कम और दबे हुए दिख रहे थे। इसलिए एक आदिवासी महिला द्रौपदी मुर्मू का चुनाव करना प्रतीकात्मकता से अधिक होगा। यह एक तरह का सामाजिक आंदोलन खड़ा करेगा। उनकी महत्वपूर्ण जीत विपक्षी दल के वैचारिक और राजनीतिक दावों को कमजोर और खोखला सिद्ध करती प्रतीत होती है। इनके योगदान का साक्षी इतिहास होगा।

अँधा चकाचौंध का मारा
क्या जाने इतिहास बेचारा
साखी हैं इनकी महिमा के
सूर्य चंद्र भूगोल खगोल

एक आदिवासी महिला को समर्थन करने की आलोचना भी 'टोकनवाद' के एक रूप में की जा सकती है, लेकिन यह पहली बार नहीं है जब टोकनवाद ने राष्ट्रपति चुनाव को प्रभावित किया है। उदाहरण के लिए 2007 में, कांग्रेस ने प्रतिभा पाटिल को चुना, जो राजनीतिक दिग्गज या चिर परिचित नाम नहीं थीं। पर महिला थीं। एक समय था जब जगजीवन राम के दावे को नजरअंदाज कर दिया गया था और तब सांकेतिकता की बात को भी दरकिनार कर दिया गया था। वह अनुसूचित जाति से थे। उनकी बेटी मीरा कुमार को पिछले राष्ट्रपति चुनाव में एक अन्य दलित ने हराया था। इन सभी घटनाओं से संकेत मिलता है कि राजनीतिक आख्यान इतने सारे कारकों को ध्यान में रखकर बनाए गए हैं और पार्टी-बड़े लोगों द्वारा लिए गए फैसलों के पक्ष या विपक्ष में तरह-तरह के बहाने और तर्क पेश किए जाते रहे हैं।

मुर्मू का इतना ऊँचे पद पर होना अपनी जाति आदि को लाभ पहुँचाने के लिए 'राजनीतिक प्रतीकवाद' का पर्यायवाची मात्र नहीं है, बल्कि एक सबक है। इसे सकारात्मक तरीके से लेने पर बहुत लाभ हो सकता है। उदाहरण के लिए, डॉ. कलाम के राष्ट्रपति बनने के बाद, मुसलमानों को कोई अतिरिक्त सम्मान प्राप्त नहीं हुआ था और न ही समाज में उनका सम्मान और स्थान बढ़ा। लोग आज भी कलाम को अकेले मुसलमान के रूप में नहीं देखते, उन्हें 'जनता का राष्ट्रपति' माना जाता था। युवा उन्हें अपना आदर्श मानते थे। आज भी मानते हैं। वे 'यूथ आइकॉन' रह चुके हैं। वे उनके द्वारा लिखी गई पुस्तकों की सराहना करते हैं। उनकी आत्मकथा को आज भी युवकों ने बेस्ट सेलर बनाया हुआ है। वे एक तरह से 'अजातशत्रु' रहे। 'ना काहू से दोस्ती ना काहू से बैर' उनके जीवन का दर्शन रहा। कितनी बड़ी बात है! इतना ही नहीं जिस पार्टी ने उनके नाम का प्रस्ताव रखा था, वह आज भी उन पर गर्व महसूस करती है। अभी भी उन पर देश गर्व महसूस करता है। इसलिए यदि आज कोई इनकी चर्चा सिर्फ एक मुस्लिम राष्ट्रपति तक सीमित करके करता है तो वह सबके साथ अन्याय करता है। मुस्लिम के रूप में उनका आकलन करना ठीक न होगा। यह सर्व विदित है कि वे तो अपने समय में कभी रोजा-अख्तियार की दावत भी न देते थे। सच्चर समिति की रिपोर्ट भारत में मुसलमानों की स्थिति के बारे में बताती है। यह रिपोर्ट 17 नवम्बर 2006 को आई थी जब डॉ. कलाम राष्ट्रपति थे। पर ऐसा कोई पुख्ता-प्रमाण नहीं मिलता कि इसकी बदौलत मुसलमानों का कोई भला हुआ हो। हाँ, यह अवश्य दिखाई दिया कि कुछ मुस्लिम धर्म गुरु कलाम को मुसलमान मानने से ही इंकार करने लगे।

स्त्री के रूप में प्रतिभा पाटिल ने भी कोई खास काम स्त्री सशक्तिकरण के लिए किया हो पता नहीं चलता। आप किसी भी राष्ट्रपति का नाम लें, आपको ऐसा ही लगेगा कि वे केवल अपने धर्म विशेष, जाति विशेष या लिंग विशेष तक सीमित नहीं रह सके। एक आदिवासी महिला का समर्थन करने की आलोचना टोकनवाद के रूप में की जा सकती है, लेकिन यह पहली बार नहीं है जब टोकनवाद ने राष्ट्रपति चुनाव को प्रभावित किया है। उदाहरण के लिए, 2007 में कांग्रेस ने प्रतिभा पाटिल को चुना, जो राजनीतिक दिग्गज या प्रसिद्ध नाम तक नहीं थीं।

"क्या देश में सर्वोच्च पद के लिए अर्हता प्राप्त करने के लिए केवल एक अच्छा सीवी आवश्यक है? इसके विपरीत, क्या इसकी कमी उम्मीदवार को अयोग्य ठहराएगी?" देश के जाने माने पत्रकार शेखर गुप्ता ने एक मनोरंजक आलेख 'सी वी एंड स्टेचरश के माध्यम से 2017 में बड़ी मार्के की बात कही थी जो आज भी वैसी ही विचारणीय है जैसी श्री रामनाथ कोविंद के जमाने में थी।

किसी आलोचक ने पिछले दिनों कहा था कि प्रधानमंत्री मोदी प्रतीकों की राजनीति में निष्णात हैं। यह बिल्कुल संभव है कि वे श्रीमती द्रौपदी मुर्मू को भी आदिवासियों की सत्ता में भागीदारी के प्रतीक के रूप में इस्तेमाल करने की इच्छा रखते हों ताकि उनकी ओट में कॉरपोरेट परस्त आदिवासी विरोधी नीतियों को तेजी से आगे बढ़ाया जा सके। दूसरी ओर, आदिवासी समुदाय के राजनीतिक नेताओं का कहना है कि मुर्मू का चयन उन सब के लिए गर्व की बात है। इसका सभ्यतागत महत्व है। झारखंड के तीन बार मुख्यमंत्री रहे आदिवासी मूल के श्री अर्जुन मुंडा के शब्दों में, "उनके नामांकन को भाजपा द्वारा प्रतीकात्मक या सजावटी निर्णय के रूप में नहीं देखा जाना चाहिए। आदिवासियों ने भारत में आकर कहीं दूसरे स्थान से प्रवास नहीं किया है। वे इसी देश की मिट्टी के बेटे और बेटियां हैं। भारतीय राजनीति के लिए इस प्रस्ताव का बड़ा प्रभाव होगा। पहले, सभी को (आदिवासियों का कैसे सुधार करना है) बताने का अवसर मिलता था। अब, पहली बार, किसी "मूल निवासी" को देश के संवैधानिक मुखिया की भूमिका में सुनने और निभाने का अवसर मिला है (अभी तक सबको कहने का मौका मिला है, पहली बार सुनाने का मौका दिया गया है। यह अभूतपूर्व है।[69]

यदि अमेरिका में भारतीय मूल की कमला हैरिस और उनके उत्थान को सांकेतिकवाद नहीं कहा जा सकता, तो मुर्मू को भी ऐसा नहीं कहा जा सकता। यह तय है। फिर भी अँग्रेजी मीडिया इसे काँच की दीवार गिराने वाला या जोर का झटका देने वाला समाचार मानने से हिचकिचा रहा है –

एक नेता के राष्ट्रपति भवन में सामाजिक स्तर के सबसे वंचितों से इसे बनाने के प्रतीकात्मक महत्त्व को छोड़कर या पहचान साझा करने वाले एक बड़े जनसांख्यिकीय समूह के लिए अपने प्रेरणादायक मूल्य को कम करने के प्रलोभन के आगे झुकना, किसी को बस एक आदिवासी नेता की सराहना

करनी चाहिए, बड़ी संख्या में लोगों का प्रतिनिधित्व करने वाले, अब देश के पहले नागरिक की स्थिति को आमूल चूल परिवर्तनकारी के रूप में देखने की जरूरत नहीं है।[70]

इस प्रतीक को देखकर अनदेखा करना कठिन होगा। भीम राव अंबेडकर भी तो दलित चेतना के प्रतीक ही हैं। अब द्रौपदी मुर्मू आदिवासी चेतना का प्रतीक बनकर आपके सामने आई हैं। इस प्रतीक को व्यक्ति और व्यक्तित्व बनते देर न लगेगी। 'गूंगी गुड़िया' को वज्र महिला बनते सबने देखा है। मुझे विश्वास है द्रौपदी मुर्मू से देश के दलित, वंचित, सर्वहारा, अल्पसंख्यक और गरीब सब कुछ न कुछ प्रेरणा प्राप्त करेंगे। यह हो रहा है और होता रहेगा। मैत्रेयी कॉलेज दिल्ली की सहायक प्रोफेसर अदिति नारायणी पासवान बहुत मुखर होकर अँग्रेजी दैनिक 'इंडियन एक्सप्रेस' में लिखती हैं कि मुर्मू का भारतीय राजनीति के आकाश पर इस प्रकार उदय होना हमारी जम्हूरियत के गहरे होने का परिचायक है (डीपनिंग ऑफ डेमॉक्रसी इन द कंट्री। सही बात है, बी आर अंबेडकर ने भारत के लोकतन्त्र को सफल बनाने के लिए जिस जन भागीदारी की चर्चा की थी, वह यही तो है। अदिति की बात क्यों न मानी जाए जब वे कहती हैं कि मुर्मू का चयन प्रतिनिधित्व की राजनीति और प्रतीक के तौर से देखा भर न जाए, वे तो हमारे जैसों के लिए अनुकरणीय आदर्श हैं (फॉर मी, हर नॉमिनेशन गोज बियोंड द पॉलिटिक्स ऑफ रिप्रेसेंटटेशन एंड टोकेनिस्म,आइ हैव ए रोल मॉडेल नाऊ)। मुंबई स्थित टाटा इंस्टीट्यूट ऑफ सोशल साइंसेज के सेंटर फॉर स्टडी ऑफ डेवलपिंग सोसाइटीज की प्रोफेसर ऋतंभरा हेब्बार के शब्दों में, "मैं उनके नामांकन को प्रतीकात्मक नहीं कहूँगी। यह मुख्यधारा और राष्ट्रीय राजनीतिक व्यवस्था में राजनीतिक वैधता की लड़ाई है। उनका उदय एक संघर्ष का प्रतीक है, और उन्होंने अपने तरीके से अपना उत्थान किया है जो उनकी राजनीतिक तीक्ष्णता का प्रतिबिंब है।"[71]

लोकापवाद

महामहिम राष्ट्रपति को अपनी उपस्थिति का अहसास कराते हुए देखना लगभग सभी भारतीयों की इच्छा और अभिलाषा होगी। राष्ट्रपति को लोगों के मन में अपनी अलग छवि बनानी होगी। कई भविष्यवक्ता और कैसेंड्रा हैं जो उनके बारे में चौंकाने वाली बातें कहने पर तुले हुए हैं। विरोधियों द्वारा

उनकी राजनीतिक साख के 'वजन', 'कद' और योगदान की क्षमता आदि पर संदेह जताया गया है और जा रहा है। पीएम ने भविष्यवाणी करते हुए कहा है कि वे एक "महान राष्ट्रपति" होंगी। उनके विचार उनकी पिछली उपलब्धियों को देखने पर आधारित हैं।

हमारे लोकतांत्रिक ढांचे में, सभी को राष्ट्र के सर्वोच्च पद की आकांक्षा और उसे प्राप्त करने का अधिकार है। द्रौपदी मुर्मू को थोपा नहीं गया था, बल्कि विधायिकाओं और संसद के सदस्यों द्वारा विधिवत निर्वाचित किया गया था। उन्होंने श्री यशवंत सिन्हा को हराया। इसलिए उनका सम्माननीय पद पर आसीन होना पूरी तरह से वैध है और उनमें कोई दोष खोजना पूरी तरह से अनावश्यक है।

उनसे पहले के हर राष्ट्रपति ने एक विरासत छोड़ी। डॉ. एपीजे युवाओं के बीच काफी लोकप्रिय थे। प्रणब दा अपने विद्वतापूर्ण संवैधानिक ज्ञान के लिए प्रसिद्ध थे। महामहिम मुर्मू को अपना अलग प्रोफाइल बनाना होगा जैसा कि उन्होंने पहले किया था जब वह राज्यपाल थीं। तब उन्हें 'समस्या निवारक' और शांत करने वाला कहा जाता था। मुझे यकीन है कि वह पहले की तरह सुलभ होगी और अपने समुदाय के लिए भी कुछ अच्छा कर पाएगी। उन्हें देश की पहली आदिवासी राष्ट्रपति के रूप में अपनी प्रोफाइल बनानी है और उनके लिए एक जगह बनानी है।

इस पद के लिए विपक्ष और उनके उम्मीदवार श्री यशवंत सिन्हा के मन में यह बात थी जब उन्होंने उनकी उम्मीदवारी का विरोध किया कि देश में "रबर-स्टाम्प राष्ट्रपति" नहीं होना चाहिए। राष्ट्रपति को सरकार के दबाव में नहीं आना चाहिए। "उनका मानना है कि भारत के राष्ट्रपति को अपने विवेक से काम करना चाहिए और सरकार की बोली को पूरा करने के लिए केवल रबर स्टैंप के रूप में काम नहीं करना चाहिए। मुझे दूसरी विचारधारा से संबंधित होने पर गर्व है जो संविधान और गणतंत्र को बचाने के लिए दृढ़ है।[72]

तथ्य यह है कि कांग्रेस के कई नेता नेहरू-गांधी परिवार के रबर-स्टैम्प थे। तथ्य यह भी है कि डॉ. कलाम, रामनाथ कोविंद और द्रौपदी मुर्मू सभी एनडीए की पसंद हैं और भारतीय लोकतांत्रिक व्यवस्था के इतिहास में उनके द्वारा बनाया गया इतिहास अलग से देखने योग्य है।

आज द्रौपदी मुर्मू का राष्ट्रपति के पद को प्राप्त करना आजादी के बाद देर से आये बदलाव का प्रमाण है। वे आज इस बात की प्रतीक हैं कि अब भारत वासी अपनी आतंरिक शक्ति से हर प्रकार के दबाव को झेलने के लिए तैयार हैं। उदाहरण के लिए, इंडिया टुडे समूह ने निर्वाचित राष्ट्रपति द्रौपदी मुर्मू के खिलाफ आपत्तिजनक टिप्पणियों पर कोलकाता स्थित अपने उप महाप्रबंधक इंद्रनील चटर्जी की सेवाओं को समाप्त कर दिया। मीडिया समूह ने अपने कोलकाता स्थित बिक्री कर्मचारियों द्वारा 'बेहद अपमानजनक पोस्ट' के लिए खेद व्यक्त करते हुए कहा कि यह पोस्ट आहत करने वाली और मानवीय शालीनता के बुनियादी सिद्धांतों के खिलाफ थी। कांग्रेस प्रवक्ता अजय कुमार ने जब यह कहते हुए एक बड़ा विवाद खड़ा कर दिया कि एनडीए की राष्ट्रपति पद की प्रत्याशी द्रौपदी मुर्मू एक सभ्य महिला हैं, लेकिन वह जिस दर्शन का प्रतिनिधित्व करती हैं वह बुरा है। इस बात पर भाजपा उनके खिलाफ सख्त हो गई और और उनसे माफी मांगने के लिए कहा गया। प्रवक्ता भी अपनी सफाई देते नजर आये। राम गोपाल वर्मा ने द्रौपदी मुर्मू को महाभारत, पांडवों और कौरवों के बीच की लड़ाई में ले जाकर बड़ा वितंडावाद फैलाया। और उसका विरोध भी खूब हुआ। ये तीन उदाहरण ही इस बात को रेखांकित करने के लिए पर्याप्त हैं कि अब आम लोग आदिवासियों के साथ आ खड़े हुए हैं और उन्हें इनके प्रति कोई उथली बात मंजूर नहीं। यह एक सार्थक पहलकदमी है।

आत्म निष्ठा से आत्म गौरव तक

वरिष्ठ पत्रकार विनोद शर्मा के शब्दों में, "गणतंत्र के अधिकांश राष्ट्रपति अपने आप में समर्थवान महत्त्वपूर्ण व्यक्ति थे। यह हमारे लिए अच्छा होगा कि हम अपवादों पर ध्यान न दें। राष्ट्रपति मनमाने तरीकों से सरकारों का नेतृत्व नहीं कर सकते हैं, वे निश्चित रूप से उन्हें भटका हुआ देखकर संवैधानिक योजना की ओर ले भर जा सकते हैं।[73]

एक राज्यपाल के रूप में उन्होंने एक बार नहीं बल्कि कई बार अपना हुनर इस दृष्टि से दिखाया था। इसमें कोई संदेह नहीं कि वे आने वाले समय में अपने आलोचकों को गलत साबित करेंगी। इसलिए यह कहना कटु आलोचना मानी जानी चाहिए कि राष्ट्रपति स्वयं-विवेक से काम नहीं लेते

या वे ले नहीं सकते। उनके पीछे भारत के संविधान का संबल है और कई बार उन्हें इस तरह का मौका मिल भी जाता है जब वे अपने विवेक का प्रयोग करते हुए ऐतिहासिक कार्य कर जाते हैं।

कहीं पे निशाना!

जेंडर पर लगातार लिखकर प्रसिद्धि प्राप्त करने वाली लेखिका नमिता भंडारे ने रामप्यारी सहरिया, जिसे उनकी जमीन पर दावा करने के लिए आग लगा दी गई थी, के मामले के बारे में जानने के बाद एक प्रासंगिक और मार्के का सवाल पूछा है," क्या मुर्मू के चुनाव से आदिवासियों को मुक्ति मिल सकती है?" क्योंकि देश में 84.4 मिलियन आदिवासियों के लिए जीवन अभाव और बदहाली का दूसरा नाम होकर रह गया है। 'मुक्ति प्रसंग' पर बात करना आवश्यक भी है और वांछनीय भी। आदिवासी समाज के बारे में जितना बताया या दिखाया जाता है, सच उससे परे होता है। वस्तुस्थिति को जानना भी जरुरी है। स्वतंत्र पत्रकार तरुशी असवानी ने तीन प्रासंगिक प्रश्न इस प्रकार प्रस्तुत किए।

1. क्या वह उन सभी कानूनों और नीतियों को चुपचाप स्वीकार कर लेंगी जो नरेंद्र मोदी सरकार उनके कार्यालय को भेजती है?

2. क्या वह सरकार की खिंचाई करेंगी जब वह संविधान के सिद्धांतों पर खरा नहीं उतरेगी?

3. क्या वह व्यवसायों द्वारा आदिवासी भूमि के अनुचित और अवैध विनियोग के खिलाफ बोलेंगी?[74]

शिक्षा से लेकर पोषण की स्थिति और शिशु मृत्यु दर तक लगभग हर मानव विकास पैरामीटर पर अनुसूचित जनजातियां अनुसूचित जाति से भी पीछे हैं। मुर्मू का चुनाव समावेश के लिए महज जुबानी जमाखर्च के समान एक खाली प्रतीकात्मक इशारा नहीं हो सकता। इसे एक नए युग का संकेत मानना चाहिए जहां यह हमेशा की तरह व्यवसाय नहीं रह सकता है, जहां पात्रता और आवंटन को अब नियमित रूप से अस्वीकार नहीं किया जा सकता है। वास्तविक राजनीतिक शक्ति के बिना राज्य के प्रमुख के रूप में मुर्मू की उपस्थिति अब एक नई नैतिकता का संकेत होना चाहिए। जहां एक ऐतिहासिक भूल को ठीक करने के लिए, गरीबी रेखा से नीचे जीवन यापन

करने वाले 43.8% आदिवासियों के जीवन में सुधार लाने के लिए, शिशु और मातृ मृत्यु दर में सुधार के लिए, शिक्षा की खाई को पाटने के लिए नए सिरे से प्रयास किए जा रहे हैं।[75]

भारत के पूर्व राष्ट्रपतियों ने अपनी विशेषज्ञता, ज्ञान और अनुभव को सामने लाते हुए संवैधानिक इतिहास के विकास में योगदान दिया है। अकादमिक योग्यता के दृष्टिकोण से मुर्मू शायद शैक्षिक रूप से भारत के हाल के राष्ट्रपतियों में सबसे कम योग्य हैं। वह सिर्फ बी.ए. हैं लेकिन पहले के कुछ ऐसे भी हैं जो स्नातक भी नहीं थे। ज्ञानी जेल सिंह सिर्फ 'ज्ञानी' थे लेकिन उन्होंने एक बार राजीव गांधी को सख्त चुनौती दी थी।

भारतीय आदिवासियों के बीच से किसी का राष्ट्रपति चुना जाना आदिवासियों के लिए सुखद अनुभव लेकर आया है। द्रौपदी मुर्मू का राष्ट्रपति पद पर आसीन होना उनके लिए मामूली बात नहीं। यह आमूल चूल परिवर्तन कारी घटना है जो फिर शायद ही हो। 'न भूतो न भविष्यति'। इसने उनके लिए नयी उम्मीदों की जैसे खिड़की ही खोल दी है। उन्हें भारत की मुख्यध ारा के मुहाने पर ला खड़ा किया गया है। शिक्षा के बेहतर प्रसार और संचार के साधनों के फैलाव के कारण तथा सोशल मीडिया की पैठ ने जनजातीय जीवन में मूलभूत परिवर्तन हुए हैं। अब वे 'मृगया' फिल्म के चरित नायक से अबोध नहीं। उन्हें अपने अधिकारों की समझ है और वे जागरूकता में किसी से पीछे नहीं। आरक्षण के बल से वे भी कई महत्वपूर्ण पदों तक जा सके हैं। और अब यह जो हुआ है वह उनकी आशा को उड़ान देगा। एक जमाना था जब आदिवासी कहते थे-

हम मंच पर गए ही नहीं
और हमें बुलाया भी नहीं
उंगली के इशारे से
हमें अपनी जगह दिखाई गई
हम वही बैठे रहे
हमें शाबासी मिली
वे मंच पर खड़े होकर
हमारा दुःख हमसे ही कहते रहे

इस स्थिति में बदलाव के रूप में द्रौपदी मुर्मू का आगमन हुआ है। निजता की रक्षा के लिए समय-समय पर अपने विरोध के स्वर मुखर करने वाले और अस्तित्व और अस्मिता के संकट को आसन्न देखकर घबराने वाले अब हुंकार नहीं जय जय कार कर रहे हैं। मैं नई दिल्ली के जामिया मिलिया इस्लामिया विश्वविद्यालय में एक संथाल कवि और एसोसिएट प्रोफेसर आइवी इमोगीन हांसदक की सुविचारित राय के साथ अपनी बात समाप्त करना चाहूंगा, "हाशिए पर के समुदाय या समूह से उठकर एक नेता की उन्नति या उत्थान का अर्थ यह नहीं है कि पूरे समुदाय या समूह को इससे कुछ लाभ होगा। मैं केवल एक ही आशा करने की हिम्मत कर सकता हूं कि भारत के आदिवासी लोगों का गौरवशाली इतिहास उनके माध्यम से पब्लिक डिस्कोर्स में प्रवेश कर सकेगा। हालांकि पद पर रहते हुए उनके पास साधनों की कमी रहेगी, फिर भी वह केवल राष्ट्रपति के पद पर रहकर बदलाव के लिए उत्प्रेरक अवश्य बन सकती हैं।"[76]

अध्याय छह

आदिवासी कल्याण में मुर्मू का योगदान

> एक महान व्यक्ति की उत्पत्ति जटिल प्रभावों की लंबी श्रृंखला पर निर्भर करती है जिसने उस जाति को उत्पन्न किया है जिसमें वह जन्म लेता है और वह सामाजिक स्थिति जिसमें वह फलत-फूलता और धीरे-धीरे आगे आता है... इससे पहले कि वह अपने समाज का पुनर्निर्माण कर सके, उसके समाज को उसका करना होगा।
>
> **हर्बर्ट स्पेंसर**

द्रौपदी मुर्मू को आदिवासियों के मुद्दों और उनके सर्वांगीण कल्याण पर विचार करने और मुखरता पूर्वक उसकी अभिव्यक्ति के लिए जाना जाता रहा है। जल, जंगल और जमीन के संघर्ष में मुर्मू हमेशा आदिवासी समुदाय के साथ खड़ी रही हैं। उन्होंने राजनीतिक और सामाजिक दायित्व में सदा अद्‌भुत संतुलन बनाए रखा है। आदिवासी पहचान वाली मुर्मू संस्कृति, मौलिकता के विषय में हमेशा मुखर रहीं हैं। यह स्वाभाविक भी है। द्रौपदी मुर्मू से देश के अनेक आदिवासी संगठनों और समुदाय के सदस्यों को यह आशा बंधी है कि वे देश की लगभग दस प्रतिशत जनसंख्या के हितों की रक्षा करेंगी। हाशिये पर बरसों से रह रहे आदिवासी लोग द्रौपदी मुर्मू के पदासीन होने से तभी तो खुश हो सकेंगे जब पेसा (पंचायत एक्सटेंशन टू शिडयूल एरिया एक्ट 1996) कानून के सशक्त बनने का रास्ता बनेगा। जब जनगणना प्रपत्र में सरना धर्म कोड, पाँचवीं और छठी अनुसूची के राज्यों के साथ केंद्र सरकार का समन्वय प्रभावशाली बन सकेगा। 2011 की जनगणना के अनुसार देश में तकरीबन 12 करोड़ जनजातीय लोग हैं। पांचवीं और छठीं अनुसूची के राज्यों में इनकी सशक्त मौजूदगी है। राजनीतिक विश्लेषकों की मानें तो द्रौपदी मुर्मू की उम्मीदवारी से भाजपा को पांचवीं और छठीं अनुसूची के राज्यों में

जनजातीय वोट में सेंध लगाने में कामयाबी मिलेगी। छठीं अनुसूची के राज्यों असम, मेघालय, त्रिपुरा, मिजोरम में जनजातीय समाज के लोग काफी संख्या में हैं। असम में 12 प्रतिशत, त्रिपुरा में 31 फीसदी, मेघालय में 86 फीसदी और मिजोरम में 95 प्रतिशत से अधिक इस समुदाय के लोग हैं।

वहीं पांचवी अनुसूची के राज्यों में झारखंड में करीब 27 प्रतिशत आदिवासी हैं। छत्तीसगढ़ में 30, मध्यप्रदेश में 21, ओड़िशा में 22.85, राजस्थान में 13.48, गुजरात में 8, पश्चिम बंगाल के 5.8, राजस्थान में 13.48, हिमाचल प्रदेश में 5.7 प्रतिशत आबादी है। भाजपा की नजर ओड़िशा, राजस्थान, झारखंड, छत्तीसगढ़ पर है। भाजपा को देश में पांचवीं और छठीं अनुसूची के राज्यों में क्षेत्रीय दल चुनौती दे रहे हैं। आंधप्रदेश में वाईएसआरसीडी, झारखंड में झामुमो, ओड़िशा में बीजू जनता दल, पश्चिम बंगाल में तृणमूल कांग्रेस को परास्त करने के लिये भाजपा आदिवासी समाज को जोड़ने की इच्छुक है। जल, जंगल, जमीन पर जनजातियों का अधि कार सुनिश्चित करने के लिये पेसा कानून लागू किया गया है, लेकिन इससे आदिवासियों को विशेष लाभ नहीं हुआ। 89वें संविधान संशोधन अधिनियम 2003 के जरिये वाजपेयी सरकार ने आदिवासियों के लिए अलग राष्ट्रीय आयोग गठित किया मोदी सरकार में आदिवासी समुदाय को संगठित करने के लिए और अधिक व्यवस्थित तरीके से कोशिशें शुरू हुई। प्रधानमंत्री वन धन योजना इसका प्रमाण है।

सरना धर्म और सरना धर्म कोड

झारखंड का आदिवासी समुदाय अपने अलग धर्म की मांग को लेकर केंद्र सरकार से गुहार लगता रहा है। वो मांग करते रहे हैं कि जनगणना में उनके आगे हिंदू न लिखा जाये। हिंदू धर्म से उनका कोई लेना-देना नहीं है और उनका धर्म सरना है। इस समुदाय के लोग छोटानागपुर क्षेत्र में रहते है। झारखण्ड के मुख्यमंत्री हेमंत सोरेन भी सरना समुदाय से आते है। वो प्रकृति की प्रार्थना करते हैं और उनका विश्वास 'जल, जंगल, जमीनश पर है। ये वन क्षेत्रों की रक्षा करने में विश्वास करते हुए पेड़ों और पहाड़ियों की पहाड़ियों की प्रार्थना करते है। "आदिवासी कभी हिंदू नहीं थे और वे कभी नहीं होंगे", झारखंड के मुख्यमंत्री हेमंत सोरेन ने पिछले साल एक सम्मेलन

में घोषणा की थी। सोरेन ने भारत में कुछ लोगों द्वारा उठाई गई मांगों के आधार पर कहा है कि उन्हें हिंदू धर्म से अलग अपने स्वयं के कोड का पालन करने की अनुमति दी जानी चाहिए। वे "हमेशा प्रकृति-उपासक रहे हैं और यही कारण है कि उन्हें आदिवासी लोगों के रूप में गिना जाता है।"

ओडिशा के संथाल आदिवासियों में से एक द्रौपदी मुर्मू मुख्यमंत्री हेमंत सोरेन के झारखंड राज्य की राज्यपाल थीं। ओडिशा और झारखंड दोनों आदिवासी-समृद्ध राज्य हैं और द्रौपदी मुर्मू अब भारत देश की राष्ट्रपति हैं। उनसे दो अपेक्षाएं होंगी ही। एक तरफ तो आदिवासी 'सरना' धर्म को लेकर आग्रह करेंगे, दूसरी तरफ बी जे पी का मानना रहा है कि सरना कोई अलग से धर्म नहीं है। आदिवासी भी हिंदू धर्म कोड के अधीन हैं। इसलिए उनके लिए अलग से धर्म कोड की कोई जरूरत नहीं है। न केवल झारखंड बल्कि अखिल भारतीय जनजातीय आबादी के बीच एक सहानुभूतिपूर्ण समावेशी हिंदू धर्म की पहुंच बढ़ाने के लिए राष्ट्रपति द्रौपदी मुर्मू किस प्रकार अपने पद और प्रभाव से लोगों को प्रेरित करेंगी यह तो आने वाल समय ही बतायेगा। इतना जरूर है कि हाशिए के समूहों के बीच हिंदू धर्म के प्रचार प्रसार को कुछ बल अवश्य मिलेगा।

भारत में अब राष्ट्रपति पद पर महामहिम द्रौपदी मुर्मू आसीन हैं। यह अपने आप में बहुत महत्वपूर्ण है। वे आदिवासी समुदाय से आती हैं और उनसे आदिवासी समुदाय बहुत सी उम्मीदें रखता है। उनके नामांकन से शुरू हुई बहस और संवाद ने आदिवासी मुद्दों को सुर्खियों में लाने में मदद की है। और आगे जाकर शायद यह समुदाय के लिए फायदेमंद होने वाला है। आदिवासी क्यों न चाहेंगे कि उनके समाज के विकास और प्रगति के लिए मुर्मू अपने पद का प्रभाव प्रयोग करें। बहुत सी समस्याएँ हैं और बहुत से समाधान हैं। देश के अनेक आदिवासी लोग इसी बात को सुनकर नाराज हो जाते हैं कि उन्हें 'वनवासी' कहा जाने लगा है। यह ठीक वैसा है जैसा 'दलित' को 'हरिजन' कहने का गांधीजी का सुझाव आज भी बहुत से लोगों के लिए आलोचना का बिन्दु है। पर वनवासी कहकर संबोधित करने वाले लोग भी आदिवासियों का कल्याण ही चाहते हैं। वे यह भी चाहते हैं कि आदिवासी लोग हिन्दू धर्म के सनातन स्वरूप का अंग बनकर रहें। बहुत से लोग इसका विरोध भी करते हैं। वे मानते हैं कि उनका हिन्दू धर्म से वह संबंध नहीं है जो बताया जाता है। वे तो प्रकृति प्रेमी हैं और उनका कोई ध

र्म है तो वह 'सरना' है जिसको अब मान्यता मिलनी चाहिए। इस आस्था के अनुयायी मूर्ति पूजा में विश्वास नहीं करते हैं और इसके बजाय प्रकृति की शक्तियों का सम्मान करते हैं, चाहे वह जंगल, पहाड़ियाँ, नदियाँ या भूमि हो। सरना कोड के अभाव में, अनुयायी जनगणना अभ्यास के दौरान खुद को ष्अन्य धर्म और अनुनय (ओआरपी)" श्रेणी में सूचीबद्ध करते हैं। औपचारिक मान्यता के अभाव में पहचान, संस्कृति और जीवन के पारंपरिक तरीके को खोने की चिंता है। अधिकांश आदिवासी हिंदू और ईसाई धर्म में धर्मांतरण के प्रयासों की चपेट में आ जाने से बचना चाहते हैं।

इसे राष्ट्रीय स्वयंसेवक संघ (आरएसएस) के वैचारिक ढांचे और आदिवासियों को बड़ी हिंदू पहचान के भीतर शामिल करने के अपने एजेंडे के खिलाफ माना जाता है। झारखंड मुक्ति मोर्चा (झामुमो) सहित आदिवासी समुदाय के नेता और दल अगली जनगणना के दौरान सरना धर्म के लिए एक अलग कोड की आवश्यकता की वकालत करते रहे हैं। दूसरी ओर भारत की जनजातियों का ईसाई धर्म में धर्मांतरण और जनसांख्यिकी में बदलाव देश के लिए एक बड़ा मुद्दा रहा है। इन वर्षों में, पूर्वोत्तर राज्य जैसे नागालैंड, मिजोरम और मेघालय ईसाई बहुल बन गए हैं। डर है कि धर्मांतरण का असर शेष भारत पर पड़ेगा। 19वीं सदी की शुरुआत में ईसाई मिशनरियों ने यहां काम करना शुरू किया था। इसके बावजूद झारखंड, ओडिशा, छत्तीसगढ़ और पश्चिम बंगाल जैसे राज्यों में इसकी बहुत कम उपस्थिति है। इन राज्यों में बड़ी संख्या में आदिवासी आबादी है। पिछली जनगणना के अनुसार इन राज्यों में झारखंड में सबसे ज्यादा ईसाई आबादी (केवल 4.3 फीसदी) है। वनवासी कल्याण आश्रम जैसे विभिन्न संगठन ईसाई मिशनरियों के समान जनजाति कल्याण का कार्य करने की कोशिश करते रहें हैं। प्रोफेसर बद्री नारायण के अनुसार इन क्षेत्रों में "एक हिंदू-आदिवासी तालमेल बनाने" के लिए "आदिवासी देवताओं को हिंदू मंदिरों के अंदर रखा जाता है।" आदिवासी समाज को ईसाई धर्म से दूर रखना और उन्हें हिंदू धर्म का अंग बनाते हुए आत्मसात करने की योजना का प्रभाव भी होता है। प्रोफेसर बद्री नारायण के अनुसार-

कई अन्य हिंदू संगठन भी आदिवासी संस्कृति के पुनर्निर्माण में योगदान दे रहे हैं। आदिवासी देवताओं को हिंदू मंदिरों के अंदर भी रखा जाता है,

जिससे हिंदू–आदिवासी तालमेल बनता है। "दोनों समाजों में समान मूल्य और नैतिक संरचनाएं हैं। हम ऐसे संबंधों का पता लगाने के लिए काम कर रहे हैं, जो समाज में एकता पैदा कर सकते हैं," आदिवासी क्षेत्रों में आरएसएस की गहरी पहुंच के साथ, यह उचित समय है कि भाजपा नेताओं ने अपने आउटरीच कार्यक्रम के लिए संगठन के प्रभाव का उपयोग करना शुरू कर दिया।[77]

मुर्मू के अनुसूचित जनजाति से होने के कारण ईसाई मिशनरी भी भड़के हुए है। एक जनजाति से जुडी महिला का देश के शीर्ष पद पर होना हिंदू आदिवासियों को निशाना बनाने वाले धर्मांतरण माफियाओं को क्यों अच्छा लगेगा? कहा जाता है की एक जमाने में मुर्मू ने ओडिशा के रायरंगपुर के आदिवासी क्षेत्रों में धर्मांतरण माफिया के खिलाफ बड़े पैमाने पर काम भी किया है। ईसाई मिशनरी गरीब और अनुसूचित जनजाति के लोगों को प्रलोभन देकर धर्मांतरण करवाते हैं। उनके काम को अब नाकाम करने में आसानी होगी।

लंबे समय तक, भारत के आदिवासी क्षेत्र या तो ईसाई मिशनरियों या नक्सलियों के प्रभाव में रहे हैं। आरएसएस ने इन क्षेत्रों में बड़ी शांति और शालीनता से प्रवेश किया। उन्होंने अपने सेवा भाव से आदिवासियों के बीच काम करके उनके मन में अपने लिए अमिट स्थान बनाया। उन्हें सनातन धर्म, सनातन विचार और भारत देश की प्राचीन संस्कृति की तरफ उन्मुख किया। आरएसएस ने दूरस्थ आदिवासी क्षेत्रों में छात्रावास की सुविधा के साथ मुफ्त स्कूल स्थापित किए। वे उन स्थानों पर जा पहुंचे जहां अभी तक सरकारी सुविधाएं नहीं पहुंची। इसके साथ साथ वे वहाँ कई आरोग्यशालाएँ (आयुर्वेद, होम्योपैथी और आधुनिक चिकित्सा के अस्पताल) लेकर आए। गरीब आदिवासी को अच्छा और मुफ्त इलाज मिला। आदिवासी समुदायों के अपने ज्ञान और तौर तरीकों को आरएसएस ने कभी नजरअंदाज नहीं किया। इसके संस्थानों ने तीरंदाजी, कुश्ती और अन्य पारंपरिक आदिवासी खेलों के लिए राष्ट्रीय स्तर का प्रशिक्षण देना शुरू किया। इनके द्वारा चलाये जा रहे स्कूलों में पढ़ने वाले बच्चे भजन कीर्तन और नैतिक शिक्षा भी सीखते हैं। स्कूलों से पास होने के बाद जब वे बड़े शहरों में जाते हैं तब भी उनका संपर्क अपने स्कूल से बना रहता है। कुछ स्कॉलरशिप देकर उनकी आर्थिक सहायता भी की जाती है। उनके साथ निरंतर संबंध बनाए रखने का लाभ यह होता है कि आदिवासी समाज में ये लोग भारतीय संस्कृति के प्रचारक

और दूत की तरह रहकर आदर पाते है। इनमें से चुनिंदा लोग बड़े होकर अध्यात्म, राजनीति, शिक्षा और प्रशासन से जुड़कर देश की मुख्य धारा के विकास में भागीदार होते हैं।

यह स्वाभाविक है कि इनकी देखा-देखी कई दूसरे सांस्कृतिक और धार्मिक संगठन भी आदिवासी लोगों के कल्याण के निमित्त आ जाते हैं। वे भी संस्कृति के पुनर्निर्माण के लिए काम कर रहे हैं। सनातन धर्म में विश्वास रखने वाले जब आदिवासी समाज में देखते हैं कि उनका और आदिवासी लोगों के धार्मिक विश्वास एक जैसे हैं तो वे खुले दिल से उन्हें अपने साथ ले कर आगे बढ़ते हैं। एक तरह से हिंदू पुनरुत्थान ने कई 'सबाल्टर्न' समुदायों को प्रेरित किया जो अब तक भाजपा के बाहर थे। उन्होंने पार्टी के करीब आने के लिए न केवल अपनी रुचि दिखाई बल्कि आगे बढ़कर नेतृत्व क्षमता का भी प्रदर्शन करते हुए देश की मुख्य-धारा में आने की इच्छा भी दिखाई।

आदिवासी देवताओं को हिंदू मंदिरों के बड़ी श्रद्धा से स्थापित किया जाता है और उनकी विधि विधान से पूजा की जाती है। इसी तरह आदिवासी भी अपने धर्म-स्थलों में हनुमान जी आदि की मूर्तियां स्थापित करके उनकी पूजा करते हैं। रामायण के अरण्य कांड और किष्किंधा कांड में वन और वन वासियों का चित्रण है। भगवान राम चंद्र जी ने अपने चौदह वर्ष के वनवास का अधिकतर समय इन्हीं वनों में बिताया था। शबरी आदि की कथा आज भी प्रेरक है। राम और सुग्रीव की मैत्री सदा स्मरण की जाती है। सांस्कृतिक और धार्मिक दृष्टि से अनेक समानताएं और विशेषताएं हमें एक बनाती हैं। इनका बखान और बयान आपसी संबंधों को मजबूत करता है। आदिवासियों को अन्य दूसरे कुप्रभावों से मुक्त रखता है। सांस्कृतिक रूप से, हिन्दू धर्म और देश के महाकाव्यों में आदिवासियों और संथालों के अनेक चित्र और पात्र मिलते हैं जो उनके जीवन के प्रति सहानुभूति और सम्मान दिखाते हैं। ऋषि मातंग की शिष्या शबरी की कहानी देश का बच्चा बच्चा जानता है। वह वृद्धावस्था तक केवल भगवान राम के आने की प्रतीक्षा कर रही थी। 'शबरी के जूठे बेर' के बिना रामायण बिल्कुल अधूरी है। शबरी की भक्ति को पूरा करने के लिए भगवान राम ने उनके जूठे बेर खाए थे। फाल्गुन मास के कृष्ण पक्ष की सप्तमी तिथि को शबरी जयंती मनाई जाती है। इस दिन श्रीराम भक्त शबरी की स्मृति यात्रा निकालते हैं और पूरे विधि विधान

से उनकी पूजा करते हैं। शबरी का एक नाम श्रमणा भी है जिसे कई लोग अज्ञानवश 'सरना' भी कह डालते है। महाभारत में अर्जुन शिव के अवतार एक आदिवासी से शस्त्र विद्या सीखते है। एकलव्य की कहानी भी महाभारत में सहानुभूति के साथ वर्णित है, जिसने द्रोणाचार्य को गुरुदक्षिणा के रूप में एक पल में अपना अंगूठा काट कर दे दिया था।

इन सब कथाओं, दंतकथाओं और आख्यानों के पारस्परिक पाठ से आपसी संबंधों में प्रगाढ़ता होती है। देश की कई संस्थाएं इस सेवा कार्य में लगी हैं। इन संस्थाओं के निस्वार्थ कार्यों और इनसे जुड़े कार्यकर्ताओं की तन, मन, धन से वर्षों की सेवा का यह सुफल है कि हम इन सुदूर क्षेत्रों से देश की सेवा करने के लिए सुयोग्य और कर्मठ लोगों को अपने साथ खड़ा पा रहे हैं। द्रौपदी मुर्मू ने सेवा भाव का पाठ ऐसी ही संस्थाओं के सान्निध्य में प्राप्त किया। जो भी कार्यकर्ता, समाजसेवी, नेतागण और अध्यापक इनके संपर्क में आये होंगे वे सभी आज कितना गौरवान्वित अनुभव कर रहे हैं, यह कोई कहने की बात नहीं है। राष्ट्रपति मुर्मू देश के तमाम नागरिकों के लिए यह संकेत भी हैं कि आदिवासी सशक्तिकरण केवल कहने भर की बात अब नहीं है। वे स्वयं इसका एक जीता जागता प्रमाण हैं। द्रौपदी मुर्मू का राष्ट्रपति पद के लिए चयन हिंदू धर्म की सांस्कृतिक राष्ट्रवाद की अवधारणा के संदर्भ में देखा जा सकता है। सनातन धर्म जो अपने में विभिन्न समुदायों को बड़ी सहजता पूर्वक शामिल करता है। यह एक अखंड भारत का प्रतिनिधित्व करता है जो आजादी के बाद दशकों तक जन्मी और पोषित खंडित पहचान की राजनीति के विपरीत है।

द्रौपदी मुर्मू के राष्ट्रपति बनते ही 'आदिवासी गैर-आदिवासी' विभाजन के डेढ़ सदी पुराने आख्यान को हटाने का प्रयास शुरू होता है। यह समावेशी और सामंजस्यपूर्ण राष्ट्रीय विकास के पारंपरिक हिंदू लोकाचार का प्रदर्शन है जो हिंदुत्व का अभिन्न अंग है।

द्रौपदी मुर्मू को प्रधानमंत्री ने चुना है और प्रधानमंत्री को जनता ने। यह प्रधानमंत्री की उस योजना का अंग है जिसमें वे एक ओर तो मुस्लिम समुदाय के पसमांदा समूह को भारतीय जनता पार्टी की ओर उन्मुख कर रहे हैं, दूसरी ओर वे भारत के कई प्रदेशों में बसे जनजातीय समूहों को भी जागरूक करते हुए राजनीति और समाज की मुख्य धारा से जोड़ने का अभियान चला रहे

हैं। इसे भारतीय जनता पार्टी के सामाजिक सरोकारों के प्रति बढ़ती हुई चेतना की दृष्टि से भी देखा जाना चाहिए। हिन्दू आबादी के आदिवासी समाज की ओर वर्षों से विदेशी धर्म प्रचारकों की निगाह लगी रही है। चूंकि ये लोग भोले-भाले होते हैं और धर्म के नाम पर मुख्यतः प्रकृति पूजा भी करते हैं तो इन्हें पहले तो इनके अपने धर्म को अलग करने के लिए प्रेरित किया जाता है और फिर धीरे-धीरे इन्हें अपने धर्म में दीक्षित कर लिया जाता है। इनको अनुसूचित जाति के लिए नियत आरक्षण का लाभ भी मिलता रहे यह भी सुनिश्चित किया जाता है। इसके लिए बहुत-सा धन विदेशों से आता है।

वैसे तो संथाल का अर्थ होता है शांत मनुष्य, किन्तु ये अपनी आन, बान, शान के लिए सब कुछ कुर्बान भी करना जानते हैं। स्वतन्त्रता के लिए तो 1857 में लड़ाई हुई थी पर इन लोगों ने इससे भी कई वर्ष पहले अंग्रेजों की ईस्ट इंडिया कंपनी को चुनौती देना शुरू कर दिया था। ये लोग बहुत समय से उपेक्षित रहे चले जा रहे थे। अब द्रौपदी मुर्मू के निर्वाचन से जो चेतना की नई चिंगारी इनके बीच आएगी उसका सुफल मिलेगा।

हैदराबाद में राष्ट्रीय कार्यकारिणी के अनेक फैसलों में से एक यह भी था कि देश के जनजातीय क्षेत्रों में द्रौपदी मुर्मू के राष्ट्रपति के आधिकारिक चित्र के साथ जाकर कई सभाएं और आयोजन करके यह बताया जाए कि उनके बीच से एक सुशिक्षित और सचेत महिला अब देश के सर्वोच्च पद पर है। वे देश की राष्ट्रपति हैं। इसके कई लाभ होंगे। तात्कालिक लाभ तो यह होगा कि बीजेपी को चुनावी बढ़त मिलेगी। चार चुनावी राज्यों में अनुसूचित जनजाति (एसटी) के लिए कुल 128 सीटें आरक्षित हैं - गुजरात में 27, राजस्थान में 25, छत्तीसगढ़ में 29 और मध्य प्रदेश में 47। पिछले विधानसभा चुनाव में बीजेपी इनमें से सिर्फ 35 सीटें ही जीत पाई थी। भाजपा अगले साल राजस्थान में होने वाले विधानसभा चुनावों के लिए पहले से ही कमर कस रही है और मुर्मू के जरिए उसकी नजर करीब 70 सीटों पर है जहां आदिवासी आबादी काफी है। हालांकि 25 सीटें एसटी के लिए आरक्षित हैं, लेकिन समुदाय का प्रभाव लगभग 70 सीटों पर देखा जा सकता है। 2011 की जनगणना के अनुसार, आदिवासी समुदाय राजस्थान की आबादी का लगभग 14 प्रतिशत है। इसीलिए मुर्मू के प्रस्तावक के रूप में शामिल राजस्थान के पांच विधायक आदिवासी थे। उनके माध्यम से, भाजपा इन

70 सीटों पर आदिवासी वोट-बैंक तक पहुंचने की उम्मीद कर रही है। मुर्मू जी के राष्ट्रपति बनने के बाद, सभी गांवों में रैलियां आयोजित की जाएंगी। आयोजकों को राष्ट्रपति की उस आधिकारिक तस्वीर का उपयोग करने के लिए कहा गया है जो उनके चुने जाने के बाद जारी की जाएगी। इन रैलियों में सभी गांव और ग्राम पंचायतें शामिल होंगी। बी.जे.पी. इन रैलियों के द्वारा सभी आदिवासी लोगों और नेताओं को देश की मुख्य धारा और अपनी पार्टी से जोड़ने का प्रयत्न करेंगे ।

आदिवासी समाज के एक व्यक्ति को कुछ विद्वानों द्वारा प्रतीकात्मक कहे जाने वाले पद को देने के पीछे केवल इतना ही मंतव्य नहीं। यह तो आदिवासी समाज के लिए धोखा होगा। वास्तव में देश अब इस ओर कदम बढ़ा रहा है कि सबका साथ अब पूर्ण रूप से 'सबका हो। यह केवल नारा नहीं था, कोई वादा नहीं था। इनका राष्ट्रपति भवन में पहुँच जाना एक विश्वव्यापी क्रांति का आगाज है। भारत में बैठे अनेक लोगों का यह प्रोजेक्ट रहा है कि आदिवासी और दलितों को हिन्दू धर्म से अलग किया जाए। वे विदेशी आर्थिक मदद से ये कार्य करते हैं। अब सरकार यह नहीं होने देना चाहती। धर्म परिवर्तन और जबरन धर्म परिवर्तन के लिए आती रही फोरेन फंडिंग या विदेशी मदद से किए जा रहे तथाकथित सामाजिक क्रियाकलापों का राजनीतिक लाभ उठाने वालों पर नकेल कसी जाएगी। आदिवासियों को मुख्य धारा में जोड़ना और जोड़े रखना तथा उनकी बहुमुखी उन्नति करना राष्ट्रपति मुर्मू के चयन से एक आंदोलन के समान गति पकड़ेगा।

हमें याद रखना होगा कि अपने लोगों के प्रति द्रौपदी मुर्मू की तीस साल की प्रतिबद्धता और सेवा का उन्हें एक ओर तो यह प्रतिफल मिला है दूसरी ओर वे उनके उत्थान-पुनरुत्थान का सशक्त माध्यम भी बन रही है। देश के हर ग्यारह भारतीयों में से एक आदिवासी समाज से आता है, तो जब वे देखेंगे कि उनका कोई अपना एक देश के सर्वोच्च पद पर बैठा है तब वे अवश्य गौरव का अनुभव करेंगे। इस निर्णय से खुश होकर बहुत से आगामी चुनावों में अपना वोट भी बी.जे.पी. को देंगे। स्वाभिमानी कौम को जिसने कभी झुकना सीखा ही नहीं उसे यह खुद-ब-खुद पता चल जाएगा कि देश के राष्ट्रपति पद की गरिमा का अर्थ और निहितार्थ क्या होता है।

अब यह उम्मीद की जा सकती है कि उन राज्यों में भी अब सभी राजनीतिक दल आदिवासियों को ऐसी ही अहमियत देंगे जहाँ आदिवासी समाज की अधिकता है ताकि उनका विकास सही अर्थों में हो सके। क्या मुर्मू के राष्ट्रपति बनने पर स्थिति बदल सकती है? यह एक ऐसा खुला प्रश्न है जिसे हर विरोधी पूछेगा। क्योंकि दो-दो दलित राष्ट्रपतियों के बाद भी दलितों की स्थिति में कोई आमूल चूल परिवर्तन नहीं हो पाया।

संथाली भाषा : द्रौपदी मुर्मू से आशा

संताल हिंदी से अपनाया गया एक अंग्रेजी रूप है जो बंगाल के बंगाली भाषी लोगों द्वारा इस्तेमाल किए जाने वाले सोंतार के रूप से मेल खाता है। अधिकांश मानवविज्ञानी इस बात से सहमत हैं कि संताल उन्हें गैर-संतालों द्वारा दिया गया एक नाम है। वास्तव में, संताल आपस में होर शब्द का उपयोग करते हैं जिसका अर्थ है मनुष्य (मानव)। बंगाल और उड़ीसा में रहने वाले कुछ लोग अपनी पहचान के लिए मांझी शब्द का इस्तेमाल करते हैं। 18वीं शताब्दी में ब्रिटिश उपनिवेशवादियों और पश्चिमी मिशनरियों के भारत आने तक उनका कोई लिखित इतिहास नहीं था। इससे पहले, वे अपने इतिहास, रीति-रिवाजों और परंपराओं को अपनी कहानियों, गीतों और किंवदंतियों के माध्यम से मौखिक रूप से पीढ़ी दर पीढ़ी संचारित कर चुके हैं क्योंकि उनके पास अपनी लिपि नहीं थी। लेकिन उन्होंने अपनी भाषा संताली को आज भी जीवित रखा है जो उनके मूल, प्रवास, पिछले इतिहास और गौरव का पता लगाने के स्रोतों में से एक है। 'पुथी रीक' सोरसो फिर खोन थूटी रीक 'सोरसो', जिसका अर्थ है, 'किताबों से पढ़ने से सुनकर सीखना बेहतर है' यह इस भाषा के अनेक मधुर वाक्यों में से एक है जिसमें पुस्तकीय ज्ञान से बेहतर सुनकर जानने को माना गया है। सुनकर सीखो, पढ़कर नहीं। इस पुस्तक से पढ़कर द्रौपदी मुर्मू के विषय में जानने से बेहतर है उनके विषय में सुनकर जानो।

मुर्मू की मातृभाषा, संताली, हिंदी, बंगाली, पंजाबी, राजस्थानी, गुजराती, सिंधी, कच्छी, मराठी, उड़िया, संस्कृत, असमिया, उर्दू जैसी इंडो-आर्यन भाषा या तमिल, तेलुगु, कन्नड़ और मलयालम जैसी द्रविड़ भाषा नहीं है। यह वियतनाम और कंबोडिया जैसे स्थानों में बोली जाने वाली ऑस्ट्रिक भाषा समूह के ऑस्ट्रो-एशियाई उपसमूह का हिस्सा है। लंबे समय तक रोमन,

बंगाली, ओडिया, देवनागरी, असमिया और नेपाली लिपियों के द्वारा लिखे जाने के बाद, संताली भाषा को अपनी स्वदेशी लिपि मिली जब रघुनाथ मुर्मू ने ओल चिकी ('ओल-लेखन' और 'चिकी-लर्निंग') विकसित की स्क्रिप्ट की शुरुआत 1925 में हुई थी। हालाँकि, इसे पहली बार 1936 में मयूरभंज में प्रकाशित किया गया जब ओल चिकी लिपि में पहली पुस्तक 'होर सेरेंग' आई। ओल-चिकी लिपि में लिखी गई संथाली को संविधान की आठवीं अनुसूची में अनुसूचित भाषाओं में से एक के रूप में मान्यता प्राप्त है। भाषा को आधिकारिक मान्यता देने की मांग को लेकर संताल नेताओं ने कई दशकों तक लड़ाई लड़ी। यह संघर्ष 22 दिसंबर, 2003 को फलित हुआ, जब भाषा को भारतीय संविधान की 8वीं अनुसूची में शामिल किया गया और यह देश की आधिकारिक भाषा बन गई। 2013 में, विश्वविद्यालय अनुदान आयोग ने संताली को राष्ट्रीय पात्रता परीक्षा में शामिल किया, जिससे व्याख्याताओं को कॉलेजों और विश्वविद्यालयों में भाषा का उपयोग करने की अनुमति मिली। यह देश की पहली जनजातीय भाषा भी है जिसका अपना विकिपीडिया संस्करण है। 2 अगस्त, 2018 को, संताली अपना विकिपीडिया संस्करण प्राप्त करने वाली भारत की पहली आदिवासी भाषा बन गई। 2018 में, संताली को पहली बार पश्चिम बंगाल माध्यमिक बोर्ड परीक्षा के लिए एक माध्यम के रूप में इस्तेमाल किया गया था।

भारत के पहले नागरिक के रूप में द्रौपदी मुर्मू के चुनाव को संताल भाषा बोलने और इस्तेमाल करने वालों की जीत के रूप में देखा जाएगा। पुरुलिया, पश्चिम बंगाल में सिद्धो-कान्हो-बिरशा विश्वविद्यालय (SKBU) के संताली विभाग में एक सहायक प्रोफेसर डॉ. पल्टन मुर्मू कहते हैं, "अगर वह चुनी जाती हैं, तो हमारी प्राचीन भाषा को मुख्य रूप से आर्य और द्रविड़ के दो प्राथमिक भाषाई समूहों में विभाजित भारतीय भाषाओं के बाहर अपनी पहचान रखने का मौका मिलेगा।"[78]

मुर्मू ने आदिवासी भाषाओं और संस्कृति पर प्रकाशित साहित्य के अनुवाद का भी आह्वान किया। लको बोदरा और रघुनाथ मुर्मू जैसे महानुभावों के योगदान की प्रशंसा की। यह भी कहा कि 'हो' जनजातियों की 'वरानचिति लिपि' और संथाली की 'ओल चिकी' लिपि के नियामकों को समुचित आदर दिया जाना चाहिए। उनका मानना रहा है कि आदिवासियों का इतिहास

अच्छी तरह से प्रस्तुत नहीं किया गया है और इसे "पुनः स्थापित" और इसके 'पुनर्लेखन' करने की आवश्यकता है।

निंदक उवाच

द्रौपदी मुर्मू ने शायद वह दोहा न पढ़ा हो जो निंदक को 'नियर' रखने का सुझाव देता है क्योंकि वह आपका 'सुभाव' निर्मल कर देता है। उन्हें इसकी कोई जरूरत न थी क्योंकि उन्हें देखते ही उनकी सरलता और नम्रता की जो छाप हमारे दिल पर पड़ती है, वह बिना साबुन और पानी के हमारे मन के मैल को धो डालती है। यह तो रही कहने की बात, अब मुद्दे पर आते हैं और बताते हैं कि एक दो नहीं बहुतेरे नर-पुंगव हैं जो जीवन में छिद्रान्वेषण करके ही सुख पाते हैं। उनको मैं 'किन्तु परन्तु लेकिन' कहूं तो आप हँसियेगा मत। वायर को स्क्रॉल करके प्रिंट किया तो बहुत सा चर्चा चर्वण निकला। 'द वायर' नंदिनी सुन्दर कहती हैं महाभारत की द्रौपदी एक निष्ठावान पत्नी और बेटी थीं, लेकिन जब अन्याय का सामना करना पड़ा, तो उन्होंने सभी से असुविधाजनक सवाल पूछने की हिम्मत दिखाई। उम्मीद करनी चाहिए कि आरएसएस की एक निष्ठावान बेटी होने के बावजूद द्रौपदी मुर्मू वक्त आने पर न्याय के लिए खड़ी होंगी। इसमें जो बीज शब्द है वह है 'बावजूद'। इस शब्द को हटा दो तो यह खेल बिगड़ जायेगा। क्या अन्याय हो रहा है? राम गोपाल वर्मा ने भी पूछा था, उन्हें उत्तर मिला या नहीं पता नहीं।

यशवंत सिन्हा ने चुनाव से पहले एक सभा में यह तर्क दिया था कि 'वह और मुर्मू अलग-अलग विचारधाराओं का प्रतिनिधित्व करते हैं। लेकिन मुर्मू की आदिवासी पहचान अप्रासंगिक है और वाजपेयी सरकार में वित्त मंत्री के रूप में उन्होंने आदिवासियों के लिए मुर्मू से कहीं अधिक कल्याण कार्य किया है।' उनका 'लेकिन' भी चला नहीं। 'स्क्रॉल' करने पर बिजायनी मिश्रा और सबीहा मजीद के तर्क पढ़े जा सकते हैं। पर वे भी शकिन्तु परन्तु' नहीं छोड़तीं। शुरू में ही कहती हैं। राष्ट्रपति के रूप में द्रौपदी मुर्मू का चुनाव आदिवासियों की जीत है, लेकिन अब उन्हें दिखाना होगा कि वह एक 'टोकन' नहीं हैं। उनकी जीत इस ओर इशारा करती है कि कैसे पहचान की राजनीति, यहाँ तक कि इससे दूर जाने की कसम खाने के सात दशक

बाद भी, आधुनिक भारतीय राष्ट्र–राज्य की वास्तविकता की तरह लगती है। 'लेकिन' का प्रयोग यहाँ भी है।

भूमि का अलगाव, वनों और सामुदायिक संसाधनों पर पहुंच और अधिकार का नुकसान, विकास परियोजनाओं के कारण जबरन बेदखली और उचित पुनर्वास और ऋणग्रस्तता आदि अनेक मुद्दे हैं, इनमें से कुछ को भी यदि मुर्मू देख पाती हैं तो आदिवासी समाज का भला होगा। द्रौपदी मुर्मू से यह उम्मीद की जानी स्वाभाविक है कि वे अपने लोगों की पीड़ा को समझते हुए विस्थापन के दर्द को कम करेंगी। उम्मीद यह भी है कि उनके खिलाफ अत्याचार कम हो जाएंगे। राष्ट्रपति के रूप में उन्हें अनुसूचित जनजाति समुदाय के हितों की रक्षा और सुरक्षा के लिए विशेष शक्तियां प्राप्त होंगी। आशा की जा सकती है कि भाजपा आदिवासी समुदाय के प्रति सच्ची सहानुभूति दिखाते हुए और संविधान और कानून का संरक्षण करने के लिए वचनबद्ध राष्ट्रपति के रूप में श्रीमती द्रौपदी मुर्मू मिल जुलकर उनके व्यापक कल्याण के निमित्त पूरी श्रद्धा और निष्ठा से कार्य करेंगे।

क्या द्रौपदी मुर्मू के चुने जाने से देश के करीब 9 प्रतिशत आदिवासियों पर अत्याचार और शोषण खत्म हो जाएगा? क्या आदिवासियों के साथ दलितों और अति पिछड़े लोगों का भी कल्याण होगा? ऐसे और भी बहुत से सवालों के जवाब आजादी के बाद आये दर्जन से अधिक राष्ट्रपतियों के आचरण, कार्य और व्यवहार से पता चलाना कोई बड़ा काम नहीं। सब जानते हैं, समझते भी हैं। देश के वरिष्ठ पत्रकार आलोक मेहता का मत है कि प्रधानमंत्री नरेंद्र मोदी की सरकार आने के बाद आदिवासी इलाकों में बड़े पैमाने पर विकास योजनाओं को क्रियान्वित किया जा रहा है। हाल के वर्षों में संघ और भाजपा ने ब्राह्मण, बनिया और शहरी पार्टी के संगठन की पुरानी धारणाओं को बदल दिया है। ग्रामीण और आदिवासी क्षेत्रों में इसका प्रभाव बढ़ता जा रहा है। मोदी के 'सशक्त नारी, सशक्त भारत' अभियान से महिलाओं का व्यापक समर्थन मिलने लगा है। श्रीमती द्रौपदी मुर्मू के राष्ट्रपति बनने से आदिवासियों और महिलाओं के बीच मोदी सरकार और भाजपा की साख बढ़ने के साथ इस वर्ग में भविष्य के लिए एक नई आशा और आत्म विश्वास की भावना बढ़ने का लोकतान्त्रिक लाभ भी मिलेगा।

अध्याय सात

राष्ट्रपति चुनाव : 2022

पृष्ठ भूमि

भारत के संविधान के तहत, हमेशा भारत का एक राष्ट्रपति होगा (संविधान का अनुच्छेद 52)। वह देश में सर्वोच्च निर्वाचित पद है और संविधान और राष्ट्रपति और उप-राष्ट्रपति चुनाव अधिनियम, 1952 के प्रावधानों के अनुसार चुना जाता है। उक्त अधिनियम राष्ट्रपति और उप-राष्ट्रपति चुनाव नियम, 1974 के प्रावधानों द्वारा पूरक है और नियमों के तहत उक्त अधि नियम राष्ट्रपति के कार्यालय के चुनावों के संचालन के सभी पहलुओं को विनियमित करने वाला एक पूर्ण कोड बनाता है। राष्ट्रपति अपने पद ग्रहण करने की तारीख से पांच वर्ष की अवधि के लिए पद धारण करता है राष्ट्रपति का चुनाव एक इलेक्टोरल कॉलेज द्वारा किया जाता है, जिसमें संसद के दोनों सदनों के निर्वाचित सदस्य और सभी राज्यों की विधानसभाओं के निर्वाचित सदस्य और दिल्ली के एनसीटी और केंद्र शासित प्रदेश पुडुचेरी के भी सदस्य होते हैं। [भारत के संविधान का अनुच्छेद 54]

अनुच्छेद 58 के तहत, एक उम्मीदवार को राष्ट्रपति पद के लिए चुनाव लड़ने के लिए निम्नलिखित पात्रता शर्तों को पूरा करना चाहिए: -1. भारत का नागरिक होना चाहिए, 2. 35 वर्ष की आयु पूरी कर ली हो 3. लोकसभा का सदस्य होने के योग्य होना चाहिए, 4. भारत सरकार या किसी राज्य की सरकार के अधीन या किसी स्थानीय या अन्य प्राधिकरण के अधीन किसी भी उक्त सरकार के नियंत्रण के अधीन लाभ का कोई पद धारण नहीं किया होना चाहिए। हालांकि, उम्मीदवार किसी भी राज्य के राष्ट्रपति या उपराष्ट्रपति या राज्यपाल या संघ या किसी राज्य के मंत्रियों का पद धारण कर सकता है और चुनाव लड़ने के लिए पात्र होगा।

द्रौपदी मुर्मू से पहले राष्ट्रपति

इस पुस्तक में द्रौपदी मुर्मू के गांव रायरंगपुर से रायसीना हिल्स में स्थित राष्ट्रपति के प्रासाद तक पहुंचने की कथा है। 10 जुलाई, 2022 को निवर्तमान राष्ट्रपति श्री राम नाथ कोविंद ने अपने संस्मरण प्रस्तुत किये। वे देश के 14वें राष्ट्रपति रहे और अब देश को अपना 15वां राष्ट्रपति मिल गया है। पर चुनाव हुए 16 बार। क्या आप न चाहेंगे कि चुनाव की इस प्रक्रिया को जानने के साथ इनके बारे में भी जान लें?

डॉ. राजेंद्र प्रसाद स्वतंत्र भारत के पहले राष्ट्रपति बने। स्वतंत्रता के ढाई साल बाद 26 जनवरी को भारत का संविधान आत्मार्पित और अंगीकृत किया गया। संविधान सभा ने डॉ. राजेंद्र प्रसाद को भारत का प्रथम राष्ट्रपति चुना। डॉ. प्रसाद संविधान सभा के अध्यक्ष थे। पहला राष्ट्रपति चुनाव 1952 में हुआ। इसमें जीत तो डॉ. राजेंद्र प्रसाद को ही मिली पर कुल उम्मीदवार पांच थे। उन्होंने के टी शाह को हराया जिन्हें कुल 92827 वोट मिले थे। डॉ. प्रसाद को 605386 वोट मिले थे। 1957 में जब फिर से चुनाव् हुए तब भी डॉ. राजेंद्र प्रसाद ही राष्ट्रपति निर्वाचित हुए। दूसरे स्थान पर हरि राम रहे जिन्हें केवल 2672 वोट मिले। डॉक्टर राजेंद्र प्रसाद अकेले राष्ट्रपति थे जो दो बार चुने गए।

तीसरा राष्ट्रपति चुनाव 1962 में हुआ। कुल उम्मीदवार तीन थे। इस चुनाव में वही हरि राम फिर से हारे किन्तु दूसरे नम्बर पर रहे। उन्हें इस बार 6341वोट मिले। डॉ. सर्वपल्ली राधाकृष्णन देश के राष्ट्रपति चुने गए। चौथा राष्ट्रपति चुनाव 1967 में हुआ। कुल उम्मीदवार 17 थे। इस बार सांसदों के वोट का मूल्य बढ़ा क्योंकि 1961 की जनगणना का ख्याल रखा गया था। कुल वोटरों की संख्या भी 4131 हो गई थी। इस चुनाव में डॉ. जाकिर हुसैन ने कोका सुब्बाराव को हराया। स्पष्ट है वे भारत के पहले मुस्लिम राष्ट्रपति थे।

पांचवां राष्ट्रपति चुनाव 1969 में हुआ। यह चुनाव अपने आप में अभूतपूर्व रहा। इंदिरा गांधी ने अंतरात्मा की आवाज पर कांग्रेस के "निर्धारित उम्मीदवार" नीलम संजीव रेड्डी का विरोध किया। राष्ट्रपति चुनाव में प्राथमिकता वोट से विजेता घोषित न किया जा सका। वी वी गिरि और नीलम संजीव रेड्डी को छोड़कर सारे उम्मीदवार बाहर हो गए, बाद

में निर्दलीय उम्मीदवार वी वी गिरि को विजेता घोषित किया गया। छठा राष्ट्रपति चुनाव 1974 में हुआ। इस बार कुल उम्मीदवार 2 रहे क्योंकि कई नॉन-सीरियस उम्मीदवारों के आने की वजह से 10 वोटरों के प्रस्तावक और 10 वोटरों के अनुमोदक होने की शर्त जोड़ दी गई सिक्योरिटी डिपोसिट भी बढ़ाकर 2500 कर दिया गया इस चुनाव में दूसरे नम्बर पर त्रिदीब चौधरी रहे और फखरुद्दीन अली अहमद को राष्ट्रपति घोषित किया गया। सातवां राष्ट्रपति चुनाव 1977 को हुआ। इसमें 36 उम्मीदवारों के नामांकन रिटर्निंग अफसर ने खारिज कर दिए। चुनाव की जरूरत न पड़ी। नीलम संजीव रेड्डी निर्विरोध विजेता घोषित किये गए। नीलम संजीव रेड्डी अकेले राष्ट्रपति हुए जो निर्विरोध चुने गए थे। नीलम संजीव रेड्डी 1977 में देश के छठे राष्ट्रपति निर्वाचित हुए थे। उनके नाम देश के सबसे कम उम्र के राष्ट्रपति होने का रिकॉर्ड है। वह देश के पहले राष्ट्रपति हैं, जो लोकसभा अध्यक्ष और मुख्यमंत्री पद पर भी रहे। नीलम संजीव रेड्डी के अलावा, डॉ. राजेंद्र प्रसाद, डॉ राधाकृष्णन, या डॉ. जाकिर हुसैन सहित किसी भी नेता ने राष्ट्रपति बनने के लिए कोई पहल नहीं की। बल्कि उनके बाद के चुने हुए नेताओं ने कभी सोचा भी नहीं था कि वे देश के सर्वोच्च पद पर पहुंचेंगे।

आठवां राष्ट्रपति चुनाव 1982 में पहले सिक्ख ज्ञानी जैल सिंह ने एच आर खन्ना को हरा कर जीता। आर वेंकटरमन (1987-92) ने सुप्रीम कोर्ट के पूर्व जज रहे वीआर कृष्ण अय्यर को हराया। जैल सिंह के कार्यकाल (1982-87) के दौरान उपराष्ट्रपति रहे वेंकटरमन देश के जाने-माने वकील रहे थे। विधायक, सांसद, केंद्रीय मंत्री, मुख्यमंत्री, पार्टी का राष्ट्रीय अध्यक्ष, राज्यपाल, उपराष्ट्रपति और फिर राष्ट्रपति बने डॉ. शंकर दयाल शर्मा देश के नौवें राष्ट्रपति हैं जो 1997 तक अपने पद पर रहे। देश के पहले दलित राष्ट्रपति के.आर. नारायणन (कोचेरिल रमन नारायणन) केरल से लगातार तीन बार सांसद रहे, राजीव गांधी की सरकार में कैबिनेट मंत्री फिर उपराष्ट्रपति बने। इसके बाद वे 1997 में देश के पहले दलित राष्ट्रपति बने। पद्मश्री कैप्टन डॉ. लक्ष्मी सहगल ने वर्ष 2002 में हुए राष्ट्रपति चुनाव में पूर्व राष्ट्रपति डॉ. एपीजे अब्दुल कलाम के खिलाफ चुनाव लड़ा था। वे कहा करते थे, "मैं बस एक वैज्ञानिक हूं और मैं हमेशा चाहता हूं कि मुझे शिक्षक के रूप में याद किया जाए।" यूपीए ने 2007 को प्रतिभा देवी सिंह पाटिल को राष्ट्रपति पद का उम्मीदवार बनाया। उनके सामने भैरोसिंह शेखावत थे, जिन्हें प्रतिभा पाटिल ने लगभग 3 लाख वोट से हरा दिया। 25 जुलाई, 2007 को प्रतिभा

देवीसिंह पाटिल देश की पहली महिला राष्ट्रपति बनीं। कांग्रेस के दिग्गज नेता रहे प्रणब मुखर्जी के दिल में ख्वाहिश तो प्रधानमंत्री बनने की थी। वे प्रधानमत्री तो नहीं बन सके पर 2012 में यूपीए ने उन्हें राष्ट्रपति बनाया। विपक्षी दलों ने पीए संगमा को उम्मीदवार घोषित किया। इलक्टोरल-कॉलेज के 70 प्रतिशत वोट मुखर्जी को मिले और वह देश के 13वें राष्ट्रपति निर्वाचित हुए। रामनाथ कोविंद भारत के 14वें राष्ट्रपति हैं। मैंने इनके राष्ट्रपति बनते ही इन पर अंग्रेजी में एक पुस्तक लिख दी थी। इसी से उत्साहित होकर मैंने द्रौपदी मुर्मू पर यह पुस्तक लिखने की ठानी। द्रौपदी मुर्मू भारत की पंद्रहवीं राष्ट्रपति हैं। पर यह चुनाव सोलहवां है क्योंकि एक राष्ट्रपति राजेंद्र प्रसाद दो बार चुने गए। सोलह चुनाव -पंद्रह राष्ट्रपति!

इस लिहाज से मौजूदा प्रधानमंत्री नरेंद्र मोदी ने राष्ट्रपति पद के लिए द्रौपदी मुर्मू का नाम सामने रखकर विपक्ष के इरादों को धूल चटा दी। झारखंड मुक्ति मोर्चा, शिवसेना और उद्धव ठाकरे के दोनों धड़ों सहित विभिन्न राज्यों में क्षेत्रीय दलों के नेताओं ने आत्मसमर्पण कर दिया और द्रौपदी जी के पक्ष में आ गए। विपक्ष के उम्मीदवार यशवंत सिन्हा बेहद महत्त्वाकांक्षी रहे हैं। एक सरकारी प्रशासनिक नौकरी करने के अलावा, वह कई राजनीतिक दलों से जुड़े हुए हैं, और वी.पी. सिंह, चंद्रशेखर, राजीव गांधी, नरसिम्हा राव, अटल बिहारी वाजपेयी और एल.के. आडवाणी के साथ समय-समय पर मंत्री पद और सत्ता संभाली। विपक्ष की एकता और क्षेत्रीय दलों की ताकत के सहारे यशवंत सिन्हा को येन केन प्रकारेण विजयी बनाने का भरसक प्रयास किया गया। लेकिन मोदी जी ने द्रौपदी मुर्मू को प्रत्याशी बनाकर सारा खेल ही बदल दिया। बदल क्या दिया बना बनाया खेल बिगाड़ दिया। उनके सामने यशवंत सिन्हा की उम्मीदवारी काफी कमजोर पड़ गई और द्रौपदी मुर्मू की शानदार विजय हुई।

भारत में 18 जुलाई, 2022 को राष्ट्रपति चुनाव हुए, जिसमें मतों की गिनती हुई और परिणाम 21 जुलाई, 2022 को घोषित किए गए। आइए अब इसे विस्तार से देखें।

मीडिया की प्रतिक्रिया

भारत के पंद्रहवें राष्ट्रपति के रूप में द्रौपदी मुर्मू के चुनाव का पूरे देश में मीडिया ने बड़ी दिलचस्पी और उत्साह के साथ स्वागत किया। वास्तव में, उनके नाम की

घोषणा से पहले ही, वरिष्ठ स्तंभकार और संपादक उनके नामों को विकल्पों में से एक के रूप में सुझा रहे थे। मुर्मू के नाम पर सर्वसम्मति से निर्णय लेने से पहले पार्टी ने 20 नामों पर विचार किया था, द्रौपदी मुर्मू के अलावा, पार्टी ने वर्तमान उपराष्ट्रपति वेंकैया नायडू जैसे वरिष्ठ नेताओं पर विचार किया गया था; छत्तीसगढ़ की राज्यपाल अनुसूइया उइके; हरियाणा के राज्यपाल बंडारू दत्तात्रेय; और तेलंगाना के राज्यपाल तमिलिसाई सुंदरराजन और पुडुचेरी के लेफ्टिनेंट गवर्नर राष्ट्रपति पद के उम्मीदवार के रूप में चर्चा में आये। लेकिन मुर्मू को नामांकित किया गया क्योंकि उन्हें सबसे उपयुक्त पाया गया था। यह एक चलन रहा है कि मोदी सरकार महिला उम्मीदवारों को राज्यपाल पदों के लिए पर्याप्त अवसर देती है। मोदी सरकार ने 2014 से आठ महिला राज्यपालों और उपराज्यपालों को नियुक्त किया है। मृदुला सिन्हा, द्रौपदी मुर्मू, नजमा हेपतुल्ला, आनंदीबेन पटेल, बेबी रानी मौर्य, अनुसूइया उइके, तमिलिसाई सुंदरराजन और किरण बेदी जैसी महिला नेताओं को नरेंद्र मोदी की सरकार द्वारा पद भार सँभालने की जिम्मेदारी दी गई। मोदी सरकार द्वारा की गई आठ महिला राज्यपालों की नियुक्तियों में से पांच अनुसूचित जाति, अनुसूचित जनजाति, अन्य पिछड़ा वर्ग (ओबीसी) और अल्पसंख्यक समुदायों से थीं।

जैसा कि मैंने कहा कि वरिष्ठ स्तंभकार और संपादक एक विकल्प के रूप में मुर्मू का नाम सुझा रहे थे। 2022 के चुनाव के लिए राष्ट्रपति चुनाव कार्यक्रम की घोषणा से लगभग एक महीने पहले 10 मई, 2022 को, "प्रभात खबर" ने यह खबर दी।

भारत का राष्ट्रपति चुनाव : झारखंड की पूर्व राज्यपाल द्रौपदी मुर्मू बनाई जा सकती हैं भाजपा उम्मीदवार पार्टी के अंदरुनी सूत्र यह भी बताते हैं कि इस बार के राष्ट्रपति चुनाव में सत्तारूढ़ भाजपा अन्य पिछड़ा वर्ग (ओबीसी) समुदाय और महिला वर्ग को अधिक तवज्जो दे सकती है। इसके पीछे कारण यह बताया जा रहा है कि उत्तर प्रदेश से लेकर महाराष्ट्र तक और कश्मीर से कन्या कुमारी तक ओबीसी समुदाय के लोगों की बहुलता है।

भाजपा की ओर से राष्ट्रपति पद के प्रत्याशी के तौर पर द्रौपदी मुर्मू समेत जिन चार नामों की चर्चा की जा रही है, उसके पीछे पार्टी का मकसद राष्ट्रपति चुनाव के बहाने 2024 के लोकसभा चुनाव के सामाजिक और राजनीतिक समीकरण को साधना बताया जा रहा है। पार्टी के सूत्रों के हवाले से मीडिया में आ रही खबरों के अनुसार, इस बार के राष्ट्रपति चुनाव में भाजपा का ध्यान अनुसूचित जाति के

प्रत्याशी पर केंद्रित नहीं होगा। इसका कारण यह है कि भारत के वर्तमान राष्ट्रपति रामनाथ कोविंद इसी समुदाय से आते हैं।[79]

उसके बाद कई समाचार पत्रों ने संभावित उम्मीदवारों की अपनी सूची दी और लगभग सभी पूर्वानुमानों में मुर्मू का नाम शामिल किया गया। उदाहरण के लिए, 14 जून को बैंगलोर स्थित अखबार ने लिखा।

द्रौपदी मुर्मू भाजपा के लिए एक और संभावित उम्मीदवार

द्रौपदी मुर्मू ने पांच साल का कार्यकाल (2015-2021) पूरा करने वाली झारखंड की एकमात्र राज्यपाल होने के बाद एक सक्षम प्रशासक के रूप में अपनी योग्यता साबित की है। ओडिशा की एक आदिवासी नेता, वह झारखंड की पहली महिला राज्यपाल हैं। वह ओडिशा की कैबिनेट मंत्री और रायरंगपुर विधानसभा क्षेत्र से विधायक रह चुकी हैं। राष्ट्रपति प्रणब मुखर्जी के कार्यकाल के अंत में भी मुर्मू संभावित उम्मीदवार के रूप में सामने आई थीं। इस बार खबर है कि आदिवासी आबादी के लिए पुरजोर से काम करने के अपने दावों की पुष्टि के लिए बीजेपी मुर्मू के नाम पर फैसला ले सकती है।[80]

मध्य-पूर्व के समाचार पत्र भी अपने जिज्ञासु पाठकों के लिए भविष्यवाणी करने को उत्सुक थे। "गल्फन्यूज" ने प्रकाशित किया, "मुर्मू की उम्मीदवारी भाजपा के इस कथन को मजबूती से पुष्ट करती है कि यह एक ऐसी पार्टी है जो उच्च जातियों के लोगों के अलावा अन्य नेताओं को भी अपील करती है और बढ़ावा देती है। मुर्मू, भाजपा के आदिवासी समुदाय से संबंधित एक नेता हैं उनको व्यापक रूप से राजनीतिक रूप से सुरक्षित विकल्प के रूप में देखा जाता है।"[81]

चुनाव प्रक्रिया-2022

चुनाव कार्यक्रम के अनुसार, राष्ट्रपति चुनाव की अधिसूचना 15 जून 2022 को जारी की गई। राष्ट्रपति चुनाव के लिए नामांकन दाखिल करने की अंतिम तिथि 29 जून थी। नामांकन पत्रों की जांच 30 जून को हुई और नामांकन पत्र वापस लेने का अंतिम दिन 2 जुलाई था। 16वें राष्ट्रपति के पद का चुनाव 18 जुलाई को हुआ और वोटों की गिनती 21 जुलाई, 2022 को हुई। नए राष्ट्रपति ने 25 जुलाई को पद की शपथ ली थी। 16वें राष्ट्रपति चुनाव के लिए इलेक्टोरल कॉलेज (सांसदों और विधायकों को नामांकित घटाकर) का वोट मूल्य 10,86,431 है, जिसमें 5,43,215 वोट इसके

आधे बैठते हैं। इलेक्टोरल कॉलेज में 776 सांसद (वोट मूल्य 5,43,200) और 4,033 विधायक (वोट मूल्य 5,43,231) शामिल हैं। जम्मू-कश्मीर में विधानसभा की अनुपस्थिति के कारण प्रत्येक सांसद के वोट का मूल्य 2017 के चुनाव में 708 से गिरकर अब 700 हो गया। कुल सांसदों की संख्या के साथ विधायक वोटों के मूल्य को विभाजित करने के बाद एमपी वोट ताकत की गणना की जाती है। मतों का मूल्य 1971 की जनगणना के अनुसार प्रत्येक राज्य की जनसंख्या द्वारा निर्धारित किया जाता है। प्रत्येक विधायक के वोट का मूल्य उत्तर प्रदेश में 208 के उच्च से सिक्किम में 7 के निचले स्तर तक भिन्न होता है। इसका मतलब है कि यूपी के 403 विधायक चुनावी पूल में 208 × 403 = 83,824 वोटों का योगदान करते हैं, जबकि सिक्किम के 32 विधायक 32 × 7 = 224 वोटों का योगदान करते हैं। सभी विधानसभाओं के भारित वोटों का योग 5.43 लाख है। प्रक्रिया की मांग है कि 776 सांसदों (लोकसभा में 543, राज्यसभा में 233) को विधायकों के बराबर वोट देना चाहिए। इस प्रकार, प्रत्येक सांसद के वोट का मूल्य 5.43 लाख है, जो 776 से विभाजित है, इसे 700 तक पूर्णांकित किया जाता है। विधानसभाओं और संसद से संयुक्त चुनावी पूल में इस प्रकार 10.86 लाख तक मत संख्या हो जाती है।

चुनाव प्रचार-2022

मैं इस खंड की शुरुआत एक किस्से से करता हूं। 1967 में, जाकिर हुसैन सत्तारूढ़ कांग्रेस पार्टी के राष्ट्रपति पद के उम्मीदवार थे। संयुक्त विपक्ष ने भारत के सेवानिवृत्त मुख्य न्यायाधीश कोका सुब्बा राव को मैदान में उतारा था। दोनों ओर से कोई चुनाव -अभियान नहीं चला। दरअसल, चुनाव से तीन दिन पहले तक डॉक्टर जाकिर हुसैन मिशिगन स्टेट यूनिवर्सिटी में दीक्षांत भाषण दे रहे थे। जब उनसे अभियान के बारे में पूछा गया, तो उन्होंने मुस्कुराते हुए चुटकी ली, "हम भारत में केवल खड़े होते हैं, भागते नहीं हैं।"

34 पार्टियों ने विपक्षी उम्मीदवार यशवंत सिन्हा के लिए, जबकि 44 पार्टियों ने द्रौपदी मुर्मू के लिए समर्थन की घोषणा की। राष्ट्रपति के इस चुनाव में द्रौपदी मुर्मू की विजय निश्चित सी थी , फिर भी विरोधी पक्ष के उम्मीदवार यशवंत सिन्हा ने काफी जोर लगाया। भाषण भी दिए। दोनों प्रत्याशी देश भर में गए और अपने लिए प्रचार किया। प्रचार में

अधिकतर सिन्हा जी को अपना पक्ष रखना पड़ा। मुर्मू तो शांत भाव से प्रचार करती रहीं पर यशवंत सिन्हा कई बार काफी उत्तेजित भी हुए। यशवंत सिन्हा ने चुनाव प्रचार के दौरान कई वादे किये जैसे उन्होंने कहा कि मैं अंतिम सांस तक CAA-NRC कानून के खिलाफ लड़ूंगा। चुनाव जीता तो जांच एजेंसियों का दुरुपयोग रोक दूंगा। शपथ लेते ही दूसरे दिन से यह जो सरकार की ओर से एजेंसियों का दुरुपयोग हो रहा है, वह रोक दूंगा। यह डर भी व्यक्त किया कि चुनाव के बाद उनका क्या हाल होगा।

विरोधी दल के लिए समर्थन जुटाने के लिए नेताओं ने यहाँ तक कह दिया कि एनडीए की राष्ट्रपति पद की उम्मीदवार द्रौपदी मुर्मू 'इविल फिलॉस्फी ऑफ इंडिया' यानी 'दुष्ट विचारधारा' का प्रतिनिधित्व करती हैं और उन्हें 'आदिवासियों का प्रतीक' नहीं बनाया जाना चाहिए। क्या यह सच में मास्टर स्ट्रोक ही है या फिर बीजेपी का आदिवासियों के उत्थान को लेकर की गई एक पहल मात्र है? मुर्मू को "मूर्ति" तक कहा गया। पर उन्होंने पूरे अभियान के दौरान अपनी गरिमा और मर्यादा को बनाए रखा।

कांग्रेस के प्रवक्ता रहे आचार्य प्रमोद कृष्णम ने विपक्ष की ओर से राष्ट्रपति पद के साझा उम्मीदवार यशवंत सिन्हा के एक बयान पर रिट्वीट कर कहा- न नौ मन तेल होगा, न राधा नाचेगी। यशवंत सिन्हा राष्ट्रपति पद का चुनाव जीतेंगे तभी वो संविधान की रक्षा करेंगे और प्रजातांत्रिक मूल्यों का हनन नहीं होने देंगे। उनकी जीत की तो उम्मीद ही नहीं है। नवीन पटनायक ने न केवल भारत के अगले राष्ट्रपति के रूप में द्रौपदी मुर्मू के चुनाव को मजबूत किया, बल्कि उन कई नेताओं को फिर से सोचने को मजबूर किया, जिनके पास बहुत कम विकल्प थे। यहां तक कि प्रधानमंत्री नरेंद्र मोदी की मुखर आलोचक ममता बनर्जी को भी मजबूर होना पड़ा। शिवसेना प्रमुख उद्धव ठाकरे इसी तरह की दुविधा का सामना कर रहे थे और फिर वे भी सहमत हुए।

जेएनयू के पूर्व प्रोफेसर आनंद कुमार के अनुसार, विपक्ष को आपसी भरोसा दिखाना चाहिए था। इसके लिए राष्ट्रपति का चुनाव एक अच्छा मौका था। विपक्ष ने उसे हाथ से जाने दिया। विपक्षी दल अपने स्टैंड पर नहीं ठहर सके। जिन विपक्षी दलों ने राष्ट्रपति चुनाव में पूर्व केंद्रीय मंत्री यशवंत सिन्हा को अपना समर्थन देने की घोषणा की थी, उनमें से कई दल मुर्मू के पक्ष में मतदान कर गए।

हेमंत सोरेन, चिराग पासवान देवे गौड़ा, चंद्र बाबू नायडू, मायावती, राजभर, जगन मोहन रेड्डी आदि की पार्टियां सब एक साथ मुर्मू के पक्ष में आकर खडी हो गयीं। बीजू जनता दल, युवाजन श्रमिक रायथू-कांग्रेस पार्टी, बहुजन समाज पार्टी, अखिल भारतीय अन्ना द्रविड़ मुनेत्र कड़गम, तेलुगु देशम पार्टी, जनता दल-सेक्युलर, शिरोमणि अकाली दल, शिवसेना और झारखंड मुक्ति मोर्चा जैसे क्षेत्रीय दलों के समर्थन से राष्ट्रीय जनतांत्रिक गठबंधन की उम्मीदवार द्रौपदी मुर्मू का 18 जुलाई को होने वाले राष्ट्रपति चुनाव में वोट शेयर लगभग दो-तिहाई तक पहुंचा और वे आदिवासी समुदाय की पहली महिला राष्ट्रपति बनीं। "वोट देने का निर्णय उनकी पृष्ठभूमि और वह जिस समुदाय का प्रतिनिधित्व करती है उसे देखते हुए लिया गया। यह इस पार्टी या उस पार्टी के बारे में नहीं है। समर्थन उम्मीदवार के लिए है। "यह कहते हुए कई नेताओं ने बी जे पी को नहीं द्रौपदी मुर्मू को समर्थन दिया। पर यह तो केवल उनका नजरिया भर था। एक वरिष्ठ नेता ने ठीक ही कहा था, "जब पहली बार (राष्ट्रपति पद के लिए) एक आदिवासी महिला उम्मीदवार को पेश किया जाता है, तो किसी को आपत्ति क्यों होगी? फैसले का विरोध करने का कोई भी प्रयास हमारे राज्य के आदिवासियों के लिए अच्छा सन्देश नहीं होगा।"

द्रौपदी मुर्मू ने शालीनता से अपनी बात रखी। कहीं किसी को भाई कहा और कहीं किसी को अपने जीवन की कथा सुनाई। उनके जयपुर में सांसदों और विधायकों के समक्ष दिए गए एक ही भाषण के कुछ अंश प्रस्तुत हैं। इसमें वह सब है जो वे दूसरी जगहों पर भी बोलते समय कहती रहीं।

गुलाबी नगरी जयपुर में आना उतना ही सुखद है, जितना अपनों के बीच अपने मन और दिल की बात कहना। राजस्थान और ओडिशा में भौगोलिक परिस्थितियों में भिन्नता होने के बाद भी दोनों राज्यों में काफी समानताएं हैं। जिनमें प्रकृति के साथ जीना, राजस्थान के लोगों द्वारा जल को जीवन की भांति संवारकर रखना, इसी प्रकार ओडिशा के लोगों को चक्रवाती तूफानों के बावजूद जिंदगी का पहिया नई उम्मीदों के साथ घूमाते रहना आता है।

एक राजस्थानी कहावत है कि 'अम्मर को तारो-हाथ से कौनी टूटे' मैं जहां से यहां तक आई हूं, इस कहावत की व्यवहारिकता को मैं समझती हूं। मेरी अब तक की जीवन यात्रा का अनुभव कहता है कि अनायास कुछ नहीं होता, हमारे आज के साथ बीते हुए कल के संघर्ष जुड़े हुए रहते हैं। संघर्ष हमें उद्देश्य और संकल्पों के प्रति सचेत रखते हैं।

जल, जंगल, जमीन और आदिवासी अब सुरक्षित एवं विकसित होती व्यवस्था के मुख्य भागीदार बन रहे हैं। पिछले कई वर्षों में वंचितों, शोषितों और आदिवासियों के जीवन में उन्नति के साथ बड़े बदलाव आए हैं। विकास अब दूरस्थ क्षेत्रों तक बराबरी से पहुंच रहा है। स्वतंत्रता के बाद पहली बार आदिवासी समाज की एक बेटी को राष्ट्रपति का उम्मीदवार बनाना, जिसका सबसे जीवंत उदाहरण है, जो देश के सभी आदिवासी भाई-बहनों का सम्मान है।

राष्ट्रपति का पद प्राप्त करना मेरी व्यक्तिगत उपलब्धि नहीं होगी, यह किसी एक स्थान, समुदाय या समाज के लिए भी गर्व का विषय नहीं होगा। यह भारतीय समाज में अन्त्योदय के प्रवाह से उपजी समावेशी एकता की मिसाल साबित होगा। भौगोलिक-सांस्कृतिक बहुलता हमें व्यक्तिगत पहचान देती है, लेकिन मूलतः सवा सौ करोड़ से अधिक 'मैं' मिलकर भारतीयों के रूप में 'हम' हो जाते हैं।

हम अनेकता में एकता का ध्वज थामे भारत मां की संतान हैं। उन्होंने कहा कि मरूधरा में आकर हल्दीघाटी की माटी को माथे पर लगाने की कामना होती है, जहां स्वाभिमान की रक्षा के लिए वीर शिरोमणि महाराणा प्रताप और आदिवासी जननायक राणा पूंजा भील ने एक ध्वज तले अपने से कहीं विशाल सेना के विरूद्ध युद्ध किया था।

राजस्थान के वीरों ने मातृभूमि की रक्षा और नारी सम्मान की सुरक्षा को शासन की सर्वोच्च प्राथमिकता में रखा। उन्हें राज्य और देश में ही नहीं वैश्विक रूप से भी नायकत्व प्राप्त हुआ है। यही कारण है कि आत्मसम्मान को जीवन मूल्यों में अग्रणी रखने वाले इस राज्य में रणबांकुरों के नामों की सूची का अंत नहीं है, विस्तार ही विस्तार है।

एनडीए और समर्थक दलों की ओर से जब मुझे राष्ट्रपति पद की प्रत्याशी बनाया गया तो मैं इसके पीछे की सोच को समझ सकती थी, क्योंकि मेरा माननीय प्रधानमंत्री नरेंद्र मोदी की संवेदनशील चेतना और दूरदर्शी सोच से साक्षात्कार है। वह मरूभूमि की मां-बेटियों के हाथों में किताब और कलम देखना चाहते हैं और वनभूमि की मां-बेटियों को मुख्य धारा में लाने के लिए प्रतिबद्ध हैं। मुझे इस बात की बहुत प्रसन्नता है कि मोदी सरकार के शासन में नारी शक्ति के घर नल से जल पहुंच रहा है। साथ ही जनजाति समाज की बेटियों को शिक्षा से जोड़कर उनको सपने देखने की स्वतंत्रता का अधिकार मिल रहा है।

ओडिशा में छोटे-छोटे सपनों के साथ पली-बढ़ी जनजाति समाज की एक बेटी को राष्ट्रपति भवन तक जाने का रास्ता दिया गया, यह लोकतांत्रिक स्वप्न है, यही अन्त्योदय है। यह गांव, गरीब और जंगल की बेटी पर विश्वास जताना है। यहां उपस्थित सांसदों और विधायकों के माध्यम से राजस्थान की देवतुल्य जनता का समर्थन मांग रही हूं। मैने कभी राष्ट्रपति बनने के विषय में नहीं सोचा था, लेकिन प्रधानमंत्री नरेंद्र मोदी के नेतृत्व में एनडीए ने अंतिम छोरों पर बसे गांवों के लोगों को मुख्यधारा में जोड़ने के लिए मुझे माध्यम बनाया है। वंचित, आदिवासी और शोषित मुझमें स्वयं को देख सकते हैं। हम में न कोई भेद है, न मतभेद है। हम नये भारत के निर्माण के लिए आशांवित, अग्रसर और आश्वस्त हैं।[82]

राष्ट्रपति चुनाव मतदान-2022

राष्ट्रपति चुनाव 2022 के लिए मतदान 18 जुलाई को सुबह 10 बजे से शाम 5 बजे के बीच 31 स्थानों पर हुआ था। भारत के चुनाव आयोग (ईसीआई) के अनुसार, कुल 4796 मतदाताओं में से 99 प्रतिशत से अधिक ने राष्ट्रपति चुनाव में अपना वोट डाला, जबकि 10 राज्यों और केंद्र शासित प्रदेश पुडुचेरी में 100 प्रतिशत मतदान हुआ। वोट के हकदार संसद के कुल 771 सदस्यों में से (05 रिक्त) और इसी तरह वोट के हकदार विधानसभाओं के कुल 4025 सदस्यों (06 रिक्त और 02 अयोग्य) में से, 99% से अधिक ने आज अपना वोट डाला। हालांकि छत्तीसगढ़, गोवा, गुजरात, हिमाचल प्रदेश, केरल, कर्नाटक, मध्य प्रदेश, मणिपुर, मिजोरम, पुडुचेरी, सिक्किम और तमिलनाडु से विधायकों द्वारा 100% मतदान की सूचना मिली थी।

चुनाव परिणाम

द्रौपदी मुर्मू की जीत के बारे में कोई संदेह नहीं था। जैसे यह पूर्व निर्धारित हो, पूर्व नियोजित हो। पलक पांवड़े बिछाये मानों रायसीना हिल्स प्रतीक्षारत हो। मीडिया में अजीबोगरीब अटकलों के बावजूद कि राष्ट्रपति भवन की दौड़ में प्रत्याशी, सत्ताधारी पार्टी और उसके समर्थकों के पसीने छूट जाएंगे, ऐतिहासिक मिसालें हैं कि हमेशा सत्ताधारी सरकार का उम्मीदवार विजयश्री को प्राप्त करता रहा है। 1969 में एकमात्र अपवाद भी तब हुआ

जब इंदिरा गांधी ने कांग्रेस के पुराने नेताओं को सबक सिखाने के लिए राष्ट्रपति चुनाव का इस्तेमाल किया था। वी.वी.गिरी की तब मामूली बढ़त से हुई जीत और नीलम संजीव रेड्डी की हार केवल एक उदाहरण है ,अन्यथा जीत सरकार द्वारा घोषित उम्मीदवार की ही होती है। इस बार तो विपक्ष भी एक जुट न रह सका, हार गया।

एनडीए की राष्ट्रपति पद की उम्मीदवार द्रौपदी मुर्मू को आधिकारिक तौर पर 21 जुलाई, 2022 को वोटों की गिनती के समापन के बाद देश के 15 वें राष्ट्रपति के रूप में घोषित किया गया। मुर्मू को 6, 76,803 के मूल्य के साथ 2,824 वोट मिले, जबकि उनके प्रतिद्वंद्वी यशवंत सिन्हा ने 1,877 वोट हासिल किए जिनका मूल्य 3, 80,177 रहा। 18 जुलाई को हुए मतदान में कुल 4,809 सांसदों और विधायकों ने वोट डाला। राष्ट्रपति चुनाव परिणाम की घोषणा के साथ संपन्न हुआ। 4754 वोट पड़े, जिनमें से 4701 वैध मिले। राष्ट्रपति चुने जाने वाले उम्मीदवार के लिए कोटा 5, 28,491 था। द्रौपदी मुर्मू को पहली वरीयता के 2824 वोट मिले, जिनका मूल्य 6,76,803 है। यशवंत सिन्हा को 1,877 प्रथम वरीयता के वोट मिले जिनका मूल्य 3, 80,177 था।

विभिन्न राज्यों के कई विधायकों ने अपने दलों के रुख के विपरीत जाकर राष्ट्रपति पद के चुनाव में राष्ट्रीय जनतांत्रिक गठबंधन की उम्मीदवार द्रौपदी मुर्मू के पक्ष में मतदान किया और उन्हें विपक्षी खेमे के प्रत्याशी यशवंत सिन्हा को पराजित करने में मदद की। भारतीय जनता पार्टी के सूत्रों ने दावा किया कि 125 विधायकों ने क्रॉस वोटिंग की।

शुभकामना-संदेश

द्रौपदी मुर्मू के लिए प्रधानमंत्री ने कई ट्वीट किए। उन्होंने लिखा कि भारत ने इतिहास रचा है। ऐसे समय में जब 1.3 अरब भारतीय आजादी का अमृत महोत्सव मना रहे हैं, पूर्वी भारत के एक सुदूर हिस्से में पैदा हुई एक आदिवासी समुदाय की भारत की बेटी को हमारा राष्ट्रपति चुना गया है! श्रीमती द्रौपदी मुर्मू जी इस उपलब्धि पर बधाई। उन्होंने आगे कहा कि श्रीमती द्रौपदी मुर्मू जी का जीवन, उनके शुरुआती संघर्ष, उनकी समृद्ध सेवा और उनकी अनुकरणीय सफलता प्रत्येक भारतीय को प्रेरित करती है। वह

हमारे नागरिकों, विशेष रूप से गरीबों, हाशिए पर रहे दलितों के लिए आशा की किरण बनकर उभरी हैं।

द्रौपदी मुर्मू को चुनाव जीतने पर सबसे पहले बधाई देने वालों में विपक्ष के साझा उम्मीदवार यशवंत सिन्हा भी रहे। उन्होंने ट्वीट करते हुए लिखा, 'राष्ट्रपति चुनाव 2022 में जीत मिलने पर द्रौपदी मुर्मू को बधाई। हर भारतीय यह आशा करता है कि द्रौपदी मुर्मू बिना भय अथवा पक्षपात के 'संविधान की संरक्षक' के तौर पर कार्य करेंगी। भारत के गृह मंत्री श्री अमित शाह ने श्रीमती द्रौपदी मुर्मू के विजयी होने पर भावविभोर और प्रसन्न होकर जो उद्‌गार व्यक्त किये वे एक केंद्रीय मंत्री के तो हैं ही, वे एक ऐसे नेता के भी हैं जिसके कुछ आदर्श हैं और जो एक विशेष विचारधारा के पोषक हैं। "एक अति सामान्य जनजातीय परिवार से आने वाली छक। प्रत्याशी श्रीमती द्रौपदी मुर्मू जी का भारत का राष्ट्रपति चुना जाना पूरे देश के लिए अत्यंत गौरव का पल है, उन्हें बधाई देता हूँ। यह विजय अन्त्योदय के संकल्प को चरितार्थ करने व जनजातीय समाज के सशक्तिकरण की दिशा में एक मील का पत्थर है।"

रूसी राष्ट्रपति व्लादिमीर पुतिन ने भारत के 15वें राष्ट्रपति बनने के लिए द्रौपदी मुर्मू को बधाई दी और उनके नेतृत्व में विभिन्न क्षेत्रों में रूसी-भारतीय राजनीतिक संवाद और उत्पादक सहयोग के विकास की उम्मीद की। पुतिन ने कहा, "हम भारत के साथ विशेष विशेषाधिकार प्राप्त रणनीतिक साझेदारी के संबंधों को बहुत महत्व देते हैं। मुझे आशा है कि राज्य के प्रमुख के रूप में आपकी गतिविधियां हमारे मित्र राष्ट्रों के लाभ के लिए विभिन्न क्षेत्रों में रूसी-भारतीय राजनीतिक संवाद और उत्पादक सहयोग के आगे विकास को बढ़ावा देंगी।" अमेरिका के राष्ट्रपति जो बाइडन की ओर से भेजे गए संदेश में कहा गया, एक आदिवासी महिला का राष्ट्रपति जैसे पद पर पहुंचना भारतीय लोकतंत्र की मजबूती का प्रमाण है। उनका निर्वाचन प्रमाण है कि जन्म नहीं, व्यक्ति के प्रयास उसकी नियति तय करते हैं। ब्रिटेन के प्रधानमंत्री बोरिस जॉनसन ने कहा, द्रौपदी मुर्मू का राष्ट्र प्रमुख पद पर पहुंचना उनकी ऊंची शख्सियत का ही परिणाम है। राष्ट्रपति निर्वाचित होने पर द्रोपदी मुर्मू को पाकिस्तान के मीडिया की भी सराहना मिली है। डॉन अखबार ने उनके 15वां राष्ट्रपति चुने जाने की खबर में कहा, इससे 2024 के चुनाव में भी नरेंद्र मोदी के प्रधानमंत्री बनने की संभावना प्रबल हुई है।

वेतन और अन्य सुविधाएँ

राष्ट्रपति चुनाव की जीत के बाद द्रौपदी मुर्मू देश के शीर्ष संवैधानिक पद पर विराजमान होने वाली आदिवासी समुदाय की पहली महिला बन गई हैं। क्या यह जानना रोचक न होगा कि भारत के राष्ट्रपति के रूप में द्रौपदी मुर्मू को कितना वेतन मिलेगा, अन्य सुविधाएं क्या होंगी और इस संवैधानिक पद पर रहने के दौरान उन्हें और क्या क्या लाभ होंगे? भारत के नए राष्ट्रपति के रूप में द्रौपदी मुर्मू के पास अब विधायी, कार्यकारी, न्यायिक, वित्तीय, राजनयिक और सैन्य सहित अनेक शक्तियां होंगी। भारत के राष्ट्रपति के रूप में, मुर्मू भारतीय सशस्त्र बलों के कार्यकारी और कमांडर-इन-चीफ के नाममात्र प्रमुख हैं। यहां आपको द्रौपदी मुर्मू को प्राप्त कुछ सुविधाओं और शक्तियों की सूचना है। भारत के राष्ट्रपति को वेतन के अतिरिक्त कई भत्ते मिलते हैं और उन्हें कई विशेषाधिकार भी दिए गए है। इसका ब्यौरा निम्नवत है। भारत का राष्ट्रपति देश का मुखिया होने के साथ-साथ भारत का प्रथम नागरिक भी होता है।

राष्ट्रपति भारतीय सशस्त्र बलों के कमांडर-इन-चीफ भी होते हैं। भारत के राष्ट्रपति को करीब 5 लाख रुपये हर महीने की तनख्वाह मिलती है। जिस पर उन्हें किसी तरह का कोई टैक्स नहीं चुकाना होता है।

इसके अलावा राष्ट्रपति को कई भत्ते भी मिलते हैं। आजीवन फ्री मेडिकल, आवास और इलाज की सुविधा मिलती है। दुनिया भर में कहीं भी मुफ्त में यात्रा कर सकते हैं। पांच लोगों का सेक्रेटेरियल स्टाफ होता है। राष्ट्रपति भवन की देखरेख में 200 अन्य लोग अपनी जिम्मेदारी संभालते हैं। राष्ट्रपति के पास छुट्टियां बिताने के लिए दो शानदार हॉलीडे रिट्रीट होते हैं -एक हैदराबाद में राष्ट्रपति निलयम, दूसरा शिमला में रिट्रीट बिल्डिंग। कस्टमाइज्ड गाड़ी मिलती है।

राष्ट्रपति के पास प्रधानमंत्री की अध्यक्षता वाली केंद्रीय मंत्रिपरिषद की सलाह पर युद्ध की घोषणा करने का अधिकार है। देश की सभी जरूरी संधियां और अनुबंध राष्ट्रपति के द्वारा किए जाते हैं। राष्ट्रपति भवन भारत के राष्ट्रपति का आधिकारिक निवास है, जो नई दिल्ली में स्थित है। राष्ट्रपति भवन में कुल 340 कमरे हैं और इसका फ्लोर एरिया 2,00,000 वर्ग फुट है।

रिटायरमेंट के बाद पेंशन के रूप में 1.5 लाख प्रतिमाह मिलता है, साथ ही स्टाफ पर खर्च करने के लिए 60 हजार रुपये महीना अलग से दिया जाता है। जीवन भर के लिए एक मुफ्त बंगला (टाइप VIII) मिलता है।दो

मुफ्त लैंडलाइन और एक मोबाइल फोन, ट्रेन या हवाई मार्ग से एक साथी के साथ मुफ्त यात्रा व जीवन भर के लिए मुफ्त वाहन सुविधा, दिल्ली पुलिस की सिक्योरिटी और 2 सेक्रेटरी।

राष्ट्रपति के अतिरिक्त अधिकार

राष्ट्रपति सर्वोच्च संवैधानिक पद है। राष्ट्रपति को अपने पावर और कर्तव्यों के प्रयोग और प्रदर्शन के लिए या उन शक्तियों और कर्तव्यों के अभ्यास और प्रदर्शन में उनके द्वारा किए गए या किए जाने वाले किसी भी काम के लिए किसी भी अदालत को जवाब नहीं देना पड़ता है। अगर अनुच्छेद 61 के तहत आरोप की जांच के लिए संसद के किसी भी सदन द्वारा नियुक्त या नामित किसी भी अदालत, न्यायाधिकरण या निकाय द्वारा उनके आचरण की समीक्षा की जा सकती है, तब ये नियम लागू होता है। राष्ट्रपति कार्यकाल के दौरान किसी भी अदालत में उनके खिलाफ कोई भी आपराधिक कार्यवाही शुरू या जारी नहीं रखी जा सकती है। इतना ही नहीं, उनके कार्यकाल के दौरान किसी भी अदालत से गिरफ्तारी या कारावास की कोई प्रक्रिया जारी नहीं की जा सकती है।

एक राष्ट्रपति के रूप में द्रौपदी मुर्मू को कई चुनौतियों और अधिक अपेक्षाओं का सामना करना पड़ेगा। पहले दलित राष्ट्रपति डॉ केआर नारायणन ने दो दशक पहले गणतंत्र दिवस, 2001 की पूर्व संध्या पर जो कहा था वह उनके काम का हो सकता है- आने वाली पीढियां यह न कहें कि भारतीय गणतंत्र हरी-भरी धरती और सदियों से वहां रहने वाले निर्दोष आदिवासियों के विनाश पर बना है।

शपथ ग्रहण समारोह

चुनाव समाप्त हुआ। इस चुनाव में एनडीए की उम्मीदवार द्रौपदी मुर्मू ने विपक्ष के साझा उम्मीदवार यशवंत सिन्हा को मात दी। 25 जुलाई को द्रौपदी मुर्मू ने देश के 15वें राष्ट्रपति के तौर पर शपथ ग्रहण की। भारत के तमाम राष्ट्रपति 25 जुलाई को ही शपथ ग्रहण क्यों करते हैं? अब तक 9 राष्ट्रपति हुए हैं, जिन्होंने 25 जुलाई को अपने पद की शपथ ली है। ऐसे राष्ट्रपतियों की संख्या पांच है जिन्होंने 25 जुलाई को शपथ नहीं ली। डॉ. राजेंद्र प्रसाद ने 26 जनवरी, 1950 को राष्ट्रपति पद की शपथ ली थी। देश के दूसरे राष्ट्रपति सर्वपल्ली राधाकृष्णन

ने भी 25 जुलाई को शपथ नहीं ली थी, उन्होंने 13 मई 1962 को शपथ ली थी। डॉ जाकिर हुसैन ने भी 13 मई, 1967 को देश के तीसरे राष्ट्रपति के रूप में शपथ ली थी और देश के चौथे राष्ट्रपति वीवी गिरी ने 24 अगस्त, 1969 को राष्ट्रपति पद की शपथ ली थी। देश के पांचवें राष्ट्रपति फखरुद्दीन अली अहमद ने 24 अगस्त, 1974 को शपथ ली थी। देश के छठे राष्ट्रपति नीलम संजीव रेड्डी ने जब 25 जुलाई को राष्ट्रपति पद की शपथ ली तो उसके बाद जिन राष्ट्रपतियों ने अपना कार्यकाल पूरा किया उन सभी ने इसी तारीख को राष्ट्रपति पद की शपथ ली। 24 जुलाई को रामनाथ कोविंद का कार्यकाल पूरा हुआ, इसी वजह से 25 जुलाई को द्रौपदी मुर्मू ने देश के राष्ट्रपति के तौर पर शपथ ली।

नवनिर्वाचित राष्ट्रपति द्रौपदी मुर्मू ने सोमवार दिनांक पचीस जुलाई दो हजार बाइस को देश के सर्वोच्च संवैधानिक पद की शपथ ली। सुप्रीम कोर्ट के मुख्य न्यायाधीश एनवी रमण ने उन्हें 15वीं राष्ट्रपति के रूप में पद एवं गोपनीयता की शपथ दिलाई। उन्होंने शपथ लेते हुए कहा कि मैं भारत के समस्त नागरिकों की आशा-आकांक्षा और अधिकारों की प्रतीक इस पवित्र संसद से सभी देशवासियों का पूरी विनम्रता से अभिनंदन करती हूँ। आपकी आत्मीयता, आपका विश्वास और आपका सहयोग, मेरे लिए इस नए दायित्व को निभाने में मेरी बहुत बड़ी ताकत होंगे। राष्ट्रपति द्रौपदी मुर्मू ने कि, "राष्ट्रपति के पद तक पहुंचना मेरी व्यक्तिगत उपलब्धि नहीं है ये भारत के प्रत्येक गरीब की उपलब्धि है। मेरे लिए बहुत संतोष की बात है कि जो सदियों से वंचित रहे, जो विकास के लाभ से दूर रहे, वे गरीब, दलित, पिछड़े तथा आदिवासी मुझ में अपना प्रतिबिंब देख रहे हैं। मैं आज समस्त देशवासियों को, विशेषकर भारत के युवाओं को और भारत की महिलाओं को ये विश्वास दिलाती हूं कि इस पद पर कार्य करते हुए मेरे लिए उनके हित सर्वोपरि होंगे। मेरे इस निर्वाचन में पुरानी लीक से हटकर नए रास्तों पर चलने वाले भारत के आज के युवाओं का साहस भी शामिल है। ऐसे प्रगतिशील भारत का नेतृत्व करते हुए आज मैं खुद को गौरवान्वित महसूस कर रही हूँ।

सभी गणमान्य व्यक्तियों की उपस्थिति में महामहिम राष्ट्रपति द्रौपदी मुर्मू जी को 21 तोपों की सलामी दी गई।

विविध रिकार्डधारी

देश के 15वें राष्ट्रपति के तौर पर द्रौपदी मुर्मू ने शपथ ग्रहण की। इसके साथ ही देश को पहली आदिवासी और दूसरी महिला राष्ट्रपति मिली। शपथ ग्रहण के साथ ही उनके नाम अनेक रिकार्ड जुड़ गए।

1. पहली आदिवासी राष्ट्रपति: मुर्मू देश की पहली आदिवासी हैं जो राष्ट्रपति के पद तक पहुंची। आज तक कोई भी राष्ट्रपति आदिवासी समाज से नहीं बना है।

2. यही नहीं, द्रौपदी महिला हैं। इसलिए पहली महिला आदिवासी राष्ट्रपति होने का रिकॉर्ड भी द्रौपदी मुर्मू के नाम ही दर्ज हो गया।

3. आजादी के बाद जन्म लेने वाली पहली राष्ट्रपति: आज तक बने सभी राष्ट्रपतियों का जन्म आजादी से पहले यानी 1947 से पहले हुआ था। द्रौपदी मुर्मू पहली राष्ट्रपति हैं, जिनका जन्म आजादी के बाद हुआ है। आपका जन्म 20 जून, 1958 को हुआ था।

4. सबसे युवा राष्ट्रपति: 64 साल की द्रौपदी मुर्मू देश की सबसे युवा राष्ट्रपति हैं। उनसे पहले ये रिकॉर्ड नीलम संजीव रेड्डी के नाम पर था। रेड्डी जब राष्ट्रपति बने तब उनकी उम्र 64 साल दो महीने थी। वहीं, मुर्मू 25 जुलाई 2022 को उनकी उम्र 64 साल एक महीने और पांच दिन है।

5. दूसरी महिला राष्ट्रपति: द्रौपदी मुर्मू के नाम दूसरी महिला राष्ट्रपति होने का रिकॉर्ड भी दर्ज हुआ। मुर्मू से पहले 2007 से 2012 तक प्रतिभा देवी सिंह पाटिल राष्ट्रपति रह चुकी हैं। श्रीमती प्रतिभा देवी सिंह पाटिल देश की पहली महिला राष्ट्रपति थीं।

6. ओडिशा से पहली राष्ट्रपति: आज तक कोई भी राष्ट्रपति ओडिशा से नहीं बना था। द्रौपदी मुर्मू ओडिशा की रहने वाली हैं। इससे पहले वीवी गिरी ऐसे राष्ट्रपति थे जिनका ओडिशा से संबध था। उनका जन्म मद्रास प्रेसिडेंसी के बहरामपुर में हुआ था, जो अब ओडिशा में है। वे तेलुगु परिवार से संबंध रखते थे और उनकी कर्मभूमि आंध्र प्रदेश रही। यहीं से वो सांसद बनते रहे।

7. भाजपा की दूसरी राष्ट्रपति: वे दूसरी ऐसी राष्ट्रपति होंगी जो भारतीय जनता पार्टी की पृष्ठभूमि से आती हैं। निवर्तमान राष्ट्रपति रामनाथ कोविंद जी भी भाजपा की पृष्ठभूमि से आने वाले पहले राष्ट्रपति थे।

8. राष्ट्रपति बनने वाली पहली पार्षद: द्रौपदी मुर्मू राष्ट्रपति बनने वाली ऐसी पहली नेता हैं जो कि नगर -पार्षद रह चुकी हैं। द्रौपदी मुर्मू सबसे पहले एक शिक्षक थीं। इसके बाद वह राजनीति में आ गईं और 1997 में पार्षद चुनी गईं। इसके तीन साल बाद ही वह विधानसभा पहुंच गईं। ओडिशा की भाजपा-बीजेपी की सरकार में वह दो बार मंत्री रहीं। वे किसी राज्य की राज्यपाल बनने वाली भी देश की पहली आदिवासी महिला भी हैं।

9. राजनीति में 1997 में पार्षद पद के द्वारा सेवा प्रारम्भ करके 2022 में देश के सर्वोच्च पद पर जा पहुँचने की अद्‌भुत कर्त्तव्य करने के लिए तत्पर कोई दूसरा उदाहरण भारत में अभी तक नहीं मिला।

प्रधानमंत्री नरेन्द्र मोदी के नेतृत्व में छक। ने देश के सुदूर अंतिम छोरों पर बसे गांवों के लोगों को मुख्यधारा में जोड़ने के लिए द्रौपदी मुर्मू को माध्यम बनाया। डॉ राकेश सिन्हा ने समूची शक्तियों और दृष्टियों को समझते हुए ठीक ही टिप्पणी की है कि द्रौपदी मुर्मू का चुनाव भारत की राजनीतिक संस्कृति पर अभिजात वर्ग की कमजोर पकड़ को रेखांकित करता है। यह एक संकेत है कि इसका लोकतंत्र यूरोपीय मॉडल से परे विकसित हो रहा है। एक महिला और आदिवासी नेता दोनों के रूप में मुर्मू को जमीनी स्तर की उन लोकतांत्रिक संस्थाओं को समझने और अनुभव करने का असाधारण लाभ मिला है जिसमें उन्होंने काम किया है। राष्ट्रपति के रूप में द्रौपदी मुर्मू का चुनाव, भारतीय गणराज्य के एक अपूर्ण कार्य की पूर्णता की और बढ़ता कदम है।[83] वंचित, आदिवासी और शोषित उनमें स्वयं को देख सकते हैं। सबका विकास का मन्त्र लिए मुर्मू जी आपस के भेद को, मतभेद को, आशंका और संदेह को दूर करने का माध्यम बन कर राष्ट्रपति पद पर आसीन हुई हैं। महामहिम द्रौपदी मुर्मू का राष्ट्रपति पद पर आसीन होना अन्त्योदय के संकल्प को चरितार्थ करने की दिशा में बढ़ाया गया कदम है। जनजातीय समाज के आत्म सम्मान और उनके सशक्तीकरण के लिए किये जा रहे प्रयत्नों में से एक खूबसूरत प्रयत्न है। एलबीएसएम कॉलेज जमशेदपुर में संताली विभाग के डलखाई बास्के के शब्दों में, 'अब संताल आदिवासी पूरे राष्ट्र में कहीं भी पहचान को मोहजात नहीं होंगे। द्रौपदी मुर्मू ने समाज की पहचान को स्थापित करने में ऐतिहासिक योगदान दिया है। उनकी इस उपलब्धि को संताल समाज अपनेपन में अपनी उपलब्धि मान रहा है। उम्मीद है कि राष्ट्र की प्रथम नागरिक के तौर पर द्रौपदी मुर्मू सशक्त नेतृत्व के बूते पूरे देश के हित में इतिहास रचेंगी।'

औपचारिकता के वर्चस्व को कहीं मैंने तोडा है तो केवल कथा की रों में बहकर, अनौपचारिकता को कस के पकड़ने की कोशिश में मैं कई बार फिसल ही जाया करता हूँ। मैं न तो कोई भविष्यवक्ता हूँ और न ज्योतिषी, फिर क्यों राष्ट्रपति के भावी जीवन और कार्यों के बारे में अपनी राय बनाता रहूं। वे किस राष्ट्रपति के नक्शेकदम पर चलेंगी? मुझे क्या? केवल समय ही बताएगा। द्रौपदी मुर्मू का पदासीन होना यह भी इंगित करता है कि बीजेपी और उसकी दृष्टि में परिवर्तन और परिवर्धन होता जा रहा है। भविष्य की हिंदू राष्ट्रवादी राजनीति का

चरित्र अधिक विविधतापूर्ण, सर्वसमावेशी और सबको प्रतिनिधित्व प्रदान करने वाला होगा। झारखंड के राज्यपाल के रूप में विवादास्पद छोटा नागपुर किरायेदारी और संथाल परगना किरायेदारी विधेयक वापस करने के उनके रिकॉर्ड को देखते हुए मैं इतना जरूर कहूंगा – आगे आगे देखिये होता है क्या। और यह तो अवश्य ही कहना चाहूंगा – मुर्मू न तो गूंगी गुड़िया हैं और न 'मूर्ति'। उनके लिए बचपन में पढ़ा संस्कृत का सुभाषित उद्धृत करना ठीक रहेगा।

नारिकेल समाकारा, दृश्यन्ते खलु सज्जना:
अन्ये बदरिकाकारा, बहिरेव मनोहरा:

द्रौपदी मुर्मू का राष्ट्रपति पद को सुशोभित करना वस्तुत: उत्साह , उजास, उल्लास और उत्सव का कारण है। उनका इस प्रकार यकायक फर्श से अर्श तक जा पहुंचना उनके लिए तो अचरज भरी घटना से कम नहीं दूसरों के लिए भी वर्षों तक चर्चा, आलोचना, प्रशंसा, निंदा, कानाफूसी और विमर्श का विषय रहेगा। इस पुस्तक को यदि 'टेक ऑफ पॉइंट' की तरह प्रारंभिक शैशवकालीन तुतलाहट भी भविष्य ने माना तो लेखक का श्रम सार्थक होगा। आदिवासियों के साथ और उनके लिए काम करने वाले समाज-सेवी जरूर जनकवि नागार्जुन से शब्द लेकर कहेंगे।

नए गगन में नया सूर्य जो चमक रहा है
यह विशाल भूखंड आज जो दमक रहा है
मेरी भी आभा है इसमें

द्रौपदी जी अपने परिवार के साथ

परिशिष्ठ

भारत के राष्ट्रपति पद का कार्यभार संभालने के अवसर पर

श्रीमती द्रौपदी मुर्मु का सम्बोधन

नई दिल्ली- 25 जुलाई, 2022

- आदरणीय श्री राम नाथ कोविन्द जी
- उपराष्ट्रपति श्री एम. वेंकैया नायडू जी
- प्रधानमंत्री श्री नरेन्द्र मोदी जी
- लोकसभा के स्पीकर श्री ओम बिरला जी
- चीफ जस्टिस एन.वी. रमणा जी
- सम्मानित सांसद-गण
- अन्य महानुभाव
- देवियो और सज्जनो तथा
- मेरे प्यारे देशवासियो

जोहार! नमस्कार!

भारत के सर्वोच्च संवैधानिक पद पर निर्वाचित करने के लिए मैं सभी सांसदों और सभी विधानसभा सदस्यों का हार्दिक आभार व्यक्त करती हूं।

आपका मत देश के करोड़ों नागरिकों के विश्वास की अभिव्यक्ति है।

मैं भारत के समस्त नागरिकों की आशा-आकांक्षा और अधिकारों की प्रतीक इस पवित्र संसद से सभी देशवासियों का पूरी विनम्रता से अभिनंदन करती हूँ।

आपकी आत्मीयता, आपका विश्वास और आपका सहयोग, मेरे लिए इस नए दायित्व को निभाने में मेरी बहुत बड़ी ताकत होंगे।

मुझे राष्ट्रपति के रूप में देश ने एक ऐसे महत्वपूर्ण कालखंड में चुना है जब हम अपनी आजादी का अमृत महोत्सव मना रहे हैं।

आज से कुछ दिन बाद ही देश अपनी स्वाधीनता के 75 वर्ष पूरे करेगा।

ये भी एक संयोग है कि जब देश अपनी आजादी के 50वें वर्ष का पर्व मना रहा था तभी मेरे राजनीतिक जीवन की शुरुआत हुई थी।

और आज आजादी के 75वें वर्ष में मुझे ये नया दायित्व मिला है।

ऐसे ऐतिहासिक समय में जब भारत अगले 25 वर्षों के विजन को हासिल करने के लिए पूरी ऊर्जा से जुटा हुआ है, मुझे ये जिम्मेदारी मिलना मेरा बहुत बड़ा सौभाग्य है।

मैं देश की ऐसी पहली राष्ट्रपति भी हूँ जिसका जन्म आजाद भारत में हुआ है।

हमारे स्वाधीनता सेनानियों ने आजाद हिंदुस्तान के हम नागरिकों से जो अपेक्षाएं की थीं, उनकी पूर्ति के लिए इस अमृतकाल में हमें तेज गति से काम करना है।

इन 25 वर्षों में अमृतकाल की सिद्धि का रास्ता दो पटरियों पर आगे बढ़ेगा सबका प्रयास और सबका कर्तव्य।

भारत के उज्ज्वल भविष्य की नई विकास यात्रा, हमें सबके प्रयास से करनी है, कर्तव्य पथ पर चलते हुए करनी है।

कल यानि 26 जुलाई को कारगिल विजय दिवस भी है।

ये दिन, भारत की सेनाओं के शौर्य और संयम, दोनों का ही प्रतीक है।

मैं आज, देश की सेनाओं को तथा देश के समस्त नागरिकों को कारगिल विजय दिवस की अग्रिम शुभकामनाएं देती हूं।

देवियों और सज्जनों,

मैंने अपनी जीवन यात्रा पूर्वी भारत में ओडिशा के एक छोटे से आदिवासी गाँव से शुरू की थी।

मैं जिस पृष्ठभूमि से आती हूँ, वहां मेरे लिये प्रारंभिक शिक्षा प्राप्त करना भी एक सपने जैसा ही था।

लेकिन अनेक बाधाओं के बावजूद मेरा संकल्प दृढ़ रहा और मैं कॉलेज जाने वाली अपने गांव की पहली बेटी बनी।

मैं जनजातीय समाज से हूँ, और वार्ड कौन्सिलर से लेकर भारत की राष्ट्रपति बनने तक का अवसर मुझे मिला है। यह लोकतंत्र की जननी भारतवर्ष की महानता है।

ये हमारे लोकतंत्र की ही शक्ति है कि उसमें एक गरीब घर में पैदा हुई बेटी, दूर-सुदूर आदिवासी क्षेत्र में पैदा हुई बेटी, भारत के सर्वोच्च संवैधानिक पद तक पहुंच सकती है।

राष्ट्रपति के पद तक पहुँचना, मेरी व्यक्तिगत उपलब्धि नहीं है, ये भारत के प्रत्येक गरीब की उपलब्धि है।

मेरा निर्वाचन इस बात का सबूत है कि भारत में गरीब सपने देख भी सकता है और उन्हें पूरा भी कर सकता है।

और ये मेरे लिए बहुत संतोष की बात है कि जो सदियों से वंचित रहे, जो विकास के लाभ से दूर रहे, वे गरीब, दलित, पिछड़े तथा आदिवासी मुझ में अपना प्रतिबिंब देख रहे हैं।

मेरे इस निर्वाचन में देश के गरीब का आशीर्वाद शामिल है, देश की करोड़ों महिलाओं और बेटियों के सपनों और सामर्थ्य की झलक है।

मेरे इस निर्वाचन में, पुरानी लीक से हटकर नए रास्तों पर चलने वाले भारत के आज के युवाओं का साहस भी शामिल है।

ऐसे प्रगतिशील भारत का नेतृत्व करते हुए आज मैं खुद को गौरवान्वित महसूस कर रही हूँ।

मैं आज समस्त देशवासियों को, विशेषकर भारत के युवाओं को तथा भारत की महिलाओं को ये विश्वास दिलाती हूं कि इस पद पर कार्य करते हुए मेरे लिए उनके हित सर्वोपरि होंगे।

देवियों और सज्जनों,

मेरे सामने भारत के राष्ट्रपति पद की ऐसी महान विरासत है जिसने विश्व में भारतीय लोकतन्त्र की प्रतिष्ठा को निरंतर मजबूत किया है।

देश के प्रथम राष्ट्रपति डॉक्टर राजेन्द्र प्रसाद से लेकर श्री राम नाथ कोविन्द जी तक, अनेक विभूतियों ने इस पद को सुशोभित किया है।

इस पद के साथ-साथ देश ने इस महान परंपरा के प्रतिनिधित्व का दायित्व भी मुझे सौंपा है।

संविधान के आलोक में, मैं पूरी निष्ठा से अपने कर्तव्यों का निर्वहन करूंगी।

मेरे लिए भारत के लोकतांत्रिक-सांस्कृतिक आदर्श और सभी देशवासी हमेशा मेरी ऊर्जा के स्रोत रहेंगे।

देवियों और सज्जनों,

हमारे स्वाधीनता संग्राम ने एक राष्ट्र के तौर पर भारत की नई यात्रा की रूपरेखा तैयार की थी।

हमारा स्वाधीनता संग्राम उन संघर्षों और बलिदानों की अविरल धारा था जिसने आजाद भारत के लिए कितने ही आदर्शों और संभावनाओं को सींचा था।

पूज्य बापू ने हमें स्वराज, स्वदेशी, स्वच्छता और सत्याग्रह द्वारा भारत के सांस्कृतिक आदर्शों की स्थापना का मार्ग दिखाया था।

नेताजी सुभाष चन्द्र बोस, नेहरू जी, सरदार पटेल, बाबा साहेब आंबेडकर, भगत सिंह, सुखदेव, राजगुरू, चन्द्रशेखर आजाद जैसे अनगिनत स्वाधीनता सेनानियों ने हमें राष्ट्र के स्वाभिमान को सर्वोपरि रखने की शिक्षा दी थी।

रानी लक्ष्मीबाई, रानी वेलु नचियार, रानी गाइदिन्ल्यू और रानी चेन्नम्मा जैसी अनेकों वीरांगनाओं ने राष्ट्ररक्षा और राष्ट्रनिर्माण में नारीशक्ति की भूमिका को नई ऊंचाई दी थी।

संथाल क्रांति, पाइका क्रांति से लेकर कोल क्रांति और भील क्रांति ने स्वतंत्रता संग्राम में आदिवासी योगदान को और सशक्त किया था।

सामाजिक उत्थान एवं देश-प्रेम के लिए 'धरती आबा' भगवान् बिरसा मुंडा जी के बलिदान से हमें प्रेरणा मिली थी।

मुझे खुशी है कि आजादी की लड़ाई में जनजातीय समुदाय के योगदान को समर्पित अनेक म्यूजियम देशभर में बनवाए जा रहे हैं।

देवियों और सज्जनों,

एक संसदीय लोकतंत्र के रूप में 75 वर्षों में भारत ने प्रगति के संकल्प को सहभागिता एवं सर्व-सम्मति से आगे बढ़ाया है।

विविधताओं से भरे अपने देश में हम अनेक भाषा, धर्म, संप्रदाय, खान-पान, रहन-सहन, रीति-रिवाजों को अपनाते हुए 'एक भारत - श्रेष्ठ भारत' के निर्माण में सक्रिय हैं।

आजादी के 75वें वर्ष के अवसर पर आया ये अमृतकाल भारत के लिए नए संकल्पों का कालखंड है।

आज मैं इस नए युग के स्वागत में अपने देश को नई सोच के साथ तत्पर और तैयार देख रही हूँ।

भारत आज हर क्षेत्र में विकास का नया अध्याय जोड़ रहा है।

कोरोना महामारी के वैश्विक संकट का सामना करने में भारत ने जिस तरह का सामर्थ्य दिखाया है, उसने पूरे विश्व में भारत की साख बढ़ाई है।

हम हिंदुस्तानियों ने अपने प्रयासों से न सिर्फ इस वैश्विक चुनौती का सामना किया बल्कि दुनिया के सामने नए मापदंड भी स्थापित किए।

कुछ ही दिन पहले भारत ने कोरोना वैक्सीन की 200 करोड़ डोज लगाने का कीर्तिमान बनाया है।

इस पूरी लड़ाई में भारत के लोगों ने जिस संयम, साहस और सहयोग का परिचय दिया, वो एक समाज के रूप में हमारी बढ़ती हुई शक्ति और संवेदनशीलता का प्रतीक है।

भारत ने इन मुश्किल हालात में न केवल खुद को संभाला बल्कि दुनिया की मदद भी की।

कोरोना महामारी से बने माहौल में, आज दुनिया भारत को नए विश्वास से देख रही है।

दुनिया की आर्थिक स्थिरता के लिए, सप्लाई चेन की सुगमता के लिए, और वैश्विक शांति के लिए दुनिया को भारत से बहुत उम्मीदें हैं।

आगामी महीनों में भारत अपनी अध्यक्षता में ळ-20 ग्रुप की मेजबानी भी करने जा रहा है।

इसमें दुनिया के बीस बड़े देश भारत की अध्यक्षता में वैश्विक विषयों पर मंथन करेंगे।

मुझे विश्वास है भारत में होने वाले इस मंथन से जो निष्कर्ष और नीतियाँ निर्धारित होंगी, उनसे आने वाले दशकों की दिशा तय होगी।

देवियों और सज्जनों,

दशकों पहले मुझे रायरंगपुर में श्री ऑरोबिंदो इंटीग्रल स्कूल में शिक्षक के रूप में कार्य करने का अवसर मिला था।

कुछ ही दिनों बाद श्री ऑरोबिंदो की 150वीं जन्मजयंती मनाई जाएगी।

शिक्षा के बारे में श्री ऑरोबिंदो के विचारों ने मुझे निरंतर प्रेरित किया है।

जनप्रतिनिधि के रूप में विभिन्न पदों पर कार्य करते हुए और फिर राज्यपाल के रूप में भी मेरा शिक्षण संस्थानों के साथ सक्रिय जुड़ाव रहा है।

मैंने देश के युवाओं के उत्साह और आत्मबल को करीब से देखा है।

हम सभी के श्रद्धेय अटल जी कहा करते थे कि देश के युवा जब आगे बढ़ते हैं तो वे सिर्फ अपना ही भाग्य नहीं बनाते बल्कि देश का भी भाग्य बनाते हैं।

आज हम इसे सच होते देख रहे हैं।

Vocal For Local से लेकर Digital India तक हर क्षेत्र में आगे बढ़ रहा आज का भारत विश्व के साथ कदम से कदम मिला कर 'औद्योगिक क्रांति फोर पॉइंट ओ' के लिए पूरी तरह तैयार है।

रिकॉर्ड संख्या में बन रहे स्टार्ट-अप्स में, नए-नए इनोवेशन में, दूर-सुदूर क्षेत्रों में डिजिटल टेक्नोलॉजी की स्वीकार्यता में भारत के युवाओं की बड़ी भूमिका है।

बीते वर्षों में भारत ने जिस तरह महिला सशक्तिकरण के लिए निर्णय लिए हैं, नीतियां बनाई हैं, उससे भी देश में एक नई शक्ति का संचार हुआ है।

मैं चाहती हूं कि हमारी सभी बहनें व बेटियां अधिक से अधिक सशक्त हों तथा वे देश के हर क्षेत्र में अपना योगदान बढ़ाती रहें।

मैं अपने देश के युवाओं से कहना चाहती हूं कि आप न केवल अपने भविष्य का निर्माण कर रहे हैं बल्कि भविष्य के भारत की नींव भी रख रहे हैं।

देश के राष्ट्रपति के तौर पर मेरा हमेशा आपको पूरा सहयोग रहेगा।

देवियों और सज्जनों,

विकास और प्रगतिशीलता का अर्थ निरंतर आगे बढ़ना होता है, लेकिन साथ ही अपने अतीत का ज्ञान भी उतना ही आवश्यक है।

आज जब विश्व sustainable planet की बात कर रहा है तो उसमें भारत की प्राचीन परंपराओं, हमारे अतीत की sustainable lifestyle की भूमिका और बढ़ जाती है।

मेरा जन्म तो उस जनजातीय परंपरा में हुआ है जिसने हजारों वर्षों से प्रकृति के साथ ताल-मेल बनाकर जीवन को आगे बढ़ाया है।

मैंने जंगल और जलाशयों के महत्व को अपने जीवन में महसूस किया है।

हम प्रकृति से जरूरी संसाधन लेते हैं और उतनी ही श्रद्धा से प्रकृति की सेवा भी करते हैं।

यही संवेदनशीलता आज वैश्विक अनिवार्यता बन गई है।

मुझे इस बात की प्रसन्नता है कि भारत पर्यावरण संरक्षण के क्षेत्र में विश्व का मार्गदर्शन कर रहा है।

देवियों और सज्जनों,

मैंने अपने अब तक के जीवन में जन-सेवा में ही जीवन की सार्थकता को अनुभव किया है।

श्री जगन्नाथ क्षेत्र के एक प्रख्यात कवि भीम भोई जी की कविता की एक पंक्ति है-

"मो जीवन पछे नर्के पड़ी थाउ, जगत उद्धार हेउ"।

अर्थात, अपने जीवन के हित-अहित से बड़ा जगत कल्याण के लिए कार्य करना होता है।

जगत कल्याण की इसी भावना के साथ, मैं आप सब के विश्वास पर खरा उतरने के लिए पूरी निष्ठा व लगन से काम करने के लिए सदैव तत्पर रहूंगी।

आइए, हम सभी एक जुट होकर समर्पित भाव से कर्तव्य पथ पर आगे बढ़ें तथा वैभवशाली व आत्मनिर्भर भारत का निर्माण करें।

धन्यवाद,

जय हिन्द!

शपथ ग्रहण करते हुए

प्रथम सबोधन

प्रधानमंत्री मोदी अभिवादन करते हुए

References

1. http://webmilap.com/index.php?edn=Hindi%20Milap&date=2022-07-23&edid=HINDIMIL_HIN&pn=4
2. Ram Nath Kovind: Gopal Sharma 2018 P.175
3. https://www.youtube.com/watch?v=eeGLkOLH8cA
4. https://www.theweek.in/theweek/cover/2022/06/24/bjp-ticks-all-the-right-boxes-by-nominating-droupadi-murmu.html
5. https://www.oneindia.com/politicians/droupadi-murmu-39156.html
6. https://www.indiatoday.in/india/story/droupadi-murmu-native-village-in-odisha-rairangpur-1967835-2022-06-28
7. https://www.onmanorama.com/news/india/2022/06/24/droupadi-murmu-president-candidate-teacher-odisha.html
8. https://www.livehindustan.com/national/story-droupadi-murmu-hometown-ready-for-celebration-presidential-election-in-india-htgp-821035.html?utm_source=EditNewsPerpetual
9. https://hindi.oneindia.com/amphtml/news/india/droupadi-murmu-what-did-a-tribal-girl-dream-about-55-years-ago-buddy-of-the-15th-president-told-696512.html
10. https://www.hindustantimes.com/india-news/why-not-how-a-tribal-girl-who-dared-to-dream-became-india-s-15th-president-101658423534538.html

11. https://www.bbc.com/news/world-asia-india-61892776
12. https://theprint.in/opinion/not-a-rubber-stamp-in-droupadi-murmus-backyard-the-hunger-for-development-has-a-got-a-boost/1043665/
13. https://www.theweek.in/theweek/cover/2022/06/24/bjp-ticks-all-the-right-boxes-by-nominating-droupadi-murmu.html
14. https://www.indiatoday.in/india/story/everyone-will-support-if-they-come-to-know-her-droupadi-murmu-s-daughter-1965954-2022-06-23
15. https://www.indiatoday.in/india/story/everyone-will-support-if-they-come-to-know-her-droupadi-murmu-s-daughter-1965954-2022-06-23
16. https://www.thehitavada.com/Encyc/2022/6/24/Draupadi-Murmu-a-tenacious-teacher.html
17. https://www.news18.com/news/politics/draupadi-murmu-maam-ate-at-roadside-stalls-travelled-sans-security-assam-bjp-worker-recounts-2006-meet-5496421.html
18. https://www.jagran.com/jharkhand/jamshedpur-draupadi-murmu-news-the-journey-from-rairangpur-to-raisina-hills-rashtrapati-bhavan-was-not-easy-for-draupadi-murmu-22826268.html
19. Droupadi Murmu overcomes triple tragedy to emerge as President candidate | Bhubaneswar News - Times of India (indiatimes.com)
20. https://openthemagazine.com/cover-stories/draupadi-murmu-rising-from-below/
21. https://www.bbc.com/news/world-asia-india-61892776
22. https://www.newindianexpress.com/nation/2022/jun/23/murmus-spiritual-calling-at-mount-abu-2468663.html

23. https://www.newindianexpress.com/nation/2022/jun/23/murmus-spiritual-calling-at-mount-abu-2468663.html
24. https://www.aajtak.in/lifestyle/women/story/draupadi-murmu-sworn-in-as-first-woman-governor-of-jharkhand-298593-2015-05-18
25. https://indianexpress.com/article/india/jharkhand-recalls-droupadi-murmus-stint-down-to-earth-and-an-accessible-governor-7983168/
26. https://theprint.in/politics/droupadi-murmu-nda-presidential-pick-is-ex-professor-took-bjp-head-on-as-jharkhand-governor/1007966/
27. Droupadi Murmu:A gentle conciliator - The Hindu BusinessLine
28. https://www.shethepeople.tv/news/droupadi-murmu-president-candidate/
29. https://www.bbc.com/news/world-asia-india-61892776
30. https://indianexpress.com/article/india/the-sunday-profile-droupadi-murmu-raisina-calling-8033868/
31. https://timesofindia.indiatimes.com/city/bhubaneswar/moms-hard-work-integrity-have-taken-her-to-where-she-is-today-says-droupadi-murmus-daughter/articleshow/
32. https://www.tv9hindi.com/knowledge/president-draupadi-murmu-interesting-motivational-story-why-she-makes-fish-for-rajnath-singh-but-
33. https://timesofindia.indiatimes.com/city/bhubaneswar/moms-hard-work-integrity-have-taken-her-to-where-she-is-today-says-droupadi-murmus-
34. https://tfipost.com/2022/06/this-is-why-we-need-droupadi-murmu-as-the-president-of-india/
35. https://www.indiatoday.in/india-today-insight/story/

how-droupadi-murmu-walked-the-long-path-from-rairangpur-to-the-brink-of-being-elected-to-the-nation-s-highest--public-office-1966498-2022-06-24&oq=ow-

36. https://rajbhavanjharkhand.nic.in/Speech/sp-050715a.pdf 26https://www.indiaherald.com/Editorial/Read/994511763/Droupadi-
37. https://indianexpress.com/article/india/tribal-at-top-people-will-have-faith-in-system-in-murmus-town-pride-and-hope-7985487/
38. https://www.telegraphindia.com/india/odisha-droupadi-murmus-fight- against-the-odds/cid/1871681
39. https://odishabytes.com/my-mother-will-be-an-inspiration-for-santhals-says-droupadi-murmus-daughter
40. ttps://www.indiatoday.in/india/story/-shared-cordial-relations-with-didi-ex-jmm-droupadi-murmu-1966399-2022-06-24
41. https://www.indiatvnews.com/astrology/draupadi-murmu-kundali-raja-yog-bjp-presidential-candidate-horoscope-will-she-win-prediction-2022-07-01-788896
42. https://twitter.com/narendramodi/status/1539282555198771201
43. 44 Collected Woks, Volume 95 pages 347-348
45. 46"CADIndia". Cadindia.clpr.org.in.Archived from the original on 23 June 2022.
47. https://swarajyamag.com/ideas/the-civilisational-importance-of-draupadi-murmu-becoming-indias-next-president
48. thewire.in
49. https://www.opindia.com/2022/06/indian-left-casts-aspersions-on-credentials-of-tribal-leader-draupadi-murmu/
50. (thewire.in)

51. https://organiser.org/2022/06/23/87576/bharat/vanvasi-kalyan-ashram-endorses-draupadi-murmu-as-bharats-next-president-congratulates-pm-nda-for-historical decision
52. https://www.newslaundry.com/2022/06/23/tribal-ties-east-india-outreach-sulking-allies-why-droupadi-murmu-ticks-all-boxes-for-bjp
53. https://www.thehindu.com/news/national/explained-the-context-and-import-of-mahasweta-devis-draupadi/article36131705.ece
54. https://gulfnews.com/opinion/op-eds/draupadi-murmu-as-president-of-india-much-more-than-identity-politics-1.88883051.
55. https://timesofindia.indiatimes.com/india/india-may-get-its-first-tribal-second-woman-president/articleshow/92370766.cms
56. https://www.sundayguardianlive.com/opinion/pm-modi-naming-murmu-presidents-post-masterstroke
57. https://www.deccanchronicle.com/opinion/dc-comment/230622/dc-edit-murmu-as-prez-will-be-a-matter-of-pride-for-india.html
58. https://indianexpress.com/article/india/opp-leader-told-me-pm-twice-what-more-but-i-cant-rest-narendra-modi-7914493/
59. https://ianslive.in/news/prez_poll_draupadi_murmu_s_nomination_tactical_outreach_to_tribals-882590/NATION/1
60. https://www.thequint.com/voices/opinion/the-droupadi-murmu-masterstroke-how-bjp-manages-three-gains-with-one-action-presidential-candidate-yashwant-sinha

61. http://webmilap.com/index.php?edn=Hindi%20Milap&date=2022-07-23&edid=HINDIMIL_HIN&pn=4
62. https://indianexpress.com/article/opinion/ad
63. https://www.bjp.org/interviews-and-articles/daraaupadai-mauramauu-kai-umamaidavaarai-nae-sadabhaava-sahayaoga-va
64. http://164.100.47.194/Loksabha/Debates/Result_Nw_15.aspx?dbsl=144&ser=&smode=
65-66. https://www.news18.com/news/politics/presidential-polls-ktr-compares-draupadi-to-bishma-backs-yashwant-sinha-slams-dictatorial-bjp-5449087.html
67. https://scroll.in/article/1026797/droupadi-murmu-as-president-would-be-a-triumph-for-the-sangh-parivar-but-not-the-adivasi-community?utm_source=rss&utm_medium= janata
68. https://www.outlookindia.com/national/draupadi-murmu-for-president-bjp-s-masterstroke-but-adivasi-women-need-more-than-symbolism--news-204021
69. https://lagatar24.com/droupadi-murmus-nomination-for-presidents-job-not-ornamental-has-civilisational-importance-tribal-affairs-minister-arjun-munda/104074/
70. https://www.deccanchronicle.com/opinion/dc-comment/230622/dc-edit-murmu-as-prez-will-be-a-matter-of-pride-for-india.html
71. https://www.dw.com/en/who-is-draupadi-murmu-indias-likely-next-president/a-62513878
72. https://thewire.in/politics/country-should-not-have-rubber-stamp-president-fight-is-ideological-yashwant-sinha

73. https://www.hindustantimes.com/opinion/distantly-close-a-look-back-at-droupadi-murmu-s-illustrious-predecessors-101656314534662.html
74. https://thediplomat.com/2022/06/india-prepares-to-elect-its-15th-president/
75. https://thesquadron.in/can-murmus-election-emancipate-the-tribals/
76. https://www.dw.com/en/who-is-draupadi-murmu-indias-likely-next-president/a-62513878
77. https://www.dailyo.in/voices/tribal-vote-bank-bjp-rss-hindutva-2019-elections-tribal-tradition-maoists-24788
78. https://theprint.in/opinion/droupadi-murmu-rise-brings-back-tussle-between-santali-scholars-and-ol-chiki-govt-lobby/1030127/
79. https://www.prabhatkhabar.com/national/former-jharkhand-governor-draupadi-murmu-may-be-bjp-candidate-in-presidential-election-in-india-vwt
80. https://www.deccanherald.com/national/presidential-election-2022-who-might-be-a-potential-candidate-1118111.html
81. https://gulfnews.com/opinion/op-eds/who-is-droupadi-murmu--bjps-candidate-for-the-president-of-india-1.88751440
82. https://www.patrika.com/jaipur-news/draupadi-murmu-said-salute-to-the-soil-of-haldighati-gave-speech-in-hindi-7651273/
83. https://indianexpress.com/article/opinion/columns/droupadi-murmu-president-of-india-8049510/

डायमंड बुक्स
भारत कथा माला
21 श्रेष्ठ कहानियों की अनूठी श्रृंखला
(3000 लेखक, 152 पुस्तकें, 28 राज्य, 9 केंद्र शासित प्रदेश)
www.diamondbook.in